蔡仙

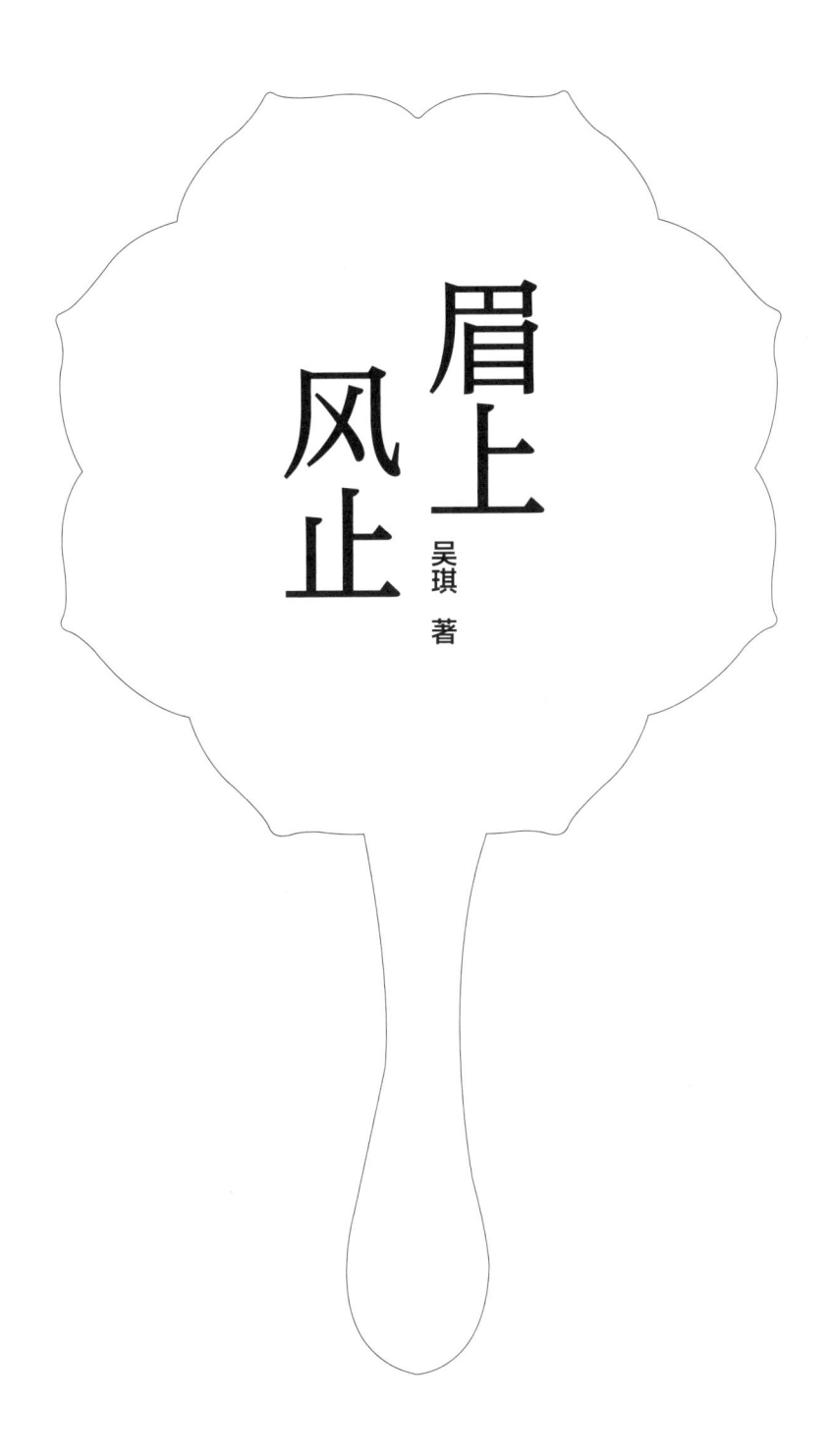

眉上风止

吴琪 著

浙江教育出版社·杭州

图书在版编目（CIP）数据

眉上风止 / 吴琪著 . -- 杭州：浙江教育出版社，
2025.2. -- ISBN 978-7-5722-8820-3

Ⅰ. K203

中国国家版本馆 CIP 数据核字第 2024XD6282 号

眉上风止
MEI SHANG FENG ZHI

吴　琪　著

责任编辑　洪　滔　　　　　　　责任校对　胡靖雯
美术编辑　韩　波　　　　　　　责任印务　陆　江
装帧设计　融象工作室_顾页

出版发行　浙江教育出版社（杭州市环城北路 177 号）
图文制作　杭州林智广告有限公司
印刷装订　杭州捷派印务有限公司
开　　本　710mm×1000mm　1/16
印　　张　20.5
字　　数　248 千字
版　　次　2025 年 2 月第 1 版
印　　次　2025 年 2 月第 1 次印刷
标准书号　ISBN 978-7-5722-8820-3
定　　价　78.00 元

如发现印装质量问题，影响阅读，请与我社市场营销部联系调换。
联系电话：0571-88909719

目录

序引 　　　　　　　　　　　　　　　　　　001

1

第一部　眉初修史

　　这是一部中国画眉的极简史。

　　阅读本书，可以简略而完整地概览中国上古到近代各个时期的画眉风俗与眉妆潮流，包括画眉的文化起源，石黛、燕脂、眉墨、螺钿等画眉材料的发展，以及各个朝代眉妆的基本风尚、流行妆式及其审美趣味。阅读本书，读者可以知道秦汉妇人画眉之初的红妆翠眉、大唐的白妆黑眉、宋代的黛眉宫妆、明清的淡雅柳眉，可以了解天宝年间帝都长安眉妆争艳的风尚、大宋宫妆烛影摇红中的远山眉和娇波眼、明代上承周汉下取唐宋的素眉妆，以及为中华眉上风华修史的开端。

1. 天生双眉　画眉有初　　　　　　　　　　002
2. 青螺绿蛾　石黛燕脂　　　　　　　　　　007
3. 天宝时妆　贵妃新眉　　　　　　　　　　012
4. 翠眉宫样　宋在远山　　　　　　　　　　018
5. 当率同志　画眉修史　　　　　　　　　　022

2

第二部　万千眉相

天下眉毛的形貌具有五彩斑斓的文化光谱。

中国民间命相学中的眉相说，古代绘画造像中的眉相，传统戏剧脸谱中的眉相，这种谱系是多维度的，又是交错勾连的。眉相如佛家所造的大千世界，包括三皇五帝以来帝王将相到普通民众的典型眉毛样态、传统文化对眉毛形貌的风俗解读、民间算命时用眉毛的形貌样态看相的迷信、菩萨造像中眉毛部位的塑造法和画描法、京剧脸谱眉型图中的十二种基本眉形、古典绘画中作为中国庙堂仪范的眉毛形貌与代表眉形。

6. 上古帝仙　大千眉说　　　　　　　　　　　030
7. 五官魁首　眉相之说　　　　　　　　　　　039
8. 十二宫中　兄弟在眉　　　　　　　　　　　044
9. 庙堂仪范　菩萨低眉　　　　　　　　　　　055
10. 姿貌端华　如画须眉　　　　　　　　　　058

3

第三部　斗画眉谱

中国古代的宫廷和城市的画眉风尚，以及眉谱的流传，有着清晰的历史脉络。

眉妆的皇家宫廷血统，汉宫、唐都、宋城、成都城市眉妆的流行与流传，是两条并行不悖的潮流主线。白居易说："风流夸堕髻，时世斗啼眉。"李商隐说："楚腰知便宠，宫眉正斗强。"寒山说："城中蛾眉女，短舞万人看。"从隋炀帝赏赐美人螺钿，到宋徽宗下诏修改眉词。从汉宫人扫青黛蛾眉到唐代六宫争画黑烟眉,从长安到成都的《十眉谱》,从京兆画眉成谣到锦城浣花洗眉,都在这一传统之中。

11. 秦汉长眉　如望远山　　　　　　　　　　064
12. 未央蛾眉　谁解宫谱　　　　　　　　　　070
13. 帝都新眉　相效满城　　　　　　　　　　078
14. 浣花溪边　洗眉锦城　　　　　　　　　　081
15. 元白元浅　明清艳素　　　　　　　　　　088

4　第四部　神女扬蛾

中国古代文化想象中的仙子、神女、玉女各有其眉语,其中蕴含了中国女性的代表眉相。

《楚辞》展现了湘楚故地的眉妆眉谱,山鬼神女的蛾眉、曲眉、青色直眉,粉白黛黑,施芳美目;汉代神女的眉目描写注重气质神采,神女"扬蛾微眄,悬藜流离",洛神"云髻峨峨,修眉联娟";上元夫人"眉语自笑",虢国夫人淡眉游春,陶渊明"瞻视闲扬"为情而赋,王昭君百万不买写眉。从祖先、神女、贵妇到《红楼梦》《金瓶梅》中月画烟描的人间眉妆,都是中国女性的形象想象描画。

16. 楚辞多眉　蛾眉曼只　　　　　　　　　　094
17. 神女扬蛾　修眉联娟　　　　　　　　　　098
18. 眉语自笑　瞻视闲扬　　　　　　　　　　101
19. 千红一哭　百万写眉　　　　　　　　　　112
20. 红楼金瓶　月画烟描　　　　　　　　　　115

5

第五部　山水眉语

中国传统文化中的眉语多和山水互喻，有着丰富的自然眉相。

中国古人写眉毛，多以山水相喻，把眉毛比作远山、青山、新月、柳叶，也把月色、山翠、碧波比作女子青眉，讲求天然味道。有远山眉的经典之喻，也有眉峰聚、柳眉春、桃叶眉尖的互喻。"昔时横波目，今作流泪泉"，山泉如人眉目。山染蛾眉波曼睐，春风吹不开眉弯，是通感，是人与山水自然的融通。佛家和道家之眉，道法自然，佛家爱山林，佛禅道法中的眉语往往与自然清净之境无二分。

21. 横波青眼　吹在眉山　　　　　　　　　120
22. 出云却月　照秦台镜　　　　　　　　　125
23. 呼我盟鸥　垂虹西望　　　　　　　　　128
24. 扬眉倾国　恨绕蓁蛾　　　　　　　　　130
25. 吸尽西江　释道眉意　　　　　　　　　134

6

第六部　柳眉古意

中国古代文化传统中眉形眉相有很多经典意象，并形成了历史悠久的审美流传。

其中最有古意、最具中国审美神韵的经典眉意象，无疑是柳眉。柳眉桃脸不胜春，柳眉和桃脸两相照，人与美景形神俱合。芙蓉如面，秋水为神，莲脸薄，柳眉长，中国传统文化中，柳眉常和芙蓉莲花并举。春愁凝思结眉心，一桩情事锁眉头。蛾眉下秋水，眉头何以锁？愁结眉心、情锁眉头是传统古意表达。月眉云鬟，雪面淡眉，天上青女，长眉似烟，以及带有民间烟火味的群女斗眉与柳眉杏眼，也是经典中国眉意象。

26. 柳眉古意　桃脸生春　　　　　　　　　　140
27. 青丝拢云　莲脸柳眉　　　　　　　　　　144
28. 云锁眉尖　孤负东风　　　　　　　　　　149
29. 雪面淡眉　娟娟云鬟　　　　　　　　　　153
30. 三妇眉妒　柳眉星眼　　　　　　　　　　158

7

第七部　眉色眉风

中国文化的眉语流传过程中，各种眉形眉相形成了许多衍生典型意象，并各有其审美流传。

中国人画眉是画一种精神，讲求内在神采的呈现。中国古人眉上的第一精神，女性眉语精神首推清秀。如美目清扬，秀骨贞风；妖冶殊丽，清扬婉若；有美一人，清扬婉兮；帝子音容闲雅，眉目如画等等，都是这一类经典眉语。中国古代的男性眉语精神则另有传统，男性的眉色眉风以清雅正气为上品。如夫子正色，愀然扬眉；诗仙抚长剑，一扬眉；魏晋修仙，翠眉鹤髻；英雄烈士，须眉四照等等，都是典型的男性眉上风采。

此外，长眉和古镜是中国古人取意造象的经典意象。眉与风物相应和的自然眉趣表达，如以旧柳新梅来比喻眉间时间情感的变化等等，无不体现了中国古典审美精神。

31. 秀骨贞风　剑眉清扬	164
32. 眉长满镜　空遗金环	170
33. 蛾眉鹤髻　魏晋风度	175
34. 音容刻骨　须眉四照	178
35. 倦寻芳慢　买断眉斗	183

8　第八部　长安问眉

中国古代的传统眉语中，有男子画眉和男权化的亚传统，其文化流传耐人寻味。

"洞房昨夜停红烛，画眉深浅入时无？"张敞画眉是传统文化中最典雅的中国故事之一。在历史的另一面，张敞画眉逐渐演化成了一个与女性无关，剥离了审美的男性话语标准表达。它是古代读书人为了博取功名，向高官大士叩问仕途前程的拟女词。中国古代文人从不避讳用男女之情比喻兄弟友情和君臣关系，"蛾眉谁共画，凤曲不同闻"。文人士大夫借眉语比喻个人品格，抒写人生际遇。世事一场大梦，看取眉头鬓上。

36. 张敞画眉　眉说之始	188
37. 眉作行卷　问入时否	190
38. 玉台飞镜　画眉人谁	193
39. 蛾眉有异　凤曲同闻	197
40. 作尹广汉　画眉长安	200

9

第九部　画眉男女

中国古代社会和性属分层的眉语及其文化流传也十分丰富。夫妇画眉，新婚眉妆，男子的眉思，男男之眉，女冠之眉的传说，蔚为大观，言之不尽。

古代那些温情的中国画眉故事值得品一品。东方的画眉人是最诗情画意的男子。沈复给芸娘画上男妆，一同游湖。双眉画未成，新婚妆容中的蛾眉参意是一个风俗文化现象。即便是分手，也愿娘子重梳蝉鬓，美扫蛾眉。高级的情感没有性别藩篱，古代文人士大夫用男男眉语来表达友情。齐姬燕女别画秋山，满炉心香，何待眉谱。山川孤馆，女冠眉藏，顾盼之间是隐秘的爱情。

41. 易髻为辫　芸作眉郎	204
42. 托意眉黛　申心于朱	209
43. 春深京兆　眉醉桃花	214
44. 别画秋山　情深不寿	219
45. 山川孤馆　女冠眉藏	223

10

第十部　扫眉才子

扫眉才子，即古代女性的画眉故事，其文化流传是中国独有的。

扫眉人是画眉人，是天下的女子。扫眉才子是古往今来天下的才女。自古女子世世代代才情眉语常空付深情。秋风紫气，蛾眉出群，有万里桥边管领春风的女校书薛涛，易求无价宝难得有心郎的鱼玄机，美姿容神情萧散的李冶，眉不施黛装不求饰的马皇后，轻鬓学浮云双蛾拟初月的沈满愿，才下眉头却上心头的李易安，双蛾似初月相待画眉人的徐昭华，还有写猫书《衔蝉小录》的少女猫奴孙荪意。珠瑕眉缺，花满蓝桥路，愿得画眉郎。

46. 扫眉才子　管领春风　　　　　　　　　　228
47. 千金蝉鬓　百万蛾眉　　　　　　　　　　231
48. 秋风紫气　蛾眉出群　　　　　　　　　　234
49. 才下眉头　却上心头　　　　　　　　　　237
50. 贺画眉郎　花满蓝桥　　　　　　　　　　241

11　　　　　　　　　　　第十一部　红尘蛾眉

　　平康坊歌妓眉语，是大唐盛世的金粉香氛，是古代中国女性群体的宿命悲歌。古代通俗文学中女性的画眉故事，多以她们的生命书写为底本。

　　历代官妓歌伎、青楼红粉、青山女观中，留名于世的多身世沉浮、情感波澜。这些修眉女子受过良好文学和音乐歌舞训练，身份低贱，却又联结歌楼舞榭与权贵府衙庙堂车马，结交的对象上到皇帝、文人士大夫，下到阜田院乞儿，再到匪帮山贼，乃至北方蛮夷，上演无数的悲欢离合。她们不只出卖肉体，不一定容貌出众，但才情出尘，说不尽的眉上故事。她们是红尘中的女子，《金瓶梅》则写尽了市井尘下女人的眼意眉情。

51. 长安花开　平康坊中　　　　　　　　　　246
52. 宣和遗事　唱师师令　　　　　　　　　　250

53. 脸浓花发　苏家小小	254
54. 秦淮八艳　寒柳眉儿	258
55. 金瓶梅中　眼意眉情	265

12　第十二部　结社作眉

古代结社的那些女子诗团，她们的眉语是一种群体话语。

她们的眉语表达，她们的画眉故事，虽然仍很挣扎，但已然开启了一种纯粹女性意识的自我表达。有大观园中海棠诗社金陵十二钗的雅集，有富庶江南地区的"蕉园五子"——徐灿、柴静仪、朱柔则、林以宁、钱凤纶的诗会，有"性灵"派大宗师袁枚的随园女弟子们，以及宋元以来俗文学中的眉语表达，代表一部分城市平民女性和上层阶级的女性趣味。万谱归一，最后，以近代眉影进入古典眉妆的最后阶段。

56. 海棠诗社　水作女儿	274
57. 深院闲春　蕉园五子	278
58. 随园暮春　美人梳头	281
59. 玉楼春浓　娇红眉语	284
60. 万谱归一　雪泥眉影	293

后记　　　　　　　　　　　　　　　　297

参考文献　　　　　　　　　　　　　　300

序引

本书引文较多，为了提升阅读感受，我们采用文本网格排版的设计风格，以区分正文与引文。版式用左页右（尾）对齐、右页左（首）对齐的方式。其中引文作为一个整体设计元素，用专色区别正文的黑字，文字块错落有致，形成独特的空白空间，在句首空格、词的上下阕等方面做了布局上的调整，下不另注。——编者注

眉为七情之虹。

自古以来，中国人总以为，眉为眼之帘，眼为眉之精。庙堂之上则端着说：眼为君，眉为臣。但世间男女，眉目里见人精神，眉目中有人精魄，眉目间传递情意。

人有七情，虹有五彩。古人认为，眉是总领我们的情绪和情感的。人生得意时，扬眉吐气，这叫喜展眉；心情不好时，眉头紧锁，这是苦脸愁眉。女子欲说还羞时，带一分羞怯，这是半敛眉；男儿生气发怒，那是冷对横眉。花开花落，缘起缘灭，一生的起起落落就这样过去了。

人有悲欢离合，月有阴晴圆缺，眉语不言，眼风如何传情？人的情感表达万千种，眉目传情大约是最原始、最本我、最直接、最热烈，却又最含蓄、最委婉，大概也是最中国的吧。

一切妆容都是为了达情。眼妆眉妆尤其如此，可修颜，可长精神，眼角眉梢，更有万千眉语。

妆容，作为人类精神追求的一部分，是社会风俗、时尚和信仰的重要载体，可以折射出一个时期、一个地域的文化肌理与传统内蕴。在中国，化妆的历史源远流长，最早可追溯到春秋战国时期。古代女子化妆步骤的繁复，一点也不比我们现在简单。假如回到唐朝，女子化妆，光是妆容就有敷粉、抹胭脂、画黛眉、贴花钿、点面靥、描斜红、涂唇脂等七个步骤，更别提

还有变化多样的复杂发型、繁丽的衣饰。总之，古代女子出门可比我们费时费力多了。

每个时代眉毛的审美也各不相同。《诗经·卫风·硕人》曰："手如柔荑，肤如凝脂，领如蝤蛴，齿如瓠犀，螓首蛾眉，巧笑倩兮，美目盼兮。"蛾眉之细、之长、之曲，是中国上古女子眉美的标准，蛾眉也成了美的代称。古时候没有美瞳，没有隐形眼镜。眉为眼之帘，装饰眉毛，也是修饰眼睛，让眉目变得更美。

中国自古就是礼仪之邦，最初的化妆是为了在祭奠天地和祖先时保持庄严肃穆，是一种国族礼仪，后世才逐步转化为个体的自我美化。眼波流转，眉目含情，眉妆和眼部的修饰总是点睛之笔。眉妆在中国古代面妆中的地位又远高于其他装饰环节。诗词歌赋中多用"远山黛青""翠螺玉舒"等华丽美好的词语来描写女子的双眉，"张敞画眉"这样的闺房轶事，甚至可以逾越礼教而流传千古。

基于深厚的文化和传统，中国人化妆，原本就是一种家国和自我的双重情感表达。在古代中国那些富庶的朝代，从皇帝的深宫重殿，到王侯将相的庭园府邸，再到一般社会富庶阶层的绣房闺阁，男男女女扫黛描眉、敷白点朱，这样的风尚已有两千多年的传统。大家早已视之当然，习以为常。

时至今日，我们也许已经忘记，化妆的初心是悦己为容。每一种妆容都是一段情语——无论是"女为悦己者容"，还是"做女人，首先要取悦自己"。现在的女性化妆很重视口红，口红的效果最直接，补妆也很方便。在美国一百年前的大萧条时期，口红是女性最后的化妆品，便宜的单品口红是女性维护体面的最后倔强。眼妆显然要高级——昂贵很多，曾经一度流行的文眉、永久眉，不过是一种省钱省力的经济产品。唇彩易画，双眉难描，眼妆是化妆的灵魂。眼妆要有技巧，也要有审美，费时费功夫。

在古代中国，男人们甚至比女人更懂得美更爱美，更热衷于化妆。现在男性的化妆传统也逐渐被唤醒，成为新时代男性身体表达的一部分。男女皆然的"为悦己者而容"是当代故事，是后现代爱情时代的情语。

哲人说，人有三样东西无法隐瞒，咳嗽、穷困和爱。爱恨情愁，都凝结在眉目之间。爱、怨、憎，恨、别、离，求不得，无法隐瞒，全都显露在眉宇之下，流转于眉睫之间。按照民间风俗的说法，自古以来，眉毛为人面部五官之首，在面相五官中，眉毛主管情缘与情感的变化。正所谓"此情无计可消除，才下眉头，却上心头"。

古人的情感表达比较隐晦，但这并不影响中国人感情的细腻丰富。"昔我往矣，杨柳依依，今我来思，雨雪霏霏"，"所谓伊人，在水一方"，委婉又清新；"沧海月明珠有泪，蓝田日暖玉生烟"，这是旧爱；大马金刀的表达很少，"山无陵，江水为竭……乃敢与君绝"，这是决绝，越到后世越少。

你在眉间目上读出了什么呢？张爱玲的小说《半生缘》改编成电影，同名主题曲由主演黎明演唱，歌中唱道："流转的时光，照一脸沧桑，再也来不及遗忘。两个人，闹哄一场，一个人，地老天荒……谁能够想象，眉毛那么短，天涯却那么长？"开门见山的直接表达不是我们的强项，我们的情感表达多在心尖眉上。有明月照大江，澄明，婉转，激荡；也有楼台灯火，回风落雪，星河浮海，幽思明灭。

人非草木，孰能无情，情不灭，眉上风不止。万种风情，悉堆眼角眉梢，与谁人说？

第一部 *1*

眉　初　修　史

这是一部中国画眉的极简史。

阅读本书，可以简略而完整地概览中国上古到近代各个时期的画眉风俗与眉妆潮流，包括画眉的文化起源，石黛、燕脂、眉墨、螺钿等画眉材料的发展，以及各个朝代眉妆的基本风尚、流行妆式及其审美趣味。阅读本书，可以知道秦汉妇人画眉之初的红妆翠眉、大唐的白妆黑眉、宋代的黛眉宫妆、明清的淡雅柳眉。可以了解天宝年间帝都长安眉妆争艳的风尚、大宋宫妆烛影摇红中的远山眉和娇波眼、明代上承周汉下取唐宋的素眉妆，以及为中华眉上风华修史的开端。

1. 天生双眉　画眉有初

　　一部眉史，既是一部人体美学微观史，又是一部人类风尚通史，还是一部眉妆的物质文化史，当然，中华古代眉史最根本的是一部东方美学史。

　　中国人画眉的历史其实是一部无眉之史，因为古代画眉得先刮掉原生的眉毛，再用颜料画出需要的眉形。修眉饰黛，眉青影白，即便不剃除原生的眉毛，我们看到的也不是真正的眉毛，而是精心描画的眉影。但这有什么关系呢？就像我们看月亮，天上月，水中月，撩人心弦的是眼中心上的月亮，与月球无关。

　　人类生物进化史说，眉毛在一百万年前人类开始直立行走时开始出现。在这之前，古人猿毛发浓密，并不需要特意在脸上再添一撮毛，汗水想穿过毛发到达眼睛就如同龙卷风穿过热带雨林一样困难。随着人类智力发展，脑容量上升，毛发逐渐退化，直立人出现，面部的大多数毛发脱落减少，残余的毛发越来越少，最终，只有头发、胡须、眉毛这些毛发保留下来。对比直立人、智人等古人类头骨，可以发现他们都有着突出的眉骨。高眉骨以及眉骨上的毛发，或起到阻挡汗液和异物掉落眼睑之中的作用。

　　古老的双眼和相对新鲜的眉毛是人类面部最生动、最能表达情感、最传神、最反映个性的器官。文艺复兴时期意大利画家桑德罗·波提切利曾经创作了一幅《维纳斯的诞生》，主题是维纳斯乘着贝壳从海中诞生，海风吹拂，把她送往大陆，岸边春天女神张开花衣迎接她。画眉的出现，更像是一位东方维纳斯小女儿的诞生，只不过她不来自海上，她应该诞生在古老的东方大陆，春风之神把她送到花朵盛开的桃林桑田。眼睛是心灵之窗，眉眼是我们最灵动的器官，除非害羞时，不敢看人眼睛，不然的话，眼神交流的频率是最高的。相爱的人说话，不会只盯着对方嘴巴，我们喜欢看着爱人的眉眼。

早期智人的眉脊骨更加突出，眉毛位于眉脊下缘。尼安德特人、丹尼索瓦人、海德堡人及中国境内发现的大荔人、金牛山人、马坝人等是早期智人的代表。他们有更好的社会系统，约克大学的学者认为能够移动的眉毛在交流上起到了重要作用，所以这一优秀特征从直立人一直延续到智人。

原始社会人们要打猎采撷，生存第一，无暇精心打扮，对眉毛进行修饰美化，物质上和时间上都不大可能办到。只有等到至少是部分人生活有了闲暇，审美诞生并基本发展成熟以后，才有时间、精力、心情和需求去创造性地修饰眉毛。

画眉，属于面部化妆。在原始社会，一切都和生命、生产、生活息息相关。化妆也不是单纯的审美需要，而是为了通过包含化妆这一环节的巫术活动，获得某种神秘力量，去战胜自然，延续生命。

原始社会基于巫术祭祀活动的需要，各氏族部落的人类早期文明发展出五彩斑斓的文身及装饰文化。面部装饰是身体修饰的核心，主要包含三类：绘面、文面、面具。画眉最初很可能是从绘面、文面中演化而来。原始社会的先祖们，无论男女，在狩猎采摘、部落战争、巫术祭祀、图腾崇拜活动中，通过对人体的修饰，来获得心灵力量的赋能。因而，除了身体服饰以外，面部装饰方面，无论是绘面、文面还是面具，一般都造型恐怖、夸张、奇特，有极强的视觉冲击力，配以专门的音乐节拍，综合作用于心灵冲击。但这是从现代人的立场去看，对原始人来说，这就是他们的生活日常。人类的眉妆就是在这样的环境下诞生的，最初的画眉首先是力量的获取，而不仅仅是美的创造，但它是眉上故事的开端。

眉毛的情感传递和口中的语言表达同样感染人，让我们心意交通。古人十分看重双眉，汉代纬书《春秋元命苞》曰：

> 天有摄提，人有两眉，为人表候。

既然是表候，画眉当然就有了情感乃至生命表现与表达的意义。在古人的观念里，女子脸庞上最性感的部位，不是眼睛，不是嘴唇，不是脸蛋，而是眉毛。

画眉的产生，在先秦已有明确记载。《韩非子·显学》曰：

> 故善毛嫱、西施之美，无益吾面，用脂泽粉黛，则倍其初。

其中，粉黛之"黛"是用画眉之物代指画眉。这段文字很有意思：赞赏毛嫱、西施的美貌，不会改善我的面容，让我变得更美；只有使用各种各样的化妆品，才能让我比以前更好看。从中可以解读出两点：其一，美是有标杆的，毛嫱、西施这样的大美人就是至美的模板；其二，通过化妆可以使普通女性变得更美。

画眉缘起于原始社会的巫术祭祀活动，绘眉文眉是从绘面文面演化而来。原始社会男女绘身绘面的花纹图案比较简单，但富有神秘意义。绘身绘面的原料是植物、矿物颜料。

到了周朝，包括眉妆在内的面妆有了进一步的发展，面妆形式日益丰富，出现了眉妆、唇妆以及赭粉、面脂、唇脂、眉黛等。从某种意义上来说，中国化妆史从这一时期才真正开始。画眉也开始于这一时期，但从文献记载和考古发现来看，尚未具备社会普遍性。

《诗经》的歌谣很古老，《卫风·硕人》篇唱道："蓁首蛾眉，巧笑倩兮，美目盼兮。"蛾，指蚕蛾。蛾眉，原本指蛾之触须，形容眉细而长曲。把女子的细眉比作蛾眉，或与中国古老的蚕桑文明相关？

也有说画眉之风起于战国，《楚辞·大招》曰"粉白黛黑，施芳泽只"，说明画的是黑眉。《大招》是屈原《楚辞》中的一首诗，是极浪漫极美的一首古老诗歌。此诗在内容上可分两部分：一是极力渲染四方的种种凶险怪异，说明魂不可往，为招魂归故里立意；二是烘托楚国故居之美，君王之德，国家之强，引领灵魂返回楚国。写故国之美，很重要的一点是故国女子之美。诗中多次对青春朝阳般的故国美人的眉毛进行了书写和赞美。

娥目宜笑，蛾眉曼只。容则秀雅，稚朱颜只。……曾颊倚耳，曲眉规只。滂心绰态，姣丽施只。……易中利心，以动作只。粉白黛黑，施芳泽只。……青色直眉，美目媔只。靥辅奇牙，宜笑嘕只。丰肉丰骨，体便娟只。

这样的记载很多。《列子·周穆王》曰："衣阿锡，曳齐纨，粉白黛黑，珮玉环……"《淮南子·修务训》曰："虽粉白黛黑，弗能为美者，嫫母、仳倠也。"《战国策·楚策》曰："彼郑、周之女，粉白墨黑，立于衢间，非知而见之者，以为神。"表明黑眉是美眉的必要标准，画眉自古流传。

在还没有特定的画眉材料之前，妇女用柳枝烧焦后涂在眉毛上。焦木炭画眉也许是一种古法。

用石黛画眉的时代很早，大致肇始于春秋战国时期。随着时间推移，画眉材料不断丰富，铜黛、青雀头黛和螺子黛亦是画眉之物。铜黛是一种铜锈状的化学物质。青雀头黛是一种深灰蓝色的画眉材料，在南北朝时由西域传入。螺子黛出产于波斯，经丝绸之路而来，是隋唐时女性的画眉材料。螺子黛先加工成标准规格形状的黛块，方便销售和运输。女性使用时只需要蘸水化开，无须像石黛画眉那样需要研磨。因为螺子黛外形及制作过程与书画墨锭相似，也被称为"石墨"，或称"画眉墨"。

宋人高承在《事物纪原》中指出画眉风尚始于秦朝宫中流行的"红妆翠眉"，称其为"妇人画眉之初"。

> 秦始皇宫中悉红妆翠眉，此妇人画眉之初也。

可知画眉之风初始于秦代，此风先于宫中盛行再流传于外，那时流行的眉样是"翠眉"。翠眉不只是比拟，而是彩眉的一种，早期特指青绿色的眉色，后来转而用来指深灰色的眉色，流传以后，也用来泛指所有明丽清新的眉型。

秦朝的女子偏好橘色系的妆容，眉妆的流行延续到汉代和唐代。其中有经典的眉妆名为"一点眉"，传到扶桑，即今天的日本，为当时的上流女子所推崇。"一点眉"妆法的重点是眉心浓，眉头和眉尾淡。

秦和汉唐最大的差别，就是眼妆，特别是我们现在所说的眼线。秦女喜好将眼线画得长和浓，使眼睛呈现明显的丹凤眼型。唇色以暗红为主，秦女民风较豪放，主流唇妆就是中国后来世代延续的经典樱唇妆。

2. 青螺绿蛾　石黛燕脂

古代女子极其重视画眉，也许是因了"眉目传情"的佳话，形容古代女子的妩媚姿容时，总少不了用到"蛾眉""眉似翠黛""眉蹙春山"之类的形容词。古代的画眉材料是一种名唤"青黛"的矿物，使用时在石砚上磨碾，将粉末加水调和后便可描眉，隋唐之后有了更为便捷的无需碾碎的"螺黛"，宋代色泽更为细腻的"烟墨"又取而代之。

关于眉妆的日常记载如此众多，很显然，眉妆的兴起，是在秦汉时期无疑，成为女妆的一项基本操作不会晚于汉代。"青黛蛾眉"沿袭秦宫的"翠眉"而来。翠，是青绿色；黛，是纯黑色。黛，亦称"螺子黛""螺黛"。

《妆台记》是唐人宇文士及编辑的一本时尚读本，详细记录了唐以前宫廷及民间的妇女妆饰。书中介绍当时的眉妆说：

后周静帝令宫人画眉墨妆。

汉武帝令宫人作八字眉。

隋炀帝给宫人螺黛作翠眉。

魏武帝令宫人画青黛眉、连头眉。一画连心甚长，人谓之仙蛾妆。齐梁间多效之。

唐贞元中，又令宫人青黛画蛾眉。

在秦汉，女子用"黛"来画眉，东汉末年刘熙《释名》曰：

> 黛，代也。灭眉毛去之，以此画代其处也。

从《释名》对"黛"的这个解释我们就能看出，在汉代，女子在画眉前，要将天然的眉毛剔去，用黛重新描画出眉形。清除自然生长的眉毛，完全根据自己的意愿和眉妆时尚来画眉，这种现象在世界各地不同时期都出现过，这是一种有趣的文化人类学现象。

那么黛究竟是什么东西呢？早期所说的黛特指一种矿石，汉代叫青石，也叫石黛，是石墨的一种，柔软细腻，很适合用来画眉，有"画眉石"的雅号。《猗觉寮杂记》是南宋朱翌创作的杂家类书，该书延续了画眉石的这种说法，云：

今妇人削去眉，画以墨，盖古法也，《释名》曰：黛，代也。灭去眉毛以代其处也。

那么，这种矿石颜料是如何成为画眉材料的呢？于此，有一种有趣的说法。黛，即石黛，石墨，本来是书写的颜料。秦汉时期，由于书写工具和书写载具的变化，读书的男子基于书写便利、便于保存等标准，选定石墨作为书写颜料。贵族女子长期浸淫在书写和绘画等文化活动的大环境中，于是有机会接触到石墨，即石黛。偶然的机会，窈窕淑女们试用描眉之后，感觉是比木炭条更好的画眉颜料，于是将之搬上了自己的梳妆台。当然，这只是一种猜想，画眉的历史如此悠久，以黛画眉的源头是无法准确考证了。

如果画眉源头果真如此，倒是颇有浪漫情致，高雅特别，又有中国书写文化的内涵沉淀。试想象，四下无声，在小轩窗前，妩媚静雅的美丽女子低头对镜画眉，清俊秀拔的男子在明窗前书桌上写字作画。窗外有鸟鸣花香，屋内有烛台净几。砚台既是墨砚，也是眉砚，石墨以书亦以黛……这是怎样一幅诗情画意的美好画卷，也让简单寻常的青石镀上了一层浪漫的光彩。如此，青黛既是情媒，又是雅物。男子为女子书写情思，女子为男子描眉，纸上眉间都是情语。

石头本无情，而这青石因为得到了古今天下男欢女爱的滋养，也似乎有了灵性。玄、苍、翠、碧、绿、青、黄，色彩随着浓度的深浅而呈现出不同的色泽，有近乎黑色的"玄"，有天空般蔚蓝的"苍"，有经寒冬霜雪而不凋的松柏之"翠"，有夏荷秋塘风过的"碧""绿"……无声地细细诉说着哀怨情仇与无尽的相思意。

人们使用天然石墨后，慢慢又发现了人工石墨的制作方法。人工黛石在制作中加入香油、檀香等，制成后幽香散发。石墨画眉时代，主要的画眉工具有黛砚、砚杵、镊子、眉笔等。画眉的过程主要用砚杵将石墨在砚台中碾磨，再加少量水搅拌成墨汁状，用镊子修剪眉毛，再用眉笔蘸墨画之。

石黛的兴盛一直延续到南北朝时期。到了隋朝，从西域开始传入更高档的画眉用品，如"螺子黛"等也开始流行。托名颜师古的《大业拾遗记》亦名《隋遗录》，又名《南部烟花录》，是宋代传奇，传说是和尚志彻于会昌年间偶然得之于上元瓦棺寺阁上。其实，很可能是作者身份高贵，大概是朝廷官员，碍于身份，不便承认是自己所作，亦或是地位卑贱，处烟花巷陌之间，不愿以身名拉低文稿的格调，唯愿匿名该书传世。《大业拾遗记》记载：隋炀帝时，波斯人所制的螺子黛传入宫廷，被后妃们珍爱，这种黛又被称为蛾绿，后世也一直沿袭这种叫法，隋炀帝喜欢看宠妃吴绛仙画眉，每每"倚帘顾之，移时不去"地痴看。其文曰：

吴绛仙善画长蛾眉……司宫吏日给螺子黛五斛，号为"蛾绿"。

李白在诗中写到"青黛画眉红锦靴"，青黛就是从西方来的青黑色颜料。到中唐时期，青黛逐渐被更好的墨种取代，不再流行。到了唐末，用墨画眉开始流行，石黛逐渐退出时尚流行。此后一直到明清时代，画眉都主要使用眉墨。

石黛，或者说青石产自哪里呢？《红楼梦》第三回，宝玉和黛玉初相见，宝玉第一眼注意到的就是黛玉的眉毛和眼睛——"两弯似蹙非蹙罥烟眉，一双似喜非喜含情目"。于是以眉毛的特点给林妹妹另取名字为"颦颦"，还杜撰了一个"西方有石名黛，可代画眉之墨"的典故。此处出产黛石的西方未必就是西域。但是，在古代中国，画眉的高端奢品大多出自西域无疑。在丝绸之路的东西方贸易中，高级的画眉材料，后来称为"螺钿"的画眉用品，很早就作为重要商品从西域流入。

大家都知道曹雪芹家道中落，生活贫困，野史说曹雪芹写《红楼梦》时，增删十年，到了后来，墨都买不起。他听说樱桃沟有种黑色的画眉石，心想，既然可以用来画眉，说不定也可以当墨用。于是不辞辛苦前去找来，一试，还真能当墨用。曹雪芹有感于这件事，便把林妹妹命名为黛玉。"两弯似蹙非蹙罥烟眉，一双似喜非喜含情目。"黛玉"眉尖若蹙"，也许是因为画眉要用黛石，黛石就是黛玉。画眉山的黛石又因其"磨之如墨"，制成墨和砚台，成为文房一宝。这一说法，一望而知乃穿凿附会。

明人沈榜于万历十八年（1590年）任顺天府宛平县（即现在北京市丰台区卢沟桥东的宛平城一带）知县，在任期间根据官署档案材料编著了《宛署杂记》。书中记载了明代社会政治、经济、历史地理、风俗民情、人物遗文等资料，它实际是宛平的县志，也是北京最早的史书之一。

《宛署杂记·山川》曰：

> 画眉石，西斋堂村多有之，离城二百五十里。石黑色似石，而性不坚，磨之如墨，拾之染指。金章宗时，妃后尝取之画眉，故名。

明朝刘侗《帝京景物略》也有相似的记载，其中的"西堂村"大概也是"西斋堂村"之误，或是异名，曰：

> 西堂村而北，曰画眉山。产石，墨色，浮质而腻理，入金宫为眉石，亦曰黛石也。

中国早期官修方志之一，明代李贤、彭时等人撰修的地理总志《大明一统志》记载：

> 宛平县产石，黑色而性不坚，磨之如墨。金时宫人多以画眉，名曰眉石，亦称黛石。

但除了类似记载，京郊的石墨似乎影响不大，要么是产量不大，要么是用在眉妆上效果不好。用今天的话来说，既不见高端的卖家秀，也不见用户体验好的买家秀，只有中间商在吆喝。

这说的是北方的画眉石，南方也有画眉石出产。清初的《艺林汇考》考源辨证屋宇、饮食、植物、服饰等事物，书中记载：

> 今广东始兴县溪中出石墨，妇女取以画眉，名画眉石。

史地专家张宝章先生曾介绍，黛砚虽然不像端砚那样坚硬精致，但玲珑剔透，古色天香，特别是它乃黛石雕成，更让人浮想联翩，爱不释手。这只是茶余饭后的谈资，不足为凭。但如前所说，画眉和墨书同出一脉，男子写诗作赋，女子情在眉语，倒也是一个美好的牵强附会。

综合来看，古代女子画眉所用的黛有三种主要的可能来源，一是来自植物性颜料靛蓝的"青黛"，二是矿物性颜料"石黛"，三是人工调制的眉墨。

3. 天宝时妆　贵妃新眉

唐朝，是一个非常开放的朝代，那时的女子经常通过画眉来争奇斗艳。想想这种场景：那些衣着华美的年轻女子碰到一起的时候，以额上的双眉的装饰，不露声色地进行比拼，一决高下，是不是很有场面感？

白居易《代书诗一百韵寄微之》曾记下唐都长安美人"风流夸堕髻，时世斗啼眉"的斗眉争艳的情形。这首诗是白居易写给他的好友元稹的。元稹在唐宪宗时期有能臣的名声，以办事高效果决著称。元和四年（809年），元稹担任监察御史，一上任，就拿朝廷的重臣工部尚书柳晟开刀，上奏其超标准向皇帝进献贡品。这让尚书柳晟和皇帝都很没面子，下不来台。在访察东蜀官吏，了解民生疾苦时，元稹发现前任东川节度使严砺横征暴敛，劳民伤民害民，于是上奏朝廷，弹劾严砺，即便严砺本人此时已经去世，也不放过。这是唐朝开国后第二件著名的弹劾事件，影响很大。元稹的意见不仅未被朝廷采纳，还因而被弹劾贬官。白居易上疏为好友的不公遭遇鸣不平，仍然不可得。白居易心情非常不好，于是写了这首诗送给元稹，一吐为快地宣泄压抑的情绪。诗中回忆描写了种种昔日同游的快乐感人的场景，其中就写到哥俩一起狎妓赏春。通过对歌妓舞姬的妆容描写，我们今天可以一窥大唐长安的盛世时尚。长安城中的美人粉黛如春，美艳香飘，比拼着各自的眉妆，那是何等的欢乐啊，诗中写道：

密坐随欢促，华樽逐胜移。香飘歌袂动，翠落舞钗遗。
筹插红螺椀，觥飞白玉卮。打嫌调笑易，饮讶卷波迟。
残席喧哗散，归鞍酩酊骑。酡颜乌帽侧，醉袖玉鞭垂。
紫陌传钟鼓，红尘塞路岐。几时曾暂别，何处不相随。

唐时民风开放，女子妆容多有变化。先是有引领后世"一白遮三丑"的经典白面妆出现。眉妆上，逐渐演化出远山黛、青黛、柳叶黛等多种妆容。唇妆受秦影响较深。女子白面两颊的胭脂常抹成圆形，取意面部圆润有福。后期有杨玉环发展出的额心花钿，先用小笔描画花形，再剪金箔贴上。唐代受胡人风气影响极深，有一段时间盛行素面不上妆的风潮。眼妆则以杏眼，即橄榄形为上美。

时尚的风潮不可挡，斗眉的风气带来眉妆的繁盛。众多诗人都描写了这一传统。所谓楚王爱细腰，宫中多饿死。上行下效，宫中流行的眉式眉妆，需要多久会传遍京城呢？李商隐游走在朝野之间，他的见闻和记叙具有代表性，他的《效徐陵体赠更衣》曰：

密帐真珠络，温帏翡翠装。楚腰知便宠，宫眉正斗强。
结带悬栀子，绣领刺鸳鸯。轻寒衣省夜，金斗熨沈香。

更衣，本指侍奉皇帝更换衣服的侍女，此指歌妓。徐陵体，是这首诗的体裁。立意是批评，却又活色生香。李商隐这首诗既然是仿宫体艳情诗而作，读之产生又讽又劝的效果就不奇怪了。

寒山是隐居山林的诗僧，虽处江湖之远，也记录了城市中斗眉的风尚。寒山《诗三百三首·其十四》曰：

> 城中蛾眉女，珠佩何珊珊。鹦鹉花前弄，琵琶月下弹。
> 长歌三月响，短舞万人看。未必长如此，芙蓉不耐寒。

唐代，长眉款仍然被保留，其变化是眉毛画得很长的同时也画得很细，称为"细眉"，故白居易在《上阳白发人》中有"青黛点眉眉细长"之句。点是手法，细长眉是潮流。白居易《上阳白发人》诗曰：

> 小头鞋履窄衣裳，青黛点眉眉细长。外人不见见应笑，天宝末年时世妆。

唐时还流行柳叶眉，柳叶眉的眉形略宽，弯曲如月，因而得名"月眉"或"却月眉"。晚唐诗人罗虬的《比红儿诗》曰：

> 诏下人间觅好花，月眉云髻选人家。红儿若向当时见，系臂先封第一纱。

罗虬不算一流的诗文大家。唐代的诗歌是可以入乐歌唱的，有很多诗歌流传广泛。《比红儿诗》就相当于当时的一组流行歌曲。《比红儿诗》中的红儿，是指名妓杜红儿。比红儿，就是拿历代美人来和红儿作比，以突出红儿的美貌。这组七绝组诗共一百首，并非首首经典，但也不乏可以句摘的名篇。组诗中有一首写道：

> 薄罗轻剪越溪纹，鸦翅低垂两鬓分。料得相如偷见面，不应琴里挑文君。

这里是用卓文君为比，又从而"优劣"之，说如果司马相如偷看上红儿一眼，就不会费心去弹琴挑逗卓文君了。罗虬大概不知相如和文君之爱不在形貌，而在琴瑟交鸣的相知。《比红儿诗》是通俗流行的歌咏美人的主题，部分代表了民间的趣味。比附司马相如与卓文君的"琴挑"典故，迎合了大众想象及其传统叙事。如果说比附司马相如和卓文君"偷香"是向民间想象靠拢；"诏下人间"说皇帝选美，想象红儿参加朝廷选美,得到皇帝的宠幸,一步登天,则是向上比附。只不过,这类看似"向上"的想象,本质上也是一种典型的民间趣味和世俗刻板叙事。此外,"妆罢货与帝王家"也是天下士子渴望出仕服务朝廷、建功立业的隐喻。虽然其内在格调与趣味通俗化、民间化,这一叙事却从侧面反映了却月眉在当时的流行,已经成为社会各阶层的通用词汇。

《生查子》原为唐教坊曲名,后用作词牌名。《生查子·新月曲如眉》是五代词人牛希济所写的一首相思词,词曰:

新月曲如眉,未有团圞意。红豆不堪看,满眼相思泪。
终日劈桃穰,人在心儿里。两朵隔墙花,早晚成连理。

"两朵隔墙花,早晚成连理",倒是清新自然。"新月曲如眉",月眉的两端,一般画得比较尖锐,黛色也用得比较浓重。

在《长恨歌》中,杨贵妃"芙蓉如面柳如眉",那一款如柳长眉应该也是眉形稍稍加宽的长眉。大约从贞元年间开始,阔眉由长式转变为短式。元和年间,两汉"八字眉"复现,并盛行一时。然而,这时的八字眉与汉时的大不相同,不仅阔而且相当弯曲。

唐代主流眉形正如我们在当代绘画、雕塑和壁画中所见一样,阔而短的眉形是美人们的最爱,这种眉样形如桂叶或蛾翅。元稹诗云"莫画长眉画短眉",李贺诗中也说"新桂如蛾眉",说的就是眉风的这个变化。为了使阔眉画得不显呆板,妇女们又在画眉时将眉毛边缘处的颜色向外均匀地晕散,称其为"晕眉"。到了唐玄宗时期,画眉的形式更是多姿多彩,记载流传的就有十种:鸳鸯眉、小山眉、五岳眉、三峰眉、垂珠眉、月眉、分梢眉、涵烟眉、拂烟眉、倒晕眉。

唐末马缟的《中华古今注》以考证名物制度为主。书中说杨贵妃"作白妆黑眉",当时的人将此认作新的化妆方式,称其为"新妆"。"一日新妆抛旧样,六宫争画黑烟眉。"此之谓也。

唐代诗人徐凝与白居易、元稹同时而稍晚,虽无法和元白相提并论,也算得一流诗人,其七绝尤妙,存世流传的诗歌过百首。美人争艳,新眉厌旧眉,徐凝诗中有写不尽忆不完的长安眉上风光。

徐凝《宫中曲二首》诗中写道:

披香侍宴插山花,厌著龙绡著越纱。恃赖倾城人不及,檀妆唯约数条霞。
身轻入宠尽恩私,腰细偏能舞柘枝。一日新妆抛旧样,六宫争画黑烟眉。

《忆扬州》诗曰:

萧娘脸薄难胜泪,桃叶眉头易觉愁。天下三分明月夜,二分无赖是扬州。

萧在南朝是皇族大姓,南朝以来,诗词中的男子所恋的女子常被称为萧娘,女子所恋的男子常被称为萧郎。如徐凝所见,天下美景三分,扬州独占其二,主要是那里有善画柳叶眉的多情女子。

古以长眉为美,所谓"青黛点眉眉细长",为唐人入时装扮。盛唐时,从开元盛世直至天宝年间,流行的眉型大致为长、细、淡,其中有蛾眉、远山眉、青黛眉等。这就是白居易所说的"天宝末年时世妆"。中唐,天宝至元和年间,八字眉是当时最流行的,八字眉和乌唇、椎髻形成了三合一特色的"元和时世妆"。到了晚唐,眉妆继承了浓和阔的特征,跟以前不同的是非常短。"桂叶眉"是当时女子比较喜欢的。"桂叶双眉久不描"的形象在《簪花仕女图》中栩栩如生,跃然纸上。

李商隐《八岁偷照镜》这首诗以少女怀春之幽怨苦闷,喻少年才士渴求仕进遇合之心情,侧面反映了长眉仍是时代眉妆首选。

八岁偷照镜,长眉已能画。十岁去踏青,芙蓉作裙衩。
十二学弹筝,银甲不曾卸。十四藏六亲,悬知犹未嫁。
十五泣春风,背面秋千下。

南北朝丘迟《答徐侍中为人赠妇》写苦守空房的妻子,幻想在洛阳飞黄腾达的丈夫金盖高车,煊赫一时,他身边的美人"长眉横玉脸,皓腕卷轻纱",而自己被弃在家,首如飞蓬,抱膝空叹。诗曰:

丈夫吐然诺,受命本遗家。糟糠且弃置,蓬首乱如麻。
侧闻洛阳客,金盖翼高车。谒帝时来下,光景不可奢。
幽房一洞启,二八尽芳华。罗裾有长短,翠鬓无低斜。
长眉横玉脸,皓腕卷轻纱。俱看依井蝶,共取落檐花。
何言征戍苦,抱膝空咨嗟。

总体而言,虽然眉色款式多种多样,中国古代流行长眉的时代更多,也是主体。魏宫人好画长眉,吴绛仙亦善画长蛾眉,天下皆然。

4. 翠眉宫样　宋在远山

宋代民风相对保守，女子妆容极为素洁，白面粉颊的唐妆日渐绝迹，额心花钿的繁复妆容几近消亡。值得一提的是，远山黛流传了下来，在宋代十分盛行。宋代妆容以清新高雅为主，强调自然肤色，以提升气质为主题。眼妆延续了秦汉的丹凤眼，但更为自然，淡淡斜飞入鬓的眉型在许多宋代仕女图中都可见到。

到了宋代，画眉墨的使用日益广泛，妇女们已经很少再使用石黛。南宋诗人华岳《田家》诗曰：

> 画眉无墨把灯烧，岂识宫妆与翠翘。堪笑东风也相谑，暗牵裙带缠人腰。

诗的前两句写农家女画眉没有"眉墨"，因而用油灯不完全燃烧产生的黑色烟油替代眉墨来化妆，这种烟油非常细润，用来画眉很便宜。这从反面印证了南宋时代人工制作的"眉墨"已经成为了画眉用品的主流。对中国古代制墨工艺稍有了解的书画爱好者，对宋代眉墨的制作工艺一定会有似曾相识的感觉。是的，这和传统书画墨的工艺很相似。中国传统书画墨中的精品，多是用松木等材料，通过"炷灯缓炙"的方法不完全燃烧形成均匀的细烟灰，运用多重工艺再加工而成。这一相似工艺，不禁让人想象"眉墨"和"书（画）墨"的同源关系。

当时的富贵之家使用的眉黛眉粉，流行波斯经西域传入的螺子黛，可以画出青蓝色眉毛，极为珍贵。苏轼曾在《次韵答舒教授观余所藏墨》一诗中写道："时闻五斛赐蛾绿，不惜千金求獭髓。"那些热爱时尚的男男女女，他们为了打扮自己，不惜一掷千金购买西域的化妆品。宁肯让"寒窗冷砚冰生水"，也要高价求购画眉的"雀头黛""螺黛"，这是批评和讽刺。其实，想想吧，上佳的好墨可以书写，又何尝不可以描眉？何不用墨画眉呢？诗曰：

君不见，
永宁第中捣龙麝，列屋闲居清且美。
倒晕连眉秀岭浮，双鸦画鬓香云委。
时闻五斛赐蛾绿，不惜千金求獭髓。
闻君此诗当大笑，寒窗冷砚冰生水。

想象中，用墨代黛，大概发生在苏轼写这首诗之后吧。到了宋代中后期，画眉墨的使用日渐广泛，妇女们已经很少再使用石黛。南宋赵彦卫《云麓漫钞》是杂录笔记，一看最初的书名《拥炉闲话》就了然。书中记载说：

前代妇人以黛画眉，故见于诗词，皆云"眉黛远山"，今人不用黛而用墨。

宋代笔记中也有叙述，《事林广记》中说："真麻油一盏，多着灯心搓紧，将油盏置器水中焚之，覆以小器，令烟凝上，随得扫下。预于三日前，用脑麝别浸少油，倾入烟内和调匀，其墨可逾漆。一法旋剪麻油灯花，用尤佳。"这是典型的书画制墨工艺，也进一步印证了眉墨和书（画）墨同出一源。这种烟熏的画眉材料，到了宋末元初，被美其名曰"画眉集香圆"。当然，在古代读书受教育是上层社会的权利，并非所有人都可以随意使用文房四宝。因而，用书画墨来化妆描眉，并非单纯是出于经济原因。

宋代的宫廷眉式往往成为流行标准款。宫中眉色眉式多样,流行眉色先出自宫中,然后流传到都城女子中。宋朝晏几道《六幺令》中曾说:"晚来翠眉宫样,巧把远山学。"可知,在宋时,某些宫廷眉式已经成为标准款,长久流传。"翠眉"在这一时期特指一种深灰色眉妆,使用的还是西域传入的"青雀头黛"奢品。毕竟,晏几道看到的,描述的,是宫眉样式中的经典款——翠眉(色)远山眉(形)。

宋朝女性妆容风格的变化,更加注重自然与健康,尽可能地减少化妆品的使用。她们更加注重面部保养,常常用花水、胡麻油等天然物品来保养肌肤。此外,宋代女性也喜欢将头发梳成各种华丽的发髻,用珠子、翠羽等饰品来点缀发髻。这一潮流背后的原因是多方面的。但经济的繁荣,商业流通发达,包括纺织、印染等手工艺技艺的提高,服饰的丰富性、多样性得到极大的提升,这些是主要原因。

周密是宋末元初词、文、书画大家,其《露华·暖消蕙雪》写美人写欢情,宫眉已成寻常,词曰:

> 暖消蕙雪,渐水纹漾锦,云淡波溶。岸香弄蕊,新枝轻袅条风。次第燕归将近,爱柳眉、桃靥烟浓。鸳径小,芳屏聚蝶,翠渚飘鸿。
>
> 六桥旧情如梦,记扇底宫眉,花下游骢。选歌试舞,连宵恋醉珍丛。怕里早莺啼醒,问杏钿、谁点愁红?心事悄,春娇又入翠峰。

都说宋朝是中国历史上审美最高度发达的时代,眉妆也应如是。周邦彦的《烛影摇红·芳脸匀红》词曰:

> 芳脸匀红,黛眉巧画宫妆浅。风流天付与精神,全在娇波眼。早是萦心可惯。向尊前、频频顾眄。几相相见,见了还休,争如不见。
>
> 烛影摇红,夜阑饮散春宵短。当时谁会唱阳关,离恨天涯远。争奈云收雨散。凭阑干、东风泪满。海棠开后,燕子来时,黄昏深院。

总而言之，这一类眉妆，都有皇宫出品的渊源，可以称之为"宫妆"，或"宫（眉）妆"，要点在于，这类妆容的"娇波眼"的妆成效果，其他面部的总体风格是浅妆，突出眼部的神采。

5. 当率同志　画眉修史

　　明朝的妆容特点用四个字足以概括——淡雅素净。

　　到了明清时期，美人妆的风格更加繁复，也更加注重细节，这种繁复不限于妆容本身，而是整个服饰造型。手工业的发展，工艺的精细度提升，消费、流通和商业的发达，使得男女妆容服饰整体更具丰富性和可选择性，后者反过来解放了眉妆，让眉妆在色与形两方面都趋向内敛含蓄。

　　明朝建立初期，明太祖朱元璋认为，元朝失败的根本原因是礼制的崩坏。服饰妆容，对于维护"礼"、区分等级、男女之别起着重要作用。朱元璋试图建立一个"贵贱之别，望而知之"的等级分明的明王朝仪礼社会，所以根据汉族的传统，"上承周汉，下取唐宋"，重新制定了服饰制度。明朝服饰集汉、唐、宋三朝服饰特色，同时也引导了明代妇女的妆容风格，眉妆也是随之一变。另一个方面，国家初定，朱元璋崇尚节俭，反对奢华浪费，夸张的妆容不符合时代精神。若追溯内在的原因，则是因为明代女性地位下降，男尊女卑的大环境下，女性审美唯美的精神遭到压制，这是内在的重要力量。

　　为了恢复华夏，朱元璋建立明王朝以来，推行唐宋旧制，消除过去北方游牧民族带来的各种影响和演变歧出，着力恢复大汉文化。因此，当时的审美深受儒家思想的影响。女子的素雅妆容占主导地位，大众的审美延续宋朝清秀典雅的风格，女子妆容大多清秀温婉。也是从明清开始，小巧秀雅成为女性追求的主流风格。

明妆与唐妆的夸张不同，它整体上强调的就是"面如凝脂，眼如点漆，眉黛烟青"，精致到每一个细节，崇尚清淡、雅致、低调奢华有内涵。与清朝相差最大的是明代女子脸颊色彩偏亮，唇色自然。

明朝流行淡妆，在明末达到顶点。传说崇祯每每看到宫女敷粉便会说"活脱像庙中鬼脸"，这背后的深层原因，是国库空虚，崇祯厉行节俭以支撑行政和军费开支。崇祯自己带头穿旧衣服，大量裁撤宫中用度，减用宫女人数十分之三。风气之下，后宫上下慢慢也都能和崇祯一样吃粗茶淡饭，穿布衣，妆容极简。"宫中常服布衣，茹素食，与先帝同尚节俭，一切女红纺织，皆身自为之。"由此，明代皇宫中流行淡妆，传到宫外，就成为了天下的主流审美。

从具体的妆法来看，明代面妆的"三白法"，汲取了宋元妆的色彩风格，和现在的高光效果很像，都是为了突出色差，脸颊色彩偏亮，使得面部更加立体。女性开始喜欢用红色的胭脂来搽脸，并且涂抹在太阳穴和下巴等位置。此外，明代的女性修饰眉毛，喜欢将眉毛修成弯弯的，非常别致。总体而言，明朝之后的妆容更接近我们现在的审美，大约可概括为明朝画家唐寅所说的"鸡蛋脸、柳叶眉、鲤鱼嘴、葱管鼻"。

明朝女子追求纤细修长的眉毛，钟爱又弯又细的眉形。女子会用线绞、刀削等方法修眉，眉形和现在差别不大。在画眉材料方面，明朝沿用了过去画眉的产品"黛石"。为了达到更精致的美妆，用以书写的油烟墨也被用来画眉。此外，明朝人也制作出一些专门的画眉墨。

明时主要的眉形有：蛾眉、翠黛、卧蚕、捧心、偃月、复月、筋点、柳叶、远山、八字。《红楼梦》中描写王熙凤是"一双丹凤三角眼，两弯柳叶吊梢眉"。"吊梢眉"是形容眉毛又弯又细，实际上，这样的眉形也正是明朝女子最钟爱的。著名画家唐寅所绘的《王蜀宫妓图》，完美展现了当时明朝女子细长的柳叶眉和凤眼。明朝女子追求凤眼之美，会把眼睑的眼线条画深画长，以达到凤目之下盈盈眼波的效果。

当时的城市里，还出现一个新兴职业，类似于现在的造型师，要负责贵族妇女的妆容、发饰、服饰的搭配，叫作"插戴婆"。望名而知，眉黛也在专门服务范围之内。以木炭研成粉末涂于额头之上，源于过去的这种"黑妆"可能是明朝最奇特的妆容了，算是极少的例外。

到了清代，女性们开始更加注重身体的匀称，因此开始流行用束腰和束脚来改变身材，使身材更加苗条，眉妆风格变化不大。

在古人的观念里，女子脸庞上最美丽的部位，不是眼睛，不是嘴唇，不是脸蛋，而是眉毛。所以古人对画眉的追捧，不亚于现在对时尚的追逐。而古代站在时尚最前沿的就是城市中的青楼女子了，她们不但善于画眉，而且能够创作出新的眉样。

宋代陶谷《清异录》记载一个叫作莹姐的烟花女子——玉净花明，尤善梳掠，画眉日作一样。因为能够"日作一样"，博得了文人才子的普遍喝彩，甚至有人戏称她：

> 汝眉癖若是，可作《百眉图》。更假年岁，当率同志为修《眉史》矣。

可以为画眉修史，可见多厉害了，莹姐堪为"美女领袖"。当然了，作为深宅大院里的女眷，就非常不喜欢莹姐这样的。"……有细宅眷而不喜莹者，谤之为胶煤变相。"争妍斗奇的贵妇们讽刺莹姐画的是"胶煤变相"，意思是用不起螺子黛，而且造型多变。自从莹姐丰富眉妆样式，引领一时风尚，成为"画眉领袖"以后，后来者或为了诋毁她，或出于文人轻浮狎昵，有人开始把记载妓女歌伎生活和故事的专书名为"眉史"。如清代白话长篇小说《花月痕》写青楼女子刘秋痕、杜采秋与两位书生之间的才子佳人、爱恨情仇的俗套故事，第44回写道："流芳眉史，歌篁借孔雀之词；证果情天，文梓起鸳鸯之塚。"前一句说的风流情史，后一句说的忠贞爱情，均是套话，其中的"眉史"，则是青楼烟花的别称，与"青史"相对。

"变相"本来是指敷演佛经内容的绘画，佛经"变相"画历来以题材丰富、场面热闹、风格华丽恣肆而闻名，典型的例子就是敦煌壁画。用"变相"一词来形容女子画眉的多变，眉形变化的热闹，可见其画眉是多么的千形百状，变幻不定。后世大多用墨画眉，其实也很好看。秦观的词里就有"香墨弯弯画，燕脂淡淡匀。揉蓝衫子杏黄裙，独倚玉阑无语点檀唇"。化妆步骤都很清晰：先画眉，再匀胭脂，最后点朱唇。按这个顺序，也知道眉毛比脸颊和嘴唇都重要。

当然，说起擅于画眉而闻名的女子，少不了"殿脚女"吴绛仙的传说。《大业拾遗记》记载，运河开通后，隋炀帝下扬州的船队需要大批拉纤的民夫，这些民夫有男有女，统称"殿脚"，其中牵挽龙舟的女子称为"殿脚女"。据说，有一天，风流天子隋炀帝正打算登上"凤舸"，正巧扶着"殿脚女"吴绛仙的肩膀，发现此女"柔丽，不与群辈齿"，尤其是那长长的蛾眉，很让人喜欢。回宫后就召吴绛仙，封她为婕妤，更因为她擅长画眉，让司宫吏每天给她五斛螺子黛。螺子黛产于波斯，当时每颗价值十金，价格是非常昂贵的。后来吴绛仙还被封为"崆峒夫人"。这就是一个借着画眉"上位"的典型故事。可见在古代中国，画眉有着多么神奇的力量。

清代李渔的《闲情偶记》论述过美女的眉毛，也是一种眉相说：

> 眉之秀与不秀，亦复关系性情，当与眼目同视。然眉眼二物，其势往往相因。眼细者眉必长，眉粗者眼必巨，此大较也，然亦有不尽相合者。如长短粗细之间，未能一一尽善，则当取长恕短，要当视其可施人力与否。张京兆工于画眉，则其夫人之双黛，必非浓淡得宜，无可润泽者。短者可长，则妙在用增；粗者可细，则妙在用减。但有必不可少之一字，而人多忽视之者，其名曰"曲"。必有天然之曲，而后人力可施其巧。"眉若远山""眉如新月"，皆言曲之至也。即不能酷肖远山，尽如新月，亦须稍带月形，略存山意，或弯其上而不弯其下，或细其外而不细其中，皆可自施人力。最忌平空一抹，有如太白经天；又忌两笔斜冲，俨然倒书八字。变远山为近瀑，反新月为长虹，虽有善画之张郎，亦将畏难而却走。非选姿者居心太刻，以其为温柔乡择人，非为娘子军择将也。

李渔认为，眉毛的清秀与否与人的性格相关，漂亮的眉毛应该浓淡适宜、有一定弧度，像新月，或像远山，否则即使画师再高明也无济于事。

此外，清代已经出了一篇《黛史》小文，乃句曲人张芳所撰。黛史，即眉史也。其文有曰：

> 喜颦语默，黛之四仪。心止于所，可以有仪矣。

《黛史》中的这句话不简单，它把画眉的情感性宗旨说透了。首先，它总结出画眉人的四种心理状态。其次，画眉时，追求的审美效果分别对应开心、惆怅、交流、沉默四种状态，总之，画眉是服务于自我的情感表达和情绪的自我抚慰的。

我们常说洗尽铅华，铅华说的便是古代女子抹在脸上的妆粉。早在战国时期，女子便开始使用铅粉来修饰自己的颜面。在盛唐时期，据说还流行过只敷铅粉的"白妆"，"最是孀闺少年妇，白装素袖碧纱裙"，白居易咏的便是古代以铅粉敷面的女子。

　　古代的妆容整体来说分为白妆和红妆两种：白妆即只敷粉画眉，不施胭脂，较为素雅，又称为玉颜。红妆则施以各色胭脂，不同的画法和颜色深浅有着不同的名字。也就是淡妆与浓妆的区别了。无论是怎样的妆容，其实都展现了当时女子追求美的渴望，无论是天生丽质者淡扫眉黛，还是为悦己容者精心打扮，说到底都是想让自己呈现出最美好的一面。而偶有一些怪诞、奇异的审美，想来也是为了与众不同、脱颖而出，大可理解。

　　今天的女子可以不化妆，但不能没有口红；甚至可以没有口红，也不能没有眉笔。涂口红和画眉都是"提精神"的基本手段。太忙，或是想懒一点的时候，女人们会说："今天没化妆，涂个口红吧。"至于只画眉毛，在女人眼里，那属于素颜。画眉是不算化妆的。因此，眉笔是女人少不了的，无论是素颜还是上妆都会用到。眉毛精神了，一个人才精神。

　　前面说到青螺绿黛，秦妆汉黛。有意思的是，画眉的工具为什么叫"眉笔"呢？虽然现在画眉已经完全没有文人趣味的遗存，但终归素颜是纸，眉黛作笔，谁能说女人的脸不是她一生最重要的艺术品呢？

　　琴眉语浅，无论是音乐、书信还是眉语，都不足以表达我们的情思心意。书写吧，纸短情长，相思难诉；琴声心语，纵使司马相如和卓文君再世，终归是知音难觅；眉间心上，更多是自己的一种情绪寄托，要读懂爱人的眉语，非人力可以决定。

　　清代词人王士禄一阕《贺新凉·兰幌灯前卷》说：道琴心、眉语都来浅。词曰：

兰幌灯前卷、便相如、愁盈四壁，一是齐遣。始信明眸真善睐，暗瞬秋波似法。早打叠、鸾衾如茧。扣扣繁钦情乍定、道琴心、眉语都来浅。双影好，玉台展。

三生石上精魂显、好摩挲、蓝桥赠盒，玉圆犀扁。得近佳人偏郑重，不惜乌龙字犬。纵酒渴、谁能求免。从此比肩形影似、奉鸳鸯、绣谱同经典。红绶带，肯轻剪。

琴心、眉语从来情深言浅，不足以表达深情。王士禄的意思大概是说，纵如繁钦般情深而定，也不过是琴心眉语，说不尽心中所爱。词中提到的繁钦是魏晋时诗人，与建安七子同时代，诗名盛不及七子，但有一首《定情诗》写得十分动人：

我出东门游，邂逅承清尘。思君即幽房，侍寝执衣巾。
时无桑中契，迫此路侧人。我既媚君姿，君亦悦我颜。
何以致拳拳？绾臂双金环。何以道殷勤？约指一双银。
何以致区区？耳中双明珠。何以致叩叩？香囊系肘后。
何以致契阔？绕腕双跳脱。何以结恩情？美玉缀罗缨。
何以结中心？素缕连双针。何以结相于？金薄画搔头。
何以慰别离？耳后玳瑁钗。何以答欢忻？纨素三条裙。
何以结愁悲？白绢双中衣。与我期何所？乃期东山隅。
日旰兮不来，谷风吹我襦。远望无所见，涕泣起踟蹰。
与我期何所？乃期山南阳。日中兮不来，飘风吹我裳。
逍遥莫谁睹，望君愁我肠。与我期何所？乃期西山侧。
日夕兮不来，踯躅长叹息。远望凉风至，俯仰正衣服。
与我期何所？乃期山北岑。日暮兮不来，凄风吹我襟。
望君不能坐，悲苦愁我心。爱身以何为，惜我华色时。
中情既款款，然后克密期。褰衣蹑茂草，谓君不我欺。
厕此丑陋质，徙倚无所之。自伤失所欲，泪下如连丝。

深情的从来都是人心，琴心、眉语，从来都浅。男女的眉上风情万千，终归还是一种自我表达。

第二部

2

万　千　眉　相

天下眉毛的形貌具有五彩斑斓的文化光谱。

中国民间命相学中的眉相说，古代绘画造像中的眉相，传统戏剧脸谱中的眉相，这种谱系是多维度的，又是交错勾连的。眉相如佛家所造的大千世界，包括三皇五帝以来帝王将相到普通民众的典型眉毛样态、传统文化对眉毛形貌的风俗解读、民间算命时用眉毛的形貌样态看相的迷信、菩萨造像中眉毛部位的塑造法和画描法、京剧脸谱眉型图中的十二种基本眉形、古典绘画中作为中国庙堂仪范的眉毛形貌与代表眉形。

6. 上古帝仙　大千眉说

中国的眉史可上溯到三皇五帝时期的传说，信史则是从春秋战国开始。若从考古发现的文物来看，中国的眉史则要更早，至少在新石器时期晚期到早商时期，就已经有了画眉活动的文物遗存。上古的眉之传说丰富奇幻，充满神秘色彩，从中可以考查中国人早期朴素的世界观、传统的哲学观。

包括尧帝在内的古代帝王或圣贤，在民间经常被口口相传为天生异相，眉相的特别是其中一个细节。比如，王充在《论衡·骨相》里说："传言黄帝龙颜，颛顼戴午，帝喾骈齿，尧眉八采，舜目重瞳，禹耳三漏，汤臂再肘，文王四乳，武王望阳，周公背偻，皋陶马口，孔子反羽。"在这个传说中，黄帝眉骨突出，鼻梁很高，面部很像龙。

清朝康熙时期，福建人陈梦雷编辑的大型类书《古今图书集成》中，"明伦汇编·人事典·眉部"收录上古流传之说，就把眉毛和气血阴阳结合在了一起：

> 血气盛则美眉，眉有毫毛，血多气少则恶眉。

中医认为身体发肤与五脏有对应关系，头发对应心，眉毛对应肝，因为肝主情志，所以眉飞色舞、喜上眉梢、柳眉倒竖、愁眉不展……都与情绪相关。

伏羲眉相特别处，是眉间有白毫。

东晋志怪小说集《拾遗记》中记载其貌相"长头修目，龟齿龙唇，眉有白毫，须垂委地"，眉间有白毫，又称毫相、白毫相、白毛相，是一种典型的吉相，后来成为佛相的一个特点。对眉相中白毫的描写，也很可能是后世有了白毫眉相的观念后，反向附会到伏羲的形貌想象中。

颛顼眉相的特点是通眉，即两眉相接。

颛顼，是黄帝的孙子，上古部落联盟首领，位列上古五帝，人文始祖之一。南宋罗泌所撰的杂史《路史》说，颛顼通眉戴午。

> （颛顼的母亲）感瑶光于幽防，而生颛顼，骈干、通眉、带午，渊而有谋，疏以知远。

尧的眉相是上古五帝中最华美的，一般说"尧眉八彩"。
《竹书纪年·帝尧陶唐氏》记载：

> 帝尧之母曰庆都，生于斗维之野，常有黄云覆其上。及长，观于三河，常有龙随之。一旦，龙负图而至，其文要曰："亦受天祐。"眉八采，须发长七尺二寸……孕十四月而生尧于丹陵，其状如图。

《春秋元命苞》记载：

> 尧眉八彩，是谓通明，历象日月，璇玑玉衡。

这里是借八彩之眉来比喻他通达明了，全身上下闪现着神圣的光芒。八彩，并非说尧的眉毛有八种颜色。八，也可能是虚数，表众多、丰富之义。

《盐铁论》以"尧秀眉高彩，享国百载"注解八彩之眉。这个解释是说，"八"是虚指，实际上是形容他的眉毛浓密漂亮，有长寿之兆。至于有人引用《尚书》，说是眉形状如八字，或是说尧帝生有八条眉毛，八种颜色，这些说法都是学识初浅的腐儒们望文生义的误说。

舜眉相最明显的特征是"龙颜日衡"，古人解释说，"衡者，眉骨圆起也"，就是眉骨高，眉毛长，这被认为是帝王之相。《竹书纪年》中记录了一个与舜的眉毛有关的传说："舜耕于历，梦眉长于发等，遂登庸。"眉毛的变化，是命运出现转变的警示先兆。

周文王眉相的特点是长有"虎眉"。《帝王世纪》："文王虎眉。"《幼学琼林·身体》："文王龙颜而虎眉。"龙颜，是眉骨圆起。虎眉，眉毛很粗，眉尾上翘的样子。古人认为长了这种眉毛的人平生有胆识有作为，勇猛如虎。

上古圣王的眉相是神相吉相，传说中的蛮夷野人，他们的眉相也很特别，但自然是丑大恐怖的。比如，《谷梁传》记载长狄，即个子很高的狄人，弟兄三个狄人被神射手射中眼睛而死，身横九亩，断其首而载之，眉见于轼——眉毛很长，耷拉在车辕上。

上古三皇五帝之下，春秋战国的先贤大士，也多有别具一格的眉相。《史记·老子韩非列传》说，老子"黄色美眉，长耳大目"。《吴越春秋》说，伍子胥眉间一尺。

眉毛与须发是男性男子汉气概的标志。《史记·吕不韦列传》记载吕不韦为了私通太后，拔干净自己的眉毛和胡须，假装太监。

眉毛和个人的气质直接相关。《宋书·王玄谟传》记载了南朝刘宋朝的一个有趣的故事：

"梁山风尘，初不介意，君臣之际，过足相保，聊复为笑，伸卿眉头耳。"玄谟性严，未尝妄笑，人言玄谟眉头未曾伸，故帝以此戏之。

大意是说，有人诬告王玄谟要造反，孝武帝安抚他说，这点小事，我完全没放在心上，我们君臣之间没有猜疑，我是信任你的，这足以让你笑一笑吧。偏偏这个王玄谟是个不苟言笑的人，从不轻笑，据说从来没有人看过他眉眼之间畅快过。这个记录很符合魏晋时士林风度的传统。

《新五代史·郭崇韬传》也讲了一个男子皱眉头的故事，其传曰：

> 庄宗患宫中暑湿不可居，思得高楼避暑……乃遣宫苑使王允平营之。宦官曰："郭崇韬眉头不伸，常为租庸惜财用，陛下虽欲有作，其可得乎？"

这段记载大意是说，后唐庄宗想要宰相郭崇韬从国库拨款装修房子，改善居住环境。宦官跟他说，别想了，没这个可能。郭崇韬这个人因为公务开支大，总是皱着眉头，他是不会给你钱的，即便你是皇帝也不行。

历代王侯将相中有威仪的美男子都有一双好看的眉毛。《梁书》记载侯景"长不满七尺，而眉目疏秀"，又说陶弘景"神仪明秀，朗目疏眉"。在《列传第三十八》中描述武宁王"美风仪，眉目如画"。《南史·梁简文帝本纪》曰："帝双眉翠色。"《后汉书·马援传》曰："援……为人明须发，眉目如画。"

魏晋南北朝的男子极其爱美，北魏名臣高允出了车祸，眉毛受伤，皇帝和皇后亲自为他寻医问药，重罚事故司驾。《魏书·高允传》记载：

> 其年四月，有事西郊，诏以御马车迎允就郊所板殿观瞩。马忽惊奔，车覆，伤眉三处。高祖、文明太后遣医药护治，存问相望。司驾将处重坐，允启陈无恙，乞免其罪。

《北史·李崇传》讲了一个格调不高的恶趣味故事，但这个故事无意间也同时记载了中国最早的植眉——"艺眉"，这个

表达很雅致,今天的植发业应该借用。其传曰:

> 庶生而天阉,崔谌调之曰:"教弟种须,以锥遍刺作孔,插以马尾。"庶曰:"先以此方回施贵族,艺眉有效,然后树须。"世传谌门有恶疾,以呼沱为墓田,故庶言及之,邢子才在旁大笑。

这段记录大意是说,李庶天生没有男性生殖能力,崔谌故意调戏李庶说,可以拿锥子密密麻麻扎满小孔,种上马尾,就可以当作胡须。崔谌明知李庶没胡子,说要教他种胡子,这是故意恶心李庶。李庶听说崔谌一族有恶疾,这个恶疾引起崔家人掉眉毛,李庶反唇相讥,也揭崔谌的短,说你还是先拿你们家的人做试验吧,植眉有效,再植胡须。

《北齐书》说高昂"龙眉豹颈",以此外貌来佐证他高大帅气、胆识过人的特质。这个高昂有点像项羽,不喜欢读书,就愿意横行天下,自取富贵。其传说:

> 昂,字敖曹,乾第三弟。幼稚时,便有壮气。长而俶傥,胆力过人,龙眉豹颈,姿体雄异。其父为求严师,令加捶挞。昂不遵师训,专事驰骋,每言男儿当横行天下,自取富贵,谁能端坐读书,作老博士也。

《隋书·帝纪第三》写隋炀帝的外貌说:

> 上好学,善属文,沉深严重,朝野属望。高祖密令善相者来和遍视诸子,和曰:"晋王眉上双骨隆起,贵不可言。"

这是说他年少好学,气质沉静,一看就显得十分高贵。

《新唐书》记载了一个成都人——袁天罡的传奇。袁天罡是唐初天文学家、星相学家、预测家,兼算命大师,眉相自然也逃不出他的法眼。他给很多人作过人生预言,据说曾神奇地预言了武则天可为天子——这很显然是后世杜撰。其中,奉唐

太宗之命给宰相岑文本当场算了一卦,被认为很灵验。其传曰:

在洛阳,与杜淹、王圭、韦挺游……帝在九成宫,令视岑文本。曰:"学堂莹夷,眉过目,故文章振天下。首生骨未成,自前而视,法三品。肉不称骨,非寿兆也。"

袁天罡在唐代以相术风水之能被称为一代宗师,"天师"是袁天罡最得意的名号,在正史新、旧《唐书》中都有列传记载,这也是一个神奇的历史故事。

《冥祥记》记录了一个亵渎神像的下级军官剥刮庙里佛像上的金子,被神灵惩罚,自己掉了眉毛,忏悔后眉毛重生的教化故事。其记曰:

唐贞观二十年,征龟兹。有薛孤训者,为行军仓曹。军及屠龟兹后,乃于精舍剥佛面金,旬日之间,眉毛尽落。还至伊州,乃于佛前悔过,以所得金皆回造功德。未几,眉毛复生。

同样是掉眉毛,孟浩然则是苦吟伤身。《云仙杂记》记云:"孟浩然眉毫尽落,苦吟者也。"奇怪的是,以苦吟闻名的贾岛为何不掉眉毛呢?《新唐书·李贺传》说:"(贺)为人纤瘦,通眉。"不知道李贺生就一副连眉到底是命好,还是命不好?因为李贺有非凡的天才,却贺又英年早逝。

孟浩然《春意》说是写佳人画眉,更像是怀才不遇的自况,诗曰:

佳人能画眉,妆罢出帘帏。照水空自爱,折花将遗谁。
春情多艳逸,春意倍相思。愁心极杨柳,一种乱如丝。

明人笔记小说《珍珠船》记载了唐玄宗时的神童刘晏的故事,不同于正史,小说有添油加醋。其文曰:"刘晏年八岁献书,明皇命宰相出题,就中书试验,引晏于内殿,坐晏贵妃膝下,亲为画眉。"如果说刘晏年少成名,官员出题试才,这可能是真实发生的。演绎的部分是唐玄宗叫刘晏坐在贵妃的膝下,让贵妃给八岁的刘晏画眉——贵妃给一个男童画眉,这只会出现在古典传奇小说中。

《新唐书·毛若虚传》:"若虚眉长覆目,性残鸷。"毛若虚的确是个酷吏。他是唐朝肃宗时期的监察御史,以威严著称。无论亲疏,一旦坐罪,他都从严惩处。即便是同僚,杀起来,那也是毫不留情的。

唐代诗人元德秀血脉高贵,他是后魏昭成皇帝之孙常山王遵的后裔,字紫芝,原姓拓跋,北魏孝文帝改革时始易姓为元。父亲是延州刺史。元德秀性格淳朴耿介,喜欢道家修行。鲁山任满后,元德秀再无牵挂,遂退隐至陆浑与山水为伴。《新唐书·元德秀传》记载说元德秀的德行都写在他的眉宇之间,是那种神仙气质,望之令人忘尘的高洁淡远。其传曰:"房琯每见德秀,叹息曰:见紫芝眉宇,使人名利之心都尽。"这是《易经》黄老之学在那个时代的影响,一些文人士大夫眉宇之间有了山水淡远之气。

唐代杂记《云仙杂记》寥寥数语写唐代德宗朝的传奇人物朱泚,朱泚因为自己眉相特别,听信相士的话,认为自己有大富大贵之命,最终酿成悲剧。其文曰:"朱泚眉分九聚,相者告以大贵,泚信之。"其实,这是一个中国版的麦克白式的悲剧故事。朱泚是唐朝中期将领,蓟州刺史朱怀珪之子。朱泚年少从军,身材壮伟,轻财好施,跟随幽州节度使李怀仙和朱希彩,一路建功立业,官至太尉。建中四年(783年),泾原兵变后,朱泚被哗变的士兵拥立为帝,国号大秦,年号应天。次年,朱泚率军围攻奉天,意图杀死唐德宗,兵败后仓皇逃亡,途中被部将所杀,时年43岁。一切的缘起,《云仙杂记》暗示说,都是因为朱泚有"眉分九聚"的天人之相,激发了他内心的欲望,最终走上绝路。这和麦克白听信了女巫说他必将为王的预言,继而杀死邓肯,取而为王,但最终被复仇杀死的悲剧何其相似。

宋代彭乘撰写的轶事小说《墨客挥犀》记载了一个男子自画眉的故事,把中国传统男性的须眉崇拜表现得淋漓尽致。话说彭渊才(也作彭渊材)敬慕先贤大公,又特别迷信"有奇德者必有奇形",于是爱比着崇拜对象的相貌,引镜自照,找自己貌相上的差距。年岁不大的时候,彭渊才有机会得见范仲淹的画像,再三敬拜观摩,又拿着镜子仔细比照,发现自己没有范仲淹那样的耳毛。他自我安慰说,可能是我太年轻了,以后年岁够了,一定会长出范仲淹那样的耳毛的。后来,彭渊才又得到机会到庐山瞻仰狄仁杰的画像。他一边拜,还一边说:"宋朝进士彭渊才来敬拜您了。"礼数周全后,彭渊才仔细端详了狄仁杰的相貌。回到家,彭渊才就搬出全套修眉工具,剃掉自己的眉尾部分,描画出舒张的飞眉入鬓。看他容貌突然大变,家人都笑他。彭渊才很生气,正色说道:"我这是顺天而为,学习古代贤达君子。我不能穿越时空,亲自拜见古人,还不能按照上天的旨意,先从容貌上接近范仲淹、狄仁杰这样的先贤大人吗?"

明代顾起元编撰的《客座赘语·名公像》记载了一些人物的相貌。举两个剑眉的例子,其一:

王吏部公銮面白皙,骨峻嶒清峭,两眉如剑直竖,微髭须,望之义气凛然。

说的是明代吏部郎中王銮面容白皙,又长着两道剑眉。这个貌相的确很有威压感。这个王銮,是明朝正德六年即公元1511年进士,锦衣卫的头目。1521年,王銮上谏阻止明武宗南巡,被罚廷杖,打成重伤,第二年就病死了。王銮极具威压感的面相也有折寿的一面,但另一个长着剑眉的同时代人物,进士杨成，却得到了长寿善终，说明剑眉并不克主，王銮恶死是其他原因，终归是历史的个体偶然。

其二：

> 杨水田公成，铁面剑眉，凛不可犯。

称杨成为"水田公"，是因为杨成是工部都水司郎中的正五品官员，相当于现在的水利部领导。杨成有个很有名的祖宗，就是典故"程门立雪"中的杨时。杨成铁面剑眉，也很是威武，但杨成干的事业是农田水利、铺路架桥，工作上兢兢业业，自己活到了八十岁，儿子也成了大儒。想来杨成是干了善事，王銮是做了锦衣卫恶人，虽然同为剑眉英武，命运却大不同。

明末降清的著名"贰臣"钱谦益在一首诗中也写到"剑眉"。钱谦益《戊寅九月初三日奉谒少师高阳公于里第感旧述怀　其二》诗曰：

> 剑眉山鼻戟如须，生面麒麟可即图。渭水师臣为后辈，金城老将作前驱。
> 扫清君侧诚难事，恢复辽阳岂庙谟。当享何烦三叹所，秋风吾已稳菰芦。

诗中一股英雄气，剑眉山鼻，面如麒麟，说的是扫君侧，复辽东，但实际行动却是江山破碎，爱妾柳如是相约投水殉国时，钱谦益却嫌水冷选择苟活；社稷神位之下，膝盖软，叛国投敌，令人不齿。

7. 五官魁首　眉相之说

全世界古往今来的几大文明传统中，大概只有中国人把眉毛和命运联系起来，几千年来，不断演化完善，形成一套繁复驳杂的眉毛的命相说。这类封建迷信，歪门邪道，超出了宗教信仰的范畴，接受了良好科学教育的现代人是不相信的。当然，有的人相信命运，有的人相信事在人为。关于眉毛，我们必须先说明这些题外话。

再次申明，眉相说本身并不足取，但这套解释话语，也给我们提供了一整套对眉毛进行全面观察与细读品味的框架。也只有中国文化，才建立了这样一套眉相观察学说。

进入眉相说，首先要知道，中国人的命相学说中，五官是命相考察的五个最重要要素。其中，眉相并不是最主要的，也不是最系统的，眉相排在骨相之后，也不及五官相互搭配的位相重要。在面相学的五官中，眉是保寿宫，主管寿命和地位。在传统小说和影视剧里，在算命的桥段里，我们常常听到"五官端正""五官精致"，比如"这位兄台，生得骨骼清奇"，或是"这位小姐，五官端正，天庭饱满，地阁方圆，一看就是有福之人"。眉相的重要性不容轻视，因为命相的各个要素中，再没有一个其他部位或是人体器官，比眉目得到更多的文化表达。综合起来，眉相在中国人的话语体系中，它的重要性和丰富性，又反过来远超其他命相单元。

日常生活中，以容貌而言，五官是指人的外貌长相的五大面部特征，它们分别是眉、眼、鼻、口、耳。把人体的部件称为"（器）官"是有很古老的文化来源的，最早是《黄帝内经》将人体比喻成一个国家，并根据其各自特点为人体各要件分配"官职"，"五官"之说大概也是肇始于此。人们常常用五官的形貌来判断一个人的容貌长相，如眉清目秀、鼻直口方等。即便我们现代人不谈命相，当评价一个人的颜值时，也是主要考量眉、目、口、耳、鼻的整体形态。不过，不知道大家注意到没有，面貌的五官不同于医学上的五官。现代医学的五官一般指眼睛、耳朵、鼻子、咽喉、口腔。中医的五官又有所不同，指口、耳、眼、鼻、舌。中医望闻问切时，会叫你把舌头伸出来，观察舌头的形态颜色。

在种种差别中，眉毛是最大的不同。眉毛只有容貌的价值，没有或很少有健康指征的功能。眉毛作为体毛，因为不是骨血皮相，无实际之用，守虚。但眉毛又长在面相的首尊位置，而且正如前面所讲，眉史的实质是无眉之史，画眉、是去眉后的虚饰。而命相说的眉相是天然的眉毛形态。时下的画眉、修眉如此普遍，遮蔽了天然本真的眉相。即便眉相说与时俱进，也提出后天修眉可以改运，但终归底气不足。关于眉相的命相说不如其他面相说影响大，也是顺理成章的事情。

眉毛除了代表兄弟关系，从传统面相说扩展开来，眉毛还代表朋友关系、夫妻关系、父母状况等。但基于上述眉相本身的种种特性，眉相的命相解说的范围相对较窄。一般认为，并不能从一个人的眉相推算出他的全部命运和运势。这是和其他的面相器官不一样的。

《神像全编》有言：

夫眉者，媚也。为两目之华盖，一面之仪表，且谓目之英华，主贤愚之辩也。

命相学观察眉相，总结出很多眉毛与命运的关系，判断眉相的好坏主要考察以下几个方面：形状、长短、粗细、浓淡、散断、高低、远近、颜色、抑扬、浓淡分界等。可以说，眉相之说，更像是一部体大虑周的眉毛形态学。考察体系完备，观察仔细，历代命相师基于实践中观察得来的海量的样本，形成经验总结，演化出一套眉相命理说。

简单点说，眉相说认为，通过不出五官面相的范围，从眉相可以看出一个人的个性，眉毛的形状反映出一个人命运体系下各方面的信息。眉毛的形状多种多样，命相师透过眉相分析，判断一个人一生的吉凶运势。

传统命相说在考察眉相时，最简单基础的划分就是二分法，把眉相分为吉相和劣相。

吉相之眉，意指眉毛具有一定的弧度，长度长，足以盖住双眼，眼角处结实，黑亮。具有这种眉毛的人通常代表着性格积极向上、健康、聪明、吉祥富贵。劣相之眉则相反。它们短浅、散乱、丑陋。大多数中国人的眉毛都是美好而吉祥的，劣相眉毛的存在是相对稀少的，带有敌意、偏见、邪恶和疾病的人的眉相往往被归为劣相之眉。

简单的吉相和劣相二分法不能充分描述眉相的万千变化，很多眉相背后的解读都是多元的，相互交错，甚至是相互矛盾的。随着对眉相观察的发展与积累，眉相的分类有了更丰富详细的词汇系统。

眉毛的疏密和颜色是最基础的。青黑色浓淡适宜又长又顺的眉毛是最好的，有这样眉相的人兄弟姐妹都有好运。眉清目秀是最好的眉相，预示广有田宅，中年以后可以享福。清新的眉相总是预示着好的命运，比如，像初月那样秀丽的眉毛预示主人具有才能。"眉细疏长且又青，一生富贵姐妹亲，更有高寿财源广，兄弟姐妹是精英。"反之，交乱的眉毛表明心事重，即便是有大才也只得到小用。俗话说："眉内波纹眉打勾，前面发财后面丢。"

若是眉毛枯黄浓密又乱，则预示兄弟姊妹多灾祸。眉毛短促也不好，预示兄弟少，就算有兄弟，兄弟也大多命运不好。眉毛过于稀疏枯少，眉不遮肉，这类露骨露肉的也不是好眉相。命理说认为，这类眉相的人一般八字硬，预示兄弟姊妹无好命，很可能是命运不佳的可怜人。眉毛发量要适中，眉毛长得浓密但不顺也不行。眉毛厚密交错纷乱，预示兄弟姐妹不同心，除了极个别的可能例外，大多命运不济。眉毛浓密还反着长，这种眉相的人个性强，这类人要小心灾难从天降，姊妹配偶儿女都可能连带遭殃。

眉间不开敞亮堂，两眉相连的一字眉不是好眉相。"眉连印堂寿不长，从小就会克爹娘，兄弟不和六亲断，小气多心婚姻乱。"这种眉相的人被认为性格局促小气，克父母兄弟亲戚，婚姻也不被看好。一字横眉也不是好的眉相，这和今天的画眉风尚不一致。今天女性画横眉，是表现一种偏中性的干练气质。线条生硬的横眉，如果没有晕染开，贴肉紧密，就更不好了。这种眉相被认为没有兄弟缘，大多注定没有兄弟。

眉毛和眼睛之间，也就是上眼睑的位置也要开敞才好。眉毛生得低，对眼睛有压迫感，这类也不是好眉相。"眉毛遮眼眼又凹，一生命运不可靠，劳碌奔波防官非，到头好比一阵烟。"意思就是说，眉毛遮眼，眼眶深陷，这样眉相的人大多一生命运不好。奔波劳碌，还容易招惹官司是非，即便有所成就，到头来也是一场空。眉头的高低也很重要，男性眉毛距离眼角高，兄弟命运不糟糕，若是女人生此眉相，则对其中一个兄弟有妨害。

中国传统算命，对痣的位置、大小、数目有系统丰富的考察，对眉相中的痣也有配套的解读。眉内生痣看大小，大的没有小的好，小的聪明又得志。古代兄弟姊妹多，眉内生有大痣，不是好眉相，预示姊妹不长寿。眉内、眉边生痣，自己或姊妹要防水灾或水祸。

眉毛顺是好的，但对眉毛下垂有不同解读。一种说法是，眉尾下弯的脾气性格好，是老实人；另一种说法认为，眉毛下弯是性格懦弱的表现。眉形如果像扫帚那样，在眉腰和眉腹部分顺向舒张开，预示兄弟姊妹缘很好。"眉毛大扫帚，娣妹有八九，中帚有五六，小帚三四有。"

对剑眉的解读也有类似的分歧。"眉毛透剑主高寿，年轻透剑有灾祸，老来透剑带好运，他人得喜己惹祸。"民间命相说认为，老人有剑眉是好的眉相，主高寿；年轻人有剑眉可能有灾祸。这大概是因为中国人讲究内敛含蓄，不喜欢张扬，年轻人要收敛脾气；老年人胆气消弭，需要鼓舞勇气。

古语云："扬眉扬眼上进强，行行事业比人强，其他部位生得好，必在朝中作栋梁。"眉毛上扬很长精神，被认为适合参军从武，也可以从事文学，有文学才干，忌骄傲自满。眉腹眉尾的方向也可以看出兄弟姊妹缘的好坏，眉尾向上又顺又舒展，预示命里兄弟多，右眉尾都向上吊角扬起，则预示兄弟姊妹缘都好。

眉相与命运到底有什么关联，我们无法确知，但一个好眉相，眉目清新秀丽的面相，总是让人愉悦，让人相信主人有更好的命运和未来吧。

望眉观运，不可当真，聊备一说，趣谈而已。

再次说明，把眉相和命运联系在一起，作一一对应的命运解读，这是不可取的。但细分眉相，用作详细精准描述丰富多彩的个体眉相，是一件有趣也有意义的事，毕竟眉毛是我们脸面中的"门帘"，也是脸面上的脸面。

有所谓的"眉经运程四字经"，不可当真，可以当一个民间歌谣读一读，也挺有趣，"经"曰：

眉断财断，眉散财散。眉垂财空，眉缺财走。上缺伤财，下缺伤情。
贵人线缺，孤立无助。眉高心高，眉低受欺。眉红克亲，眉蓝伤己。
眉不过框，富贵不长。眉尾散乱，有钱难聚。眉宇上扬，万事顺畅。

8. 十二宫中　兄弟在眉

正如前文所述，传统的眉相命理学说是反科学的，从科学上无可取之处；但眉相命理术全面细致地总结了眉毛的各种形态形貌，堪称生物学意义上的眉毛形态学，从这个角度来看，倒是别有生趣的一个观察。

面相命理说下沉到民间，就是一般的看相算命。传统民间看相算命，把人的面部分为十二个部分，各自表征命运的某个

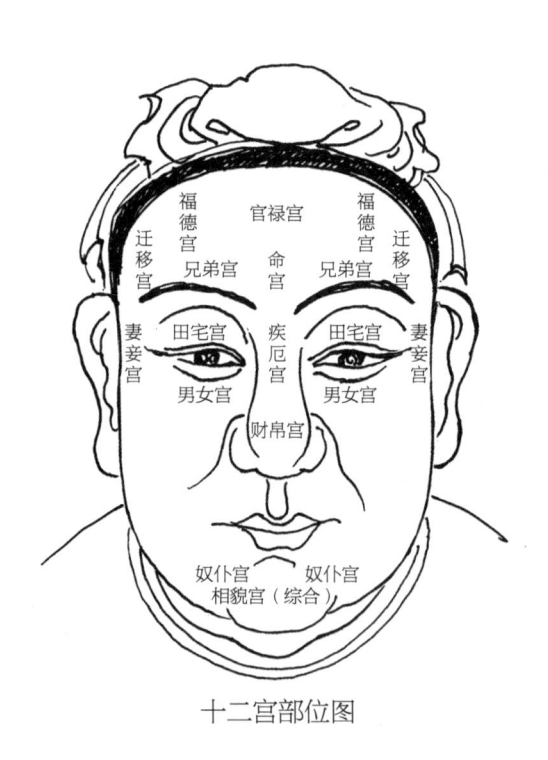

十二宫部位图

方面。这十二个部分被称为"十二宫",以不同的宫位,分别表征人生不同时空的成败吉凶。因而,当时对眉相的命相学阐释,是整个面相学的一部分,是局部的,眉相总是和面相的其他部分一起作命理解读。

面相十二宫中,最重要的,首先是眉心,被称为"命宫",最能显示一个人的吉凶祸福。

命宫诗曰:

两眉中央是命宫,光明莹净学须通。若还纹理多迍滞,破尽家财及祖宗。

诗的大意是:命宫在额上两眉的中间。如果这个部位光洁透亮,说明此人一定聪明好学、学识渊博。如果这个部位有纹理,尤其是一般人所说的悬针纹很明显,那么这个人大概率会被认为命运坎坷、破财破家,在封建时代,还被认为会断了香火,这是很严重的厄运了。

其次,就是额头,包括额头中央,被称为"官禄宫",在古代,中国人官本位思想根深蒂固,把额顶位置留给官禄,也是人性使然。

官禄宫诗曰:

官禄荣宫仔细详,山根仓库要相当。忽然莹净无痕点,定主官荣久贵长。

诗的大意是:脸上的官禄荣宫一定要仔细看好了,山根和仓库部位一定要长得好。如果这几个部位显得光亮明洁没有斑痕疤点,那么通常会做高官荣耀显贵而且福禄绵长。

额头的两边是"福德宫",一个人的福分在这两侧有体现。把福气和德行联系在一起,给一个面相中的重要位置,是中华传统文化中一个温情的小细节。

福德宫诗曰:

福德天仓地阁圆,五星光照福绵绵。若还缺陷并尖削,衣食平平更不全。

诗的大意是：天仓和地阁部位主福德，如果这两个部位生得好，圆润饱满，就会有五星照临，一生福禄绵长。如果这两个部分有缺陷，显得尖削，那么此人的福运就显平常，还可能缺少衣食。

然后就是额头两侧，被称为"迁移宫"，这也是中华传统文化中安土重迁的一个体现，专门考察一个人命运中的安居与迁移。

迁移宫诗曰：

迁移宫分在天仓，低陷平生少住场。鱼尾末年不相应，定因游宦却寻常。

诗的大意是：迁移宫在眉角的天仓部位，如果这个部位是低陷的，那么此人一生会居无定所。如果鱼尾部位平平，那么此人大概率会常年在外做官，就算没有大起大落，但也难有大富大贵。

接着说说鼻子部分，包含两个宫，鼻梁是"疾厄宫"，鼻头是"财帛宫"。

疾厄宫诗曰：

山根疾厄起平平，一世无灾祸不生。若值纹痕并枯骨，平生辛苦却难成。

诗的大意是：山根部位有起势而平整的人，人生平安没有灾祸。山根部位干枯有纹痕则预示着一生辛苦很难成功。

财帛宫诗曰：

鼻主财星莹若隆，两边厨灶莫教空。仰露家无财与粟，地阁相朝甲匮丰。

诗的大意是：人的鼻梁代表财星。如果鼻梁晶莹光亮且隆起，鼻梁两侧的厨灶部位饱满，那么家中就人丁兴旺、财源丰饶。如果鼻梁是仰露的，两侧的厨灶部位是陷下去的，那么家中没有钱财、缺少衣食。如果鼻梁和地阁（指下巴至两腮的部分）相互朝迎，那么家中会有数不清的金银财宝。

沿着面部的中轴线向下，最下面的部位就是嘴唇和下巴了，分别叫"奴仆宫"和"相貌宫"或是"综合宫"。

奴仆宫诗曰：

奴仆还须地阁丰，水星两角不相容。若言三处都无应，倾陷纹痕总不同。

诗的大意是：奴仆宫还要地阁丰满呼应，嘴巴的两角向下倾斜就不好，它与周围的部位要相互配合，如果有陷落、有纹痕冲破就不会太好。

耐人寻味的是，古代命相师认为，下巴部位是对应人的相貌的，同时可以看出一个人整体命运的好坏，而嘴唇对应的是奴仆。

相貌宫诗曰：

相貌须教上下停，二停平等更相生。若还一处无均等，好恶中间有改更。

诗的大意是：面部三停的长度相等的人，人生有福气，三停不等，有一停的长度很短，就会有不如意的事情，好坏的事情就难以预料。

最后要说的就是十二宫中的眉眼部分了。从上到下，两眉部分被称为"兄弟宫"，主管兄弟缘兄弟运。两眼上眼睑部分是"田宅宫"，在古代中国的农耕社会，田产和房屋是硬资产。

田宅宫诗曰：

眼为田宅主其宫，清秀分明一样同。若是阴阳枯更露，父母家财总是空。

诗的大意是：眼睛代表田宅，如果眼睛清秀分明，福运就很好。如果眼睛看起来干涩，没有神采，那么此人命运不济，父母家财都会竹篮打水一场空。

下眼睑部分，面相说称之为"眼肚"，就是"男女宫"，主管的是男女那点事，也是我们因为熬夜，常常出现黑眼圈的位置。所以说，熬夜伤身，尽量不要熬夜。

男女宫诗曰：

男女三阳起卧蚕，莹然光彩好儿郎。悬针理乱来侵位，宿债一生不可当。

诗的大意是：男女宫莹然光洁，子孙有福。如果这个位置有悬针纹、有乱的纹理，那么一生会欠债，日子不好过。

眉眼部分的最后一个局部，就是两处眼角了，这个部位被称为"妻妾宫"，主管姻缘。今天也有不少人相信眼角的纹路显示了一个人的桃花运数。

妻妾宫诗曰：

奸门光泽保妻宫，财帛盈箱见始终。若是奸门生黯黪，斜纹黑痣荡淫奔。

诗的大意是：奸门部位好，娶到的妻子就很优秀，家里的妻子带来的财富就很多；如果奸门部位黑暗，颜色不明朗，或有黑痣斜纹，说明妻子会淫荡与人私奔。

简单点说，十二宫相论即以十二宫作为判定的面相学，眉相只是十二宫之一。虽然各家的说法不尽相同，但大致上还是差不多的。眉毛部位是命相学的兄弟宫的位置，眉毛用于观察兄弟姊妹、交朋友及家世。一般认为，眉相主要是主兄弟运，即可以从一个人的眉相，推算出兄弟姊妹的多寡亲疏穷达。比如，相书说："眉为兄弟软轻长，兄弟生成四五强，两角不齐须异母，交连黄薄丧他乡。"大意是说，兄弟宫位在双眉上。如果双眉修长柔和，那么兄弟不仅多，而且个个都很好；如果眉毛的两角不整齐，那么一定有异母兄弟；如果两眉交互连在一起，那么此人福气薄，甚至还有可能命丧他乡。

面相是我们直观了解一个人的绝佳途径之一。而眉毛在面相中有着举足轻重的地位，因为眉毛的形状和位置会给人带来不同的个性光谱和感官感觉。了解了眉相在面相十二宫中的重要地位，就可以深入了解具体的眉相说了。传统的眉相命理说都声称是探讨人的不同性格和人生因素与眉毛之间的联系，根据不同的眉毛形状，对人物的性格、职业、人缘、健康等方面进行详细的分析。

眉相命理说认为，眉分八部，各司其命。

眉相是眉形的总称，命理说中的眉形系统把眉毛分为六至八个部分来看，按照天地人三区、富安贵子寿五位来划分眉相，分别是眉头、眉坡（上）、眉腰（下）、眉曲（下）、眉峰（上）、眉心（下）、眉尾（也叫眉梢）、眉尖，如下图：

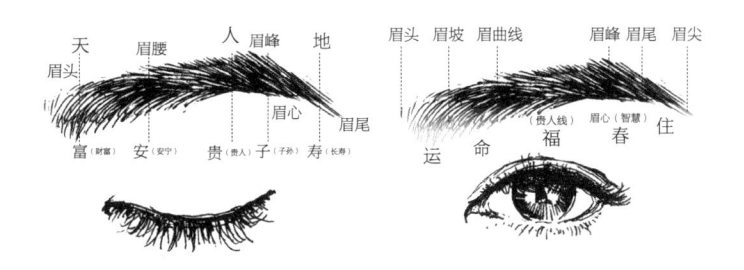

眉相说有多家之说，也有把眉毛分为运、命、福、春、住五区七位，七位包括：眉头、眉坡、眉腹（又叫眉曲线、贵人线）、眉峰、眉心、眉尾、眉尖等，各有其主管的运势。

总体而言，各说大同小异，都以传统文化的区位说作为基础的方位逻辑。

各个区位最基本的象征解读如下——

眉头：象征着悲喜人生的开始，忌方宜圆，以示漫漫人生圆满开始。

眉坡：象征人生事业的顺利与波折，忌陡宜缓，一路向上，呈上升型，不能起落不定，以示事业顺利攀高，道路稳步上升。

贵人线：象征易得贵人帮助，宜柔美有型，表明此人会在低潮的时候得遇贵人扶持。

眉峰：象征事业的高峰，宜有峰，过渡自然，又收敛锋芒，人生目标与志向，呈一定高度。

眉心：象征智慧，要有一定高度，不能太低，是有理想、考虑事情成熟、理性的标志。

眉尾：象征感情与事业的根基，人生积累的财富，眉尾清晰带尖，意味着丰收。

眉尖：象征下半生的结果完美，呈干净利落、洒脱型。

面相学可以从眉毛看运势，眉是观察思想、感情、兄弟助力的部位。最简单的二分法，就是按照眉毛的吉相和劣相，把眉毛大致分为吉眉和凶眉。

什么样的眉毛算是"吉眉"呢？眉毛整体比眼睛略长，眼神润泽，贴肉、顺着长，高而不压目，眉头不侵印堂，眉毛贴着眉骨之上长，这样的眉毛算是好眉毛，就是吉眉。

凶眉又是什么样呢？中国命相说注重"合宜"和"禁忌"，吉眉是合宜，凶眉就是犯了禁忌的眉毛形态。眉的禁忌比较多，包括忌粗、忌眉低压目、忌散、忌乱、忌短、忌速、忌交、忌连、忌黄薄、忌破缺、忌断、忌眉毛逆生、忌无眉等。其中，"眉速"不大好理解。其实，面相中的"速"，是指眉毛有头无尾，形状短促，与眉毛短或眉毛短还不一样。眉速是一种不吉利的眉相。

那么，传统眉相命理说归纳总结了哪些眉相类型，并加以谶纬演绎的呢？大致包括眉毛的粗细、高低、散乱、长短、交连、横竖、厚薄、顺逆、青黄等等。

中国人喜欢用的"眉眼高低"，常被代指被人尊重或轻视，也指识人和见识，这是东方人的微表情语言。《红楼梦》里，宝玉的丫头小红，偶然被王熙凤差遣办了一件小事，因为事情办得特别漂亮，被凤姐青眼有加收为干女儿。小红没有依仗掌管田房事务的父母的些许权势，跟着凤姐"学些眉高眼低，出入上下，大小的事也得见识见识"，凭自己的能力摆脱了粗使丫头的命运。

东方人的眉与眼之间的距离一般都比较阔，而西方人的眉眼距离则一般都比较窄。眉眼之间是田宅宫，看家庭缘分厚薄的位置。东方人眉眼距离大，代表注重家庭观念，西方人眉眼距离窄，代表家庭观念薄弱，这是一种文化附会的说法，反向这样解释也可以。当然西方人有眉高的，东方人也有眉低的。不同人种，毛发的生理特征差别很大，对眉相的看法未必一样。眉高，眉眼之间就开阔，眼睛也显得更明亮有神。眉低，眉眼之间比较局促，优点是实事求是，为人比较实际，缺点就是看上去不如高眉那样舒展。所以，传统眉相认为，眉长得特别高的人，其成就要来得早；相反，眉低压目，相书上称为鬼眉，此人往往有偷窥倾向，且其人智力不佳，心胸狭窄、记仇，不是一个好的朋友。

相书说"登科一双眼，及第两道眉"，可见眉毛在命运中的重要性。世间男女千千万万，每个人的眉形千差万别，眉形眉相和一个人的指纹一样，没有眉形完全一样的两个人。常见的眉形只是大致归类，下面介绍各种常见眉形，聊作消遣。

波浪形的眉毛称为"三节眉"。这类眉相的人善变，个性不稳定，刑克亲朋好友，一生贫贱，并身体不好，容易早夭。

眉毛前浓后淡，这类眉称为"阴阳眉"。具有这种眉相的人，一生劳累不聚财，婚姻也不顺，结婚后配偶易有外遇，或有二次婚姻。

眉毛粗浓、眉身短而宽、眉尾下垂，为"罗汉眉"。其人心性凶猛，不利兄弟，好争抢打斗，喜酒色，故最好修养心性，否则一生坎坷，晚年孤独。

眉身太细、眉形又细又长、眉头和眉尾向下弯曲，犹如柳条枝般，为"春心眉"。此类人好色贪淫、头脑里只有男女情色，多数婚姻不顺。

眉毛位置往后向下过目，称为"吊丧眉"。其人奸淫、贪财好色。虽然长着吊丧眉，若其他相理长得好的人，则有权威，能成为一代名人政客。

"八字眉"指两种八字形的眉形，眉尾分叉或两眉呈八字形状，都称为"八字眉"，主有胆识、有度量、敢于拼搏奋斗、文学造诣高，但为人太狡猾不适合深交，因此刑克六亲，缺少知心朋友。

"一字眉"，不是两眉相连的那种一字，是指双眉较平直。眉头和眉尾整齐又清秀，称为"一字眉"，主兄弟多，和睦并且富贵，也主自己富贵双全，能文能武，有智谋，办事正直果断。

"大扫帚"眉指眉毛又浓又粗，并杂乱而生。此类人一生运势不佳，常常碰壁，人际关系很差，遭人厌烦，终生难以成事。

眉尾有螺旋状，称为"螺旋眉"。此眉相的人一生缺少贵人相助，兄弟之间反目成仇、同事朋友不睦，易遭他人陷害。

接下来说说几类吉眉的眉形。

眉毛向下弯曲为"柳叶眉"，眉宜弯忌直。柳叶眉，是常见眉形，本身是吉相，但眉弯要适度。弯曲低过眼眉者，为人好色，眉略淡而弯则非富即贵。

"卧蚕眉"，眉头聚而圆，眉尾上扬，眉色黑亮有光泽，犹如蚕宝宝一样。大家都知道，卧蚕是大吉的眉相，这类人忠信重义，有过人的智慧和才华，一生荣贵。后天描画卧蚕眉也是有渊源的。

"新月眉"，也是好眉相，是历代长期流行的眉妆之一。此眉特点：眉毛稍往下弯，像月亮一般。此类人事业顺遂，一生顺利，富贵仁爱，女性则文静贤淑，孝顺公婆，是旺夫旺子的贵人之命。

眼眉宽厚而形长，眉头圆润而下垂，色泽黝黑而有光泽，眉尾齐整而下探者为"北斗眉"。长有此眉的人，富贵寿长，有文才，若其他相理也佳，则一生顺风顺水。

眉头整齐，眉心略弯，眉毛粗浓，眉尾圆润下探，眉长而疏松为"狮子眉"，其人富贵正直，也主寿年高，但多数中晚年才发达。

相书中说，眉长过目为佳。"剑眉"，指眉毛浓长，眉尾稍往下。有剑眉的人，古称武贵。长此相理的人有胆识，多数都是军警界的人物。如果其他相理不佳，又长有剑眉的人，则脾气暴躁，易遭横祸。

总之，眉毛宜清、宜秀、宜弯、宜顺，这样的眉形预示富贵。而眉毛杂乱、过淡、过直、逆向等，则是不利于命运的。

古人常常把眉相不好，笼统概括为"眉寒"，是不吉之眉相。

眉寒，多是形容人面容冷峻，也可指眉毛稀疏。另一说认为眉寒是指眉势欠缺，眉毛的走势不平顺或向上扬起，而是向下斜垂，甚至压眼。

大多数人认为眉寒就是眉毛薄，事实上这并不是正确答案。眉寒者，是指眉毛欠缺"眉势"，那么什么是眉势？也就是眉毛的走势是不是向上扬起，也就是古人所说的"眉插天仓"，普通人就算不是眉势上扬，也得平顺，而不能下垂，如果眉毛全部向下垂，甚至连整条眉毛都向下压眼，不管眉毛厚薄，都可看作眉寒。

那么眉寒的人命运如何呢？从性格方面来说，若是一个男性眉寒，必然会存在两种情况。其一，为人怕事，胆小，惧内。其二，前半生受现实和金钱环境所支配，不能自主，有志难伸。

若是女性眉寒的话，影响就没有男性那么大了，因为女性主柔，而传统女性一般都受制于丈夫或父母，比较容易怕事。至于眉寒对一个女性存在多大的影响，那么就要看这位女性的家庭背景和后天教育了。但一般而言，眉寒的女性，性格大多偏向传统。另外，有一点必须清楚，老人眉毛长垂，属于长寿的象征，不与眉寒同论，必须分清楚。

9. 庙堂仪范　菩萨低眉

老百姓心目中，菩萨眉相，多是长眉覆目的造型，比喻智慧和慈悲。实际上，菩萨的眉相是很丰富的。简单分类的话，佛像的眉毛通常分为三类：一类是直眉，通常被认为是释迦牟尼佛的标志性眉式；一类是扇形眉毛，通常被认为是文殊菩萨的眉相；一类是上扬的眉毛，通常被认为是普贤菩萨的眉相。

佛陀的眉毛很稠密，长而向上翘，两眉间距很宽，如果眉毛中间还有一条微微向上翘的细毛，那么就被认为是具有达摩祖师的精神特质。眉毛稠密长翘，表示人物有高远的志向和强烈的进取心。

菩萨通常慈眉善目，给人和蔼可亲的感觉，其眉毛似月长，飞眉入鬓，双眉之间的距离宽于两指，眼神平和，有这种面相的人一般都是福寿双全之人。

菩萨低眉，常用来描绘人的慈善之态。就像用"菩萨心肠"来说明人的心地善良一样。我们在佛教寺庙中可以见到众多的菩萨塑像，它们眉宇低垂，俯视众生，显得十分端庄慈祥。

隋代的吏部侍郎薛道衡喜欢游历名胜古迹，《太平广记》载有其游览钟山古寺开善寺的一则轶事。薛道衡见寺内各种金刚与菩萨形象各异，就好奇地问小和尚，为什么金刚怒目而菩萨低眉，小和尚告诉他金刚怒目是为了降妖，菩萨低眉则为了对众生世界显其慈悲。

观音菩萨像是柳叶形眉，眉毛呈现出弯曲的形状，类似于柳树的叶子。这种眉毛形状被认为是慈爱和善良的象征，符合观音菩萨慈悲救世的形象。

有些佛道造像的眉相寓意，和我们的直观想象差别很大，比如罗汉眉。它既有佛门的寄寓，又有世俗的解读，形貌特别，多作至善与大差的两极解释。

何为罗汉眉？

从面相学中的眉相来看，罗汉眉的特征是眉比眼睛稍长，眉毛的头和尾一样的宽，又粗又浓，眉毛末端稍有点卷曲。

佛教造像中的罗汉眉又完全是另一种眉相。最主要的特征就是长眉，眉尾亦长而弯垂。据传长眉罗汉前世是一位和尚，因为修行到老，眉毛都脱落了，仍然修不成正果，死后再转世为人。他出世后，有人对他的父亲说道："佛祖释迦牟尼也有两条长眉，你的儿子有长眉，是佛相。"因此他被父亲送入寺门出家，并终于修成罗汉。可见，罗汉长眉的佛教造像又源自释迦牟尼的长眉，有智慧多闻之寓意。

罗汉眉的特征是眉毛粗浓、眉身短而宽、眉尾下垂。此眉相和佛性全无瓜葛，之所以名为"罗汉眉"，又另有一说。说是如此眉相之人，其人心性凶猛、不利兄弟、好争抢打斗、喜酒色，最宜入佛门修养心性，否则一生坎坷、晚年孤独。这简直像是诅咒，而非命说，逻辑上倒是勉强自成一路。

传统戏剧中的脸谱是一套完整的"表情符号"，常用来表达特定的观念或表情。它有专门的眉妆，有固定的眉式和眉相，是传统文化中的瑰宝。

脸谱，是指中国传统戏剧里演员脸部的彩绘化妆，它在形式、色彩和类型上有一定的格式。戏剧家翁偶虹曾将脸谱的颜色意象总结为：红忠紫孝，黑正粉老。水白奸邪，油白狂傲。黄狠灰贪，蓝勇绿暴。所以演员甫一登场，内行的观众"观其颜"

就能"臧否人物"。京剧脸谱中眉的形式也是有严格的格式和程式要求的,对人物类型的象征表达具有十分重要的作用。

就眉形图来说,分为柳叶眉、云纹眉、剑眉等不同样式的眉毛,大都源于生活中对人的观察,再将正常人类生长的眉形加以艺术的夸张。

其中眉毛的局部谱式在具体实践中千变万化,但也有一定的规律可循。如"本眉",大体沿着表演者的眉毛,只在色彩和形状上做一些夸张;"细眉",比柳叶眉细一些,常见于性格良善、品性忠直等人物;"老眉",眉毛形向两侧耳边下垂,表示老年人长眉变垂的特点;"勺眉",开头像勺子,两处眉尖隆起,有愁锁眉尖之义;"奸眉",突出中间的眉结,表现人物"眉头一皱,计上心来"的神态。

10. 姿貌端华　如画须眉

虽然画眉不是女性专属特权，但传统眉妆以女性眉饰文化为主流。除了魏晋、盛唐和南宋等少数几个时代，男性化妆也少有眉饰的大发展与大发挥。但这并不意味着男性身体美学不重视眉的形态。在中国传统文化中，"蛾眉"代指年轻美丽的女性，与之相对应，"须眉"用来代指男性及阳刚的男性气质。

晚清能臣曾国藩是一个复杂的人，他笃信面相学，为此自著《冰鉴》一书，书中对"须眉"有别样的但同时又传统的解读。曾国藩认为：须眉，须和眉对男性来说都很重要。对男人来说，眉主早成，须主晚运。"少年两道眉，临老一付须。"少年男子，看他的精神，看他的未来，要看他的眉相；成年以后，方可蓄须，从胡须的形貌可以看出一个人的后半生的命运。曾国藩说，既然叫须眉男子，非有须眉者不可称男子者。但这不绝对，他又说："紫面无须自贵，暴腮缺须亦荣：郭令公半部不全，霍骠骁一副寡脸。"一方面，男子的眉毛胡须是标配，否则就不能算是真男人。另一方面，也有例外，脸面发紫、两腮高凸、胡须稀少都不必自责。历史上相传郭子仪胡须稀少，霍去病没有长胡须，他们却能够建功立业，博取大富大贵。

无论如何，"须眉"是衡量古代男子长相的重要标准。

大丈夫当是"眉目如画""眉清目秀""龙眉凤目",至少也得是"须髯如戟",威武阳刚,相貌堂堂。如汉代须发整洁、眉目如画的大将军马援,又如《南史》记载的眉目如画、姿貌端华的宋顺帝。这两个例子来自历史记载,是实例。史书诚不我欺,传统虚构文学中的男性身体描写也受到这一审美习惯潜移默化的影响。比如,《太平广记·神仙四十七》里说:"宋玄白,不知何许人也,为道士。身长七尺余,眉目如画,端美肥白,且秀丽,人见皆爱之。"一个年轻道士,仙气飘飘,眉目如画,肤白貌美,身材伟岸,虽不知来历,但人见人爱,花见花开,成为美男标杆。中国的男性文化中,以貌取人也是传统,眉目如画早已成为男性成功者外貌叙事中的标准意象和标准话语。

美男未必事业一定有成,而是有所成就的男人大多眉目清爽有气运。曹魏时期的崔琰,字季珪,冀州清河郡东武城县人。《三国志》记载:"琰声姿高畅,眉目疏朗,须长四尺,甚有威重,朝士瞻望,而太祖亦敬惮焉。"大意是,崔琰长得高大帅气,相貌俊美,很有威望,连曹操都非常敬畏他。以上出自信史,而《世说新语》中"捉刀者"的故事,是用一个虚构的故事,表现魏晋风度的男性身体审美趣味。故事说,匈奴派使者来见曹操,曹操觉得自己长得不好看,有损威仪,就让相貌英俊的崔琰代替自己接见匈奴使者,自己假扮侍卫,拿着刀站在旁边观察。事后,曹操派人去问匈奴使者,你们觉得我们魏王怎么样?匈奴使者说,你们魏王长得确实很漂亮,有威严,但是,他旁边那个拿刀的人,才是真正的英雄。曹操一听,赶紧派人在半路杀掉了匈奴使者。

历史的叙事,有客观,也有主观,考古则把历史真实照进现实。中国是历史悠久的文明古国,我们的考古发现中有丰富的眉文化。我们从这个视角,通过考古发现来看看中国男性的眉文化精神。

　　文物不言，自有春秋。三星堆地区是中华文明的重要发源地之一，三星堆遗址被誉为20世纪人类考古学上的重大发现，是中国最具观赏性大型文物聚落，黄金面具及其古老的眉文化是其中一颗璀璨的明星。从三星堆的人像和青铜面具、黄金面具，可以清晰地看到长江上游古蜀先民是什么眉形，以及他们的眉毛是什么颜色。这些人像的身份一般认为有两类：统治阶层和负责国家祭祀的神职人员。这些人像和面具均为男性，他们的眉部细节特写，也是古老眉文化的一部分。

　　新出土的大量黄金制品中，最受关注的是一张独特的也是目前中国早期文明考古发现的最大金面具。此前三星堆金面具的眉毛都是镂空的，锻打得很薄，用来贴在铜像上，因而没有做出眉毛造型。但新发掘的黄金大面具有突出的眉骨造型，更加写实。成都市区内的金沙遗址也出土有金面具，标志性特征就是有眉毛，眉骨部突出。因此，考古专家认为，三星堆新出土的有眉毛的大面具，和金沙遗址的黄金面具风格高度相同。这就证实了三星堆与金沙遗址之间的历史亲缘关系。总体上，三星堆遗址中出土的青铜面具，几乎全是粗眉毛、大眼睛、高鼻梁、阔扁嘴，没有下颏，庄严中带着神秘的自信高贵。

　　如果说三星堆的眉形、眉相和眉色及其工艺展现出的古老眉文化是先民对自身族群集体无意识的面貌再现，具有浓厚的原始神巫气息，同时兼具早期长江流域文明特有的开阔、自然、阳光，充满生活趣味的审美精神，那么，秦汉时代的陶俑，数量巨大，眉形眉相丰富，极具造型美和文化美，就有了更多的历史写实。这些陶俑眉部的特写既有人种学上的标本功能，也通过男性群体的形貌风格，象征性地再现了秦汉大一统时代的国家自信。

陶俑的秦始皇兵马俑以"大、多、精、美"而闻名。秦俑是世界上已知发现形体最高大的陶俑，平均身高达到1.8米，秦俑数量多，形体健硕，已出土近八千件陶俑、陶马，人物造像威然挺立，神态英武。塑造手法比较简洁，无过多的虚饰。面部的雕刻细腻，风格明快。兵马俑相貌不一，面部用红色粉末着色，眼睛黑白分明而炯炯有神。眉毛根根分明，经过艺术夸张，塑得棱角分明，远看使面目的轮廓更加清晰。

兵马俑秦俑修复专家根据自己多年的观察经验，将秦俑的面部轮廓概括为八种基础脸型，其类型及分布比例和现代三秦男性的脸型情况相吻合。专家对秦俑面部用人体测量方法进行观察，发现千姿百态的俑头塑造至少组合运用了47种造型因素。兵俑的眼睛以及面部身体着色不同，不同的眉眼有不同的风姿，表现出不同的人物性格。除了眼睛的大小形状有细致细微的差异，为了把五官雕塑得生动和谐，眉毛的刻画平弯相对、长短不一、粗细相较、竖斜有度，或长如半圆，或短如新月，眉毛和眼睛之间的距离远近不一，法度严谨。兵马俑的造型是依据从军队中选拔出来的"模特"真实相貌雕刻而成的。秦兵马俑数量众多，但写实性地做到了千人千面，兵俑脸部多是关中人特征，堪称关中人的脸谱大全，据说每个三秦人都能从中找到千年前的"自己"。秦俑的雕塑是以军队为题材，要求整体的威武和庄严，造像形神兼备。铸陶工匠合理夸张了他们的浓眉大眼、阔口宽腮的面部特征。

西汉彩绘陶俑发现时间比秦兵马俑还早9年，陶俑的面部塑造，包括眉形眉相的表现，也是写实的。西汉彩绘兵马俑没有秦兵马俑高大，体现了汉代节俭的国家风气，这些兵俑平均身高约50厘米，是真人的三分之一。西汉彩绘兵马俑虽然形体小了许多，却塑造了三个不同族群男性的体质形态，在面部差异上也较为明显。脸型方正、长眉长目、嘴阔的兵俑形是陕西关中人。脸形瘦削、眉骨突出的是陇西、天水人。高颧骨、眉疏秀、眼小而圆的是巴蜀人。汉代兵俑的眉毛、眼球、胡须、外衣、铠甲及战马身上的花纹等，都是陶工先烧制，再彩绘上色，有黑、红、紫、白等，虽是威武阳刚的兵俑，同时也传递出了西汉初年服饰上楚服、秦服和胡服交融的时代风格。三种不同的体质形态印证了汉初兵源地域及族属的多样性构成，清晰可见汉朝作为大一统帝国的多民族构成与融合。

  总而言之，要看中国男子的须眉，兵俑、神道像、古典绘画中可以见到真正的中华男儿。

第三部

3

斗 画 眉 谱

中国古代的宫廷和城市的画眉风尚，以及眉谱的流传，有着清晰的历史脉络。

眉妆的皇家宫廷血统，汉宫、唐都、宋城、成都城市眉妆的流行与流传，是两条并行不悖的潮流主线。白居易说："风流夸堕髻，时世斗啼眉。"李商隐说："楚腰知便宠，宫眉正斗强。"寒山说："城中蛾眉女，短舞万人看。"从隋炀帝赏赐美人螺钿，到宋徽宗下诏修改眉词。从汉宫人扫青黛蛾眉到唐代六宫争画黑烟眉，从长安到成都的《十眉谱》，从京兆画眉成谣到锦城浣花洗眉，都在这一传统之中。

11. 秦汉长眉　如望远山

画眉的起源很早，早在西周时期，就有化妆的历史记载。当时的女性会用白粉来涂脸，用胭脂来搽唇，用青矾来修眉。在战国时，还没有特定画眉的材料，女人们用柳枝烧焦后的炭灰涂在眉毛上。画眉风尚起源于秦朝宫中开始流行的红妆翠眉，中国的眉妆一开始就有皇家的血统和气质。先秦眉妆，在视觉美学上比较大胆，颇具实验性。

汉代是中国眉妆史上第一个高潮期，眉型非常多样化，十分精致。在汉墓中曾多次出土用以研磨黛粉的石砚。石黛在汉朝的使用非常广泛，将"黛"放入水中溶化，就会得到像水墨一样的东西，可以用它来画眉。对于眉妆来说，两汉时期上承前秦列国之俗，下开魏晋隋唐之风，开辟了中国画眉史上的第一个高潮。

《事文类聚》乃宋人祝穆撰写，探源百工百业，搜列万事万物，书中有曰："汉宫人扫青黛蛾眉。"

从这个记载推而可知有三：其一，汉代宫中流行画眉；其二，汉代主要用青黛画眉；其三，汉代流行修长而弯的蛾眉。很显然，汉代画眉接承秦代眉上风气。也可以说，这句话交代了三个信息：其一，眉妆主要流行在汉宫中；其二，汉代画眉的手法主要是"扫眉"；其三，画眉的化妆品主要是黛石。

先秦流行画蛾眉，细长而弯。蛾眉甚至被赋予了很多深意,如屈原《离骚》写"众女嫉予之蛾眉兮,谣诼谓予以善淫",即以蛾眉指出众的美女。

汉代的眉妆已经高度成熟发达,样式非常丰富,其中不少眉式基本款从此定型,影响深远。这一时期,不仅保留和发展了先秦时代的蛾眉,还出现了具有自身特点的长眉、广眉、八字眉、惊翠眉、愁眉、远山眉等流行的眉妆造型。

从汉武帝朝开始,儒家董仲舒开始从制度层面确立女性对男性的依附关系,提出"阳尊阴卑""三纲五常"等学说,从此中国女性就开始追求一种所谓的"女子以弱为美",女子的妆容也从西汉的淡雅逐渐开始转向东汉的柔媚娇弱。眉形从淡远细眉向相对的粗眉变化。

远山眉,是一种汉代常见的眉式,最早记载于刘歆的《西京杂记》卷二:

文君姣好,眉色如望远山,脸际常若芙蓉,肌肤柔滑如脂。十七而寡,为人放诞风流,故悦长卿之才而越礼焉。

故而称为"远山眉",也有诗句眉如"远山含黛,肤若桃花含笑,发如浮云,眼眸宛若星辰",形容女子漂亮非凡。远山眉细长而舒扬,颜色略淡,清秀开朗。

西京城里的女子纷纷仿效的远山眉,是长眉的一种,是西汉时代审美的眉上表现。西汉的长眉,是由先秦的"蛾眉"演变而来的,其特点是长而细。通常,长眉上还画着几个小圆点作点缀。汉代贵族妇女以长眉为基本眉妆。长眉长而阔,是在蛾眉的基础上演变而来。司马相如《上林赋》云:"若夫青琴、宓妃之徒,绝殊离俗,妖冶娴都,靓妆刻饰……长眉连娟……"连娟,指眉毛弯曲而细的样子。这首赋歌颂大汉气象,女神气度自然要匹配国家形象。这时期的眉形是不会局促不明的。

青琴、宓妃都是离尘出俗的神女。女神与一般庸脂俗粉不一样,她们靓妆刻饰,擅画长眉。长眉连娟,这种眉形是把眉画得很纤长。

八字眉,其眉头抬起而眉尾下翘,形似"八"字。《二仪实录》载汉武帝刘彻"令宫人描八字眉",因此这种眉型便在武帝后宫中流行开来。

惊翠眉,即翠眉,大概还曾称为"翠黛",古代女子用青黛画眉,故称这种眉为翠黛。《妆台记》云:"始皇宫中悉好神仙之术,乃梳神仙髻,皆红妆翠眉,汉宫尚之。"

西汉也曾流行阔而短的广眉,也称"阔眉"。《先秦汉魏晋南北朝诗·马廖引长安语》(见《后汉书·马援传》)记载了一首当时的民谣:

> 城中好高髻,四方高一尺;城中好广眉,四方且半额;城中好大袖,四方全匹帛。

和在宫廷中流行的八字眉不同,这种眉妆起源于社会大众,流行于勾栏街市,"城中好广眉,四方且半额",虽然是一种夸张的手法,但却充分说明了这种眉型的受欢迎程度。

"广眉",又叫吕后眉,浓重如卧蚕,女人描画这种眉形显得精明干练。到了汉魏时期,广眉已经流行开来。可知"广眉"也是由宫廷流行到民间的一种眉式,后来《太平御览》又把"广眉"比作"半额",根据字面的意思猜测广眉大约是一种很粗阔的画眉样式。

《汉书·张敞传》曰:

> 敞为京兆……然敞无威仪,时罢朝会,过走马章台街,使御吏驱,自以便面拊马。又为妇画眉,长安中传张京兆眉怃。有司以奏敞。上问之,对曰:"臣闻闺房之内,夫妇之私,有过于画眉者。"上爱其能,弗备责也。

张敞担任京兆尹，位高权重，下朝时却没有官威。更难能可贵的是，他是一个爱妻模范。张敞忠爱妻子，有两个证明：其一，上下朝，经过章台街时，张敞都会叫车夫疾驰而过，同时自己还忙不迭地用随身携带的折扇拍打马背，绝不在这里逗留。要知道章台街，也有叫章台路的，在汉唐是长安最繁华的街道，它曾是春秋时楚国的离宫，也是战国时秦国王宫的名字，章台常被后人用来代指长安。张敞对章台路唯恐避之不及，是因为章台路上伎馆林立，章台路也因此用来代称娼馆青楼和声色艳游之所。张敞遮面催马过章台，显然是不愿在此拈花惹草。明代米云卿词云："霸陵桥，章台路，异代风流哪得顾。"用在张敞身上最符合。比较一下，欧阳修说："玉勒雕鞍游冶处，楼高不见章台路。"以及周邦彦和贾岛在章台路上游兴浓，恨不得一日看尽长安花。其二，张敞为妻子画眉，且画得妩媚多姿，画得美。他是知美为美，殊为难得。张敞为妻子画眉，传得满城风雨，影响到他的官誉官声，以至于惊动皇上亲自过问。长安城中，人们纷传"张京兆眉怃"，即京城行政长官张敞为老婆画眉的事情。无论从当事人的身份，还是从舆论争议的部分来看，显然这不仅仅是一个政治事件，本质上更是一件流行文化传播事件。

汉代伶玄所作《赵飞燕外传》记载，汉成帝的宠妃赵飞燕的妹妹赵合德，画薄眉，号"远山黛"。姐妹俩的"慵懒妆"也十分著名，胭脂淡妆，眉如远山。将美女的眉喻为远山、春山，远山很淡，这是无可置疑的，春天的山不像夏天的山那么浓郁，因此这些颜色都是淡淡的，是一种淡远、细长的眉毛画法，宛如水墨画里一泓秋水后面遥远的连山。

《后汉书·志卷第十三》记载：

> 桓帝元嘉中，京都妇女作愁眉、啼妆、堕马髻、折要步、龋齿笑。所谓愁眉者，细而曲折；啼妆者，薄拭目下，若啼处。

"愁眉啼妆"，细长弯眉，眉梢向下，眼下涂白，用油膏薄拭目下，因为油膏长时间保持湿润油亮，就好像永远挂着一道泪痕，看起来好像刚刚哭完、梨花带雨的感觉。

历史上最有名的啼妆当属东汉权臣梁冀之妻孙寿所画的啼妆。《风俗通》说："桓帝时京师妇人作愁眉，愁眉者细而曲折，此梁冀家所为，京师皆效之，天戒若曰：将收捕冀妇女，忧愁之眉也。"意思就是说，要是想在大街上抓住梁冀的老婆，不用费神，抓那个画愁眉的，准没错。《后汉书·梁冀传》也说梁冀的妻子孙寿善于画眉，作出妖娆的姿态，精心作"愁眉"。所谓"愁眉"，据说是承继卓文君的远山眉而来。

蛾眉在历朝历代都是眉妆的基本款，永不过时，偶尔翻新又成时尚。

东汉末年文赋诗书大家蔡邕的抒情名赋《青衣赋》云："盼倩淑丽，皓齿蛾眉。"该赋细致地刻画了一名出身卑微、美丽端庄、心灵高洁的青衣女子形象，堪称汉代"蛾眉"的时代画像。《后汉书》本传说，蔡邕在司徒桥玄的幕府做幕僚时，曾与府中婢女相爱。这首爱情赋就是蔡邕外出为官，与青衣婢女分手时所作。

总体来看，汉宫中流行青黛蛾眉，宫中眉式传到城市勾栏瓦肆中，成为贵族妇女的流行眉妆。长眉总是经典款，时不时又流行开来。

不难看出，除了阔眉造型来自城市平民，其他眉妆造型不是流行于宫廷，就是出自达官显贵的阶层。汉代的眉妆样式丰富，风格多样，挺拔不失灵秀，妩媚与清俊并重，反映了各个阶层女子对美的认识、对生活的感悟，以及在社会大背景下的内心情感世界。豪放的阔眉、轻灵优美的长眉、妩媚妖艳的愁眉等，也许本身就能使后人看到汉朝人豪放雄浑的个性展现、直白缠绵的感情诉说，以及繁华和苦难并存、光明和深渊同在的生存环境。

12. 未央蛾眉　谁解宫谱

隋唐相继出现了画眉史上的高潮，隋炀帝重金从波斯进口大批螺黛，以供后宫女子画眉之用。颜师古《隋遗录》载：

> 由是殿脚女争效为长蛾眉，司宫吏日给螺子黛五斛，号为蛾绿。螺子黛出波斯国，每颗直十金。后征赋不足，杂以铜黛给之，独绛仙得赐螺黛不绝。

可想而知，昂贵的螺子黛，亦使"黛螺"成为眉毛的美称。贵，本身也是美的一种。如同今天的许多奢品，在爱好者眼里，至少，奢品是美的一种象征，一种保证。隋炀帝巡游江南，其中有位名叫吴绛仙的女子，因画长眉而显美貌，为隋帝宠幸。后宫佳人群起仿效，最后螺黛竟供不应求。

唐代眉妆从汉朝广眉而来，更是长、阔、浓的集锦之作。为了使阔眉画得不显呆板，妇女们又在画眉时将眉毛边缘处的颜色向外均匀地晕散，称其为"晕眉"。还有一种是把眉毛画得很细，称为"细眉"，故白居易在《上阳白发人》中有"青黛点眉眉细长"之句。

据《事物纪原》可知，汉代流行的眉式，最经典的两款是卓文君的远山眉和汉武帝宫人的八字眉。这两种眉式在唐代及以后仍为女子所效法，见诸诗人吟咏。唐人宇文士及《妆台记》也有记录说，因受卓文君影响，"时人效画远山眉"。时人既是时下之人,也是时尚达人、眉妆领袖。

唐代诗人王勃在《乐府杂曲·鼓吹曲辞·临高台》写大唐长安的繁华,眉妆成风也是大唐风华的一个城市风尚,诗曰:

临高台,高台迢递绝浮埃,瑶轩绮构何崔嵬,鸾歌凤吹清且哀。俯瞰长安道,萋萋御沟草。斜对甘泉路,苍苍茂陵树。高台四望同,帝乡佳气郁葱葱。紫阁丹楼纷照曜,璧房锦殿相玲珑。东弥长乐观,西指未央宫。赤城映朝日,绿树摇春风。旗亭百隧开新市,甲第千甍分戚里。朱轮翠盖不胜春,叠榭层楹相对起。复有青楼大道中,绣户文窗雕绮栊。锦衣昼不襞,罗帏夕未空。歌屏朝掩翠,妆镜晚窥红。为吾安宝髻,蛾眉罢花丛。狭路尘间黯将暮,云间月色明如素。鸳鸯池上两两飞,凤凰楼下双双度。物色正如此,佳期那不顾。银鞍绣毂盛繁华,可怜今夜宿倡家。倡家少妇不须嚬,东园桃李片时春。君看旧日高台处,柏梁铜雀生黄尘。

长安繁华绝代,清越哀怨的鸾歌凤吹声中,临高台上的美人们光艳照人,俯瞰长安道,绿树遮蔽了甘泉路,芳草萋萋,茂树苍苍。帝乡佳气,紫阁丹楼,赤城开新市,一片梦幻繁华之中,"歌屏朝掩翠,妆镜晚窥红。为吾安宝髻,蛾眉罢花丛",那些女子画眉入时,与鲜花比美。这些都是有关眉目传情的生动描述。

《十眉图》是有名的眉谱,经过历代文人雅士、风流艳客持续不断的修谱,倒形成了一番流传无序、影响广泛、热热闹闹的景象。从古到今,眉形眉色数不胜数,可知《十眉图》之"十"是虚指,多而已。

关于《十眉图》的年代,据考证,是出现在唐朝。《十眉图》的名称第一次出现是在唐朝张泌的《妆楼记》中。书中记载:安史之乱时,唐明皇仓皇逃跑,在逃往四川的路上,令画工作《十眉图》。真要如此,唐玄宗李隆基就不仅仅是梨园鼻祖,还是专业画眉第一人。唐明皇令画工作《十眉图》的事件在宋朝乐史的《杨太真外传》、南宋叶廷珪的《海录碎事》、明朝杨慎的《丹铅续录·十眉图》等书籍中都有记载。《丹铅续录·十眉图》形容这十眉：

> 一曰鸳鸯眉，又名八字眉；二曰小山眉，又名远山眉；三曰五岳眉；四曰三峰眉；五曰垂珠眉；六曰月棱眉，又名却月眉；七曰分梢眉；八曰涵烟眉；九曰拂云眉，又名横烟眉；十曰倒晕眉。

古人很早就用眉代指美女，比如，十眉就是众美女的约指，宋代张孝祥《赠邕州滕史君》就是一例：

> 千骑东方白玉镳，十眉环坐紫檀槽。安南都护来鳌禁，建武将军握豹韬。瘴雨蛮烟惊鼓角，朔云边雪满旌旄。夕烽不到甘泉殿，尺一徵还近赭袍。

苏轼是文人士大夫，即便落魄，生活也充满活色生香。《苏州阊丘江君二家雨中饮酒》诗曰：

> 五纪归来鬓未霜，十眉环列坐生光。唤船渡口迎秋女，驻马桥边问泰娘。曾把四弦娱白傅，敢将百草斗吴王。从今却笑风流守，画戟空凝宴寝香。

爱花之人更有雅趣一些，南宋许及之的《谢惠牡丹》写牡丹名葩之美，用众女——十眉——之美作衬托，眉为美好之物，与牡丹花同。

> 未叹春光去有涯，诗翁时为送名葩。娼条冶叶从过眼，魏紫姚黄始是花。洗涤壶瓶晨井水，护持风雨夜窗纱。十眉已觉成羞涩，且向樽前领物华。

王昌龄说："芙蓉不及美人妆，水殿风来珠翠香。"大唐风华的时代拉开了帷幕，面妆和眉妆更具视觉冲撞感。有学者考证说，大唐以肥为美是一种误解，是大家从少量唐代绘画和雕塑的人物造型中得来的片面结论，从更多的史料来看，唐代人物造型有丰腴之态，也有很多轻盈修长的代表，很难说哪一种审美是主流。这是一家之言。同理，唐代是一个开放自信的时代，各地各国各民族的大融合大交流，妆容装饰上也因此自由、大胆和多样化。

到了唐朝，妆容的风格更加丰富多彩，出现了一些新的妆容。比如，女性不仅喜欢将脸涂成白色，还喜欢将嘴唇染成艳红色，眉毛画得粗而长，以及用铅粉涂抹眼窝和下颌。到了盛唐唐玄宗一朝，画眉的形式更是多姿多彩，名见经传的就有十种眉式：鸳鸯眉、小山眉、五岳眉、三峰眉、垂珠眉、却月眉、分梢眉、涵烟眉、拂云眉、倒晕眉。

唐代流行黑眉和长眉，如果说天下眉式出自未央宫，未央宫的时尚领袖就是杨贵妃。白居易在《上阳白发人》诗中也申言"青黛点眉眉细长"乃"天宝末年时世妆"。《中华古今注》说杨贵妃"作白妆黑眉"，徐凝《宫中曲》二首之一云"一日新妆抛旧样，六宫争画黑烟眉"，是说当时流行细长黛眉，自从杨贵妃画了黑眉，便成了新的流行时尚。

唐代诗人刘方平是一个美男子，他才情奔放，纵情声色。也许只是凑巧，刘方平给自己大儿子取的名字叫刘眉。刘方平的《京兆眉》写京兆的眉式流行，诗曰：

新作蛾眉样，谁将月里同。有来凡几日，相效满城中。

刘方平还有一首《乌栖曲》评点天宝年间是蛾眉妆的天下，诗曰：

蛾眉曼脸倾城国，鸣环动佩新相识。银汉斜临白玉堂，芙蓉行障掩灯光。

李白写蛾眉的诗文很多，《捣衣篇》写佳人"顣蛾"，顣，即"颦"。顣蛾，即蹙眉，皱眉头。诗中开篇曰：

闺里佳人年十余，颦蛾对影恨离居。

以眉广为美，唐代犹然，阔眉仍然流行。杜甫《北征》诗有云："移时施朱铅，狼藉画眉阔。"白居易在《新乐府·时世妆》中详细形容道：

> 时世妆，时世妆，出自城中传四方。时世流行无远近，腮不施朱面无粉。
> 乌膏注唇唇似泥，双眉画作八字低。妍媸黑白失本态，妆成尽似含悲啼。
> 圆鬟无鬓堆髻样，斜红不晕赭面状。昔闻被发伊川中，辛有见之知有戎。
> 元和妆梳君记取，髻堆面赭非华风。

八字眉也是经典流行款，感觉古人比今人更喜欢八字眉。唐代大诗人韦应物在《送宫人入道》一诗中说："金丹拟驻千年貌，宝镜休匀八字眉。"在诗人看来，八字眉，乃美人修仙得道、长生不老之眉，是开元盛世大唐长安第一美眉。其诗曰：

> 舍宠求仙畏色衰，辞天素面立天墀。金丹拟驻千年貌，宝镜休匀八字眉。
> 公主与收珠翠后，君王看戴角冠时。从来宫女皆相妒，说著瑶台总泪垂。

李商隐《蝶三首》中有诗句"寿阳公主嫁时妆，八字宫眉捧额黄"。可见，宫妆八字眉的盛行程度，公主出嫁也画八字眉眉妆。八字眉配上额黄，这种在眉尾等位置贴上金黄色饰物的方法，是眉妆的一部分，放在今天是比较夸张大胆的妆法。唐代的眉妆都是首先在宫中产生，后宫的皇后、贵妃、公主描画成习后，传给各级女官，再到宫女们内部流行，最后流传到宫外城市中，形成风尚，风行天下：

（其一）

初来小苑中，稍与琐闱通。远恐芳尘断，轻忧艳雪融。
只知防皓露，不觉逆尖风。回首双飞燕，乘时入绮栊。

（其二）

长眉画了绣帘开，碧玉行收白玉台。为问翠钗钗上凤，不知香颈为谁回。

（其三）

寿阳公主嫁时妆，八字宫眉捧额黄。见我佯羞频照影，不知身属冶游郎。

以上种种可见，八字长眉已流行成风。

远山眉也是经典款式，不遑多让。远山眉的代言人是卓文君，在唐代已有了古意的光晕。唐代花间派大宗师温庭筠笔下写了很多眉意。温庭筠有十几首《菩萨蛮》，正所谓，"闲梦忆金堂，满庭萱草长"，"凤凰相对盘金缕……明镜照新妆"；只记得，"眉黛远山绿，春水渡溪桥"，"两蛾愁黛浅，故国吴宫远"。

顾夐是五代前蜀花间派名家，专写艳情。《醉公子》诗曰："敛袖翠蛾攒，相逢尔许难！"顾夐还有一阕单调小令《诉衷情·永夜抛人何处去》，曰：

永夜抛人何处去？绝来音。香阁掩，眉敛，月将沉。争忍不相寻？怨孤衾。换我心，为你心，始知相忆深。

韦庄是唐末五代诗人、词人，曾写下"一双愁黛远山眉，不忍更思惟"的诗句，可见远山眉往往含有愁情。一双远山眉、新柳眼，已隐隐透露出女主人公的淡淡哀愁。其《荷叶杯》二首，曰：

绝代佳人难得，倾国，花下见无期。一双愁黛远山眉，不忍更思惟。闲掩翠屏金凤，残梦，罗幕画堂空。碧天无路信难通，惆怅旧房栊。

记得那年花下，深夜，初识谢娘时。水堂西面画帘垂，携手暗相期。惆怅晓莺残月，相别，从此隔音尘。如今俱是异乡人，相见更无因。

唐朝的女子经常通过画眉来争奇斗艳，比拼容貌。白居易说："风流夸堕髻，时世斗啼眉。"李商隐说："楚腰知便宠，宫眉正斗强。"寒山说："城中蛾眉女……短舞万人看。"也有人说，寒山这首诗不是实写蛾眉，诗中充满佛法，是以蛾眉寓禅。

唐朝民风开放，因此唐女子妆容多有变化。先是有引导后世"一白遮百丑"的经典白面妆出现，又延续出远山黛、青黛、柳叶黛等多种其他妆容。唐女子白面两颊的胭脂常抹成圆形，取意面部圆润有福。后期有杨玉环发展出额心花钿，先由小笔画花，再剪金箔贴上。唐受胡风影响极深，因此也有一段时间盛行素面不行妆的风潮。

《中华古今注》中说杨贵妃"作白妆黑眉"，时人将此认作新的化妆方式，称其为"新妆"。难怪徐凝在诗中描写道："一日新妆抛旧样，六宫争画黑烟眉。"

唐代诗人张乔《无题四首寄呈彭孟阳·其四》诗曰：

> 青铜相照羡涂黄，安用长蛾妒月光。鹦鹉但知传客姓，画眉谁解谱宫妆。
> 油车住向西陵柏，玉腕同攀广陌桑。怪底秦家有夫婿，并头花底睡鸳鸯。

在初唐，流行月形眉，宽而曲，渐渐有了些阔眉的初兆，至唐高宗时代慢慢过渡，在武则天一朝时达到了高潮，这种眉形流行至开元盛世。那时候，眉妆多为长、阔、浓，很是醒目。从《步辇图》上，我们可以看到宫女都喜欢这种妆容。

到了盛唐时期，流行把眉毛画得阔而短，形如桂叶或蛾翅。元稹诗云"莫画长眉画短眉"，李贺诗中也说"新桂如蛾眉"。为了使阔眉画得不显得呆板，妇女们又在画眉时将眉毛边缘处的颜色向外均匀地晕散，称其为"晕眉"。

到了唐玄宗时画眉的形式更是多姿多彩，如前文所述的十种眉：鸳鸯眉、小山眉、五岳眉、三峰眉、垂珠眉、却月眉、分梢眉、涵烟眉、拂云眉、倒晕眉。

白居易《上阳白发人》诗曰："青黛点眉眉细长，天宝末年时世妆。"诗人秦韬玉《贫女》诗写贫家女"蓬门未识绮罗香，不把双眉斗画长"。贫家女不跟时尚，不斗画长眉，则反向说明长眉的流行之广，跨越时间之长。正如明人笔记小说《珍珠船》所说："韩公言曲眉丰颊，便知唐人所尚。"

唐代传奇小说《游仙窟》写唐初文人的声色逍遥的一面，

对时尚的描写很多,可谓游仙窟中,眉开翠柳。

《游仙窟》以第一人称手法,写风流艳遇式的世俗生活。其中的诗篇不同于传奇文本的市井文学书写,虽然也口语化,但也兼有三分汉唐古诗的自然直接和悲凉古意。试看如下两首——

十娘赠张文成诗《游仙窟诗·别文成》:

别时终是别,春心不值春。羞见孤鸾影,悲看一骑尘。
翠柳开眉色,红桃乱脸新。此时君不在,娇莺弄杀人。

张文成赠崔十娘诗《游仙窟诗·别十娘》:

忽然闻道别,愁来不自禁。眼下千行泪,肠悬一寸心。
两剑俄分匣,双凫忽异林。殷勤惜玉体,勿使外人侵。

一句"翠柳开眉色,红桃乱脸新"真是生动活泼,华艳浅俗,又不失热烈。

13. 帝都新眉　相效满城

唐代温庭筠《春洲曲》说："韶光染色如蛾翠，绿湿红鲜水容媚。"晏几道《六幺令》中说："晚来翠眉宫样，巧把远山学。"就是讲绿色眉妆。

宋代的审美十分发达，宋代女子妆容极为素洁，清新自然。画眉墨的使用日益广泛，但上流社会高端眉妆使用的还是西域传入的翠绿色"青雀头黛"，如宋苏轼《次韵答舒教授观余所藏墨》写道："时闻五斛赐蛾绿，不惜千金求獭髓。"画眉材料的革命也会影响画眉的风尚和潮流。

宋代将汉代的时尚复活了。《妆台记》中曾说："魏武帝令宫人画青黛眉，连头眉，一画连心甚长，人谓之仙娥妆。"这种翠眉的流行反而使用黑色描眉成了新鲜事。不过突出的还是"倒晕眉"，其眉形呈宽阔的月形状，而眉毛端则用笔晕染由深及浅，逐渐向外部散开，别有风韵。

宋代延续了"宫妆扫眉斗巧"的传统，无名氏《荔子丹》词曰：

> 斗巧宫妆扫翠眉。相唤折花枝。晓来深入艳芳里，红香散，露浥在罗衣。
> 盈盈巧笑咏新词。舞态画娇姿。袅娜文回迎宴处，簇神仙、会赴瑶池。

当时妆容的风格发生了一些变化。女性开始更加注重自然与健康，尽可能地减少化妆品的使用。她们更加注重面部保养，常常用花水、胡麻油等天然物品来保养肌肤。此外，宋代女性也喜欢将头发梳成各种华丽的发髻，用珠子、翠羽等饰品来点缀发髻。

苏轼《眉子石砚歌赠胡誾》诗写成都眉妆盛景，诗曰：

君不见成都画手开十眉，横云却月争新奇。
游人指点小鬐处，中有渔阳胡马嘶。
又不见王孙青琐横双碧，肠断浮空远山色。
书生性命何足论，坐费千金买消渴。
尔来丧乱愁天公，谪向君家书砚中。
小窗虚幌相妩媚，令君晓梦生春红。
毗耶居士谈空处，结习已空花不住。
试教天女为磨铅，千偈澜翻无一语。

《十眉图》在唐宋时期已经广为流传，横云、斜月两种眉形名称就出自《十眉图》。成都堪称"眉城""眉都"。据说宋代教坊勾栏中的女子，百日内眉式无一重复。苏东坡的时代，眉式之丰富，妆容之多彩，可见一斑。

宋代的眉式大有后来者居上之势。宋代陶谷《清异录·妆节》记载了唐代平康名妓莹姐画眉的逸话。"莹姐，平康妓也。……画眉日作一样，唐斯立戏之曰：'西蜀有十眉图，汝眉癖若是，可作百眉图。'"陶谷说莹姐生有"玉净花明"之貌，而且"尤善梳掠画眉"，画的眉毛每天换一种式样，绝不重复。当时有位叫唐斯立的文人对她戏言道："西蜀有《十眉图》，你爱画眉成癖，简直可作百眉图了。"后世称记载青楼女子故事的书为"眉史"，即源于此。

帝城眉样永远走在时尚的潮头。宋人祝穆说"汉宫人扫青黛蛾眉"，也是宫中先有了新的眉式，再传到城市中，成为贵族妇女中的流行眉妆。刘克庄《记事》曰：

辇路香风吹软尘，拥途士女看朱轮。朝为赫赫大京兆，暮作栖栖逆旅人。
姬院肉屏俄顷散，帝城眉样一番新。惟应唤醒茅檐叟，长驾柴车戴幅巾。

宋代的宫廷眉式往往成为流行标准款。宋徽宗读到周邦彦《烛影摇红·芳脸匀红》，评价原作不够"丰容宛转为恨"，于是钦点钦批，下令修改。周邦彦"奉旨改词"，尽心迎合精通音律的皇上的心意。全篇是一个全视角的描写，宫妆、宴饮、庭院，是一个时代灯红酒绿的缩影，词曰：

芳脸匀红，黛眉巧画宫妆浅。风流天付与精神，全在娇波眼。早是萦心可惯。向尊前、频频顾眄。几回想见，见了还休，争如不见。

烛影摇红，夜阑饮散春宵短。当时谁会唱阳关，离恨天涯远。争奈云收雨散。凭阑干、东风泪满。海棠开后，燕子来时，黄昏深院。

"芳脸匀红，黛眉巧画宫妆浅"，说明宫中眉色眉式多样，流行眉色先出自宫中，然后流传到都城女子中。都说宋朝是中国历史上审美高度发达的时代，词中写到宫中的流行眉色也并非一味浓艳，也有淡妆。眉妆应如是。

14. 浣花溪边　洗眉锦城

　　成都，成都，我们要说说成都。巴蜀大地自古多美人，成都当然少不了"美眉"。从"黄四娘家花满蹊"的杜甫草堂到"众人熙熙，如春登台"的春熙路，再到"窗含西岭千秋雪，门泊东吴万里船"的望江楼——这是成都看美女的古代传统路线。浣花溪边，多少锦城洗眉的传说。

　　成都建城已有三千年历史。无论时代如何变迁，在不同历史阶段，地处西南边陲的成都都长期处于"一线城市"之列。城市的繁荣、经济的昌盛、物产的丰富，这一切都给时尚消费打下了很好的基础。因而，成都的香车宝马、弦歌美女、灯红酒绿连绵不绝。

　　陆游的诗词里，有对成都满满的怀念。陆游《梅花》诗绝句二首奉上：

（其一）
当年走马锦城西，曾为梅花醉似泥。二十里中香不断，青羊宫到浣花溪。

（其二）
青羊宫前锦江路，曾为梅花醉十年。岂知今日寻香处，却是山阴雪夜船。

　　五代十国时期，成都经历了前蜀、后蜀。在政治上，成都的治理者无论天下治与不治，都是偏安的思想。蜀的行政一直在天下分合中飘摇。但偏安也未必全是坏事，成都大多数时候是安宁的。加上及时行乐的时代风气，成都的都市文化很是繁荣。花间派的兴起就是这一时代成都的精神气质表征。

四川仁寿人孙光宪的传奇一生贯穿五代到北宋初年。孙光宪出身农家，敏而好学，好不容易出人头地，又遭逢离乱之世。孙光宪似乎没建立什么丰功伟业，但据历史记载，他很有政治智慧，有大历史观，在变局之中，在自己力所能及的范围内，力主和平过渡，使生灵免于涂炭，有莫大功德。

孙光宪在成都这个烟花繁盛之地生活了十五年，乱世之中，孙光宪政治上没有施展抱负的空间，又素以文学自负，写词专学花间派，十分的浓艳，《花间集》录其词六十一首。孙光宪特别擅长小词，但下笔开阔，即便是写烟花成都，也风情摇曳，市井风尚活色生香，并无寻常之闺阁脂粉气。

成都丽人颜何如？——碧玉衣，白玉人，翠眉，红脸，小腰身，《浣溪沙》词曰：

> 碧玉衣裳白玉人，翠眉红脸小腰身，瑞云飞雨逐行云。
> 除却弄珠兼解佩，便随西子与东邻，是谁容易比真真。

写佳人春来怀远人，"眉共湘山远"，《菩萨蛮》词曰：

> 小庭花落无人扫，疏香满地东风老。春晚信沉沉，天涯何处寻。
> 晓堂屏六扇，眉共湘山远。争奈别离心，近来尤不禁。

写"掩镜眉低"的成都美人，《清平乐》词曰：

> 愁肠欲断，正是青春半。连理分枝鸾失伴，又是一场离散。
> 掩镜无语眉低，思随芳草凄凄。凭仗东风吹梦，与郎终日东西。

杜甫草堂的隔壁就是浣花溪，一阕《浣花溪》写美人忧心两情不坚牢，愁眉不展，词曰：

何事相逢不展眉,苦将情分恶猜疑,眼前行止想应知。
半恨半嗔回面处,和娇和泪泥人时,万般饶得为怜伊。

一阕《浣花溪》写月夜相思,词曰:

月淡风和画阁深,露桃烟柳影相侵,敛眉凝绪夜沉沉。
长有梦魂迷别浦,岂无春病入离心,少年何处恋虚襟。

孙光宪是真的爱成都,不辞长做锦城客。
《浣花溪》可作为他早年蜀中生活的一些记录,曰:

十五年来锦岸游,未曾行处不风流,好花长与万金酬。
满眼利名浑信运,一生狂荡恐难休,且陪烟月醉红楼。

又如《生查子》,在成都为官的日子里,年年日日时时处处"醉金尊,携玉手",又怎能不生发一身与一生的"春病与春愁"?词曰:

春病与春愁,何事年年有。半为枕前人,半为花间酒。
醉金尊,携玉手,共作鸳鸯偶。倒载卧云屏,雪面腰如柳。

如果说这是总结,另一首《浣花溪》则是细节:

自入春来月夜稀,今宵蟾彩倍凝辉,强开襟抱出帘帏。
啮指暗思花下约,凭阑羞睹泪痕衣,薄情狂荡几时归?

又有《酒泉子》写翠眉,词曰:

曲槛小楼,正是莺花二月。思无憀,愁欲绝,郁离襟。
展屏空对潇湘水,眼前千万里。泪掩红,眉敛翠,恨沉沉。

写离愁,有《更漏子》词曰:

对秋深，离恨苦，数夜满庭风雨。凝想坐，敛愁眉，孤心似有违。红窗静，画帘垂，魂消地角天涯。和泪听，断肠窥，漏移灯暗时。

有《何满子》拟歌妓口吻反向作眉语，词曰：

冠剑不随君去，江河还共恩深。歌袖半遮眉黛惨，泪珠旋滴衣襟。惆怅云愁雨怨，断魂何处相寻。

偶尔也思古，有《思越人》曰：

古台平，芳草远，馆娃宫外春深。翠黛空留千载恨，教人何处相寻。绮罗无复当时事，露花点滴香泪。惆怅遥天横渌水，鸳鸯对对飞起。

渚莲枯，宫树老，长洲废苑萧条。想像玉人空处所，月明独上溪桥。经春初败秋风起，红兰绿蕙愁死。一片风流伤心地，魂销目断西子。

又如《定风波》"凝黛"节奏突兀，却又恰恰走在心间跳动的点上。眉头凝结，自然也是整个人的刹那心动，人虽站定，内心却翻云覆雨，情绪万千。词曰：

帘拂疏香断碧丝，泪衫还滴绣黄鹂。上国献书人不在，凝黛，晚庭又是落红时。

春日自长心自促，翻覆，年来年去负前期。应是秦云兼楚雨，留住，向花枝夸说月中枝。

孙光宪对情事看得很透：

静想离愁暗泪零，欲栖云雨计难成，少年多是薄情人。万种保持图永远，一般模样负神明，到头何处问平生。

花间眉间，雪面细腰，是成都美女的标配。

唐代魏承班是用心写成都的诗人，一路也是花间词风。

有一曲《渔歌子》写柳眉女子，词曰：

柳如眉，云似发，鲛绡雾縠笼香雪。梦魂惊，钟漏歇，窗外晓莺残月。
几多情，无处说，落花飞絮清明节。少年郎，容易别，一去音书断绝。

魏承班的《玉楼春》写春风宴上，美人雪面翠蛾，王孙公子，月色伤人。词曰：

寂寂画堂梁上燕，高卷翠帘横数扇。一庭春色恼人来，满地落花红几片。
愁倚锦屏低雪面，泪滴绣罗金缕线。好天凉月尽伤心，为是玉郎长不见。
轻敛翠蛾呈皓齿，莺转一枝花影里。声声清迥遏行云，寂寂画梁尘暗起。
玉斝满斟情未已，促坐王孙公子醉。春风筵上贯珠匀，艳色韶颜娇旖旎。

宋代成都华阳人王琪《望江南》写瘦腰长眉，词曰：

江南柳，烟穗拂人轻。愁黛空长描不似，舞腰虽瘦学难成。天意与风情。
攀折处，离恨几时平。已纵柔条萦客棹，更飞狂絮扑旗亭。三月乱莺声。

历代而下，写成都眉上美人，还是孙光宪写得最生动，最有生活气息。从孙光宪的词中可以看出，在成都，"小姐姐""小哥哥"的昵称历史很悠久了，不是今天的发明。孙光宪一阕《浣溪沙》婉约缠绵，尽显孙氏词风，其词曰：

试问于谁分最多，便随人意转横波，缕金衣上小双鹅。
醉后爱称娇姐姐，夜来留得好哥哥，不知情事久长么？

唐代司空图《灯花》三首，写市井画楼蜀柳如丝，思妇灯下画眉，诗曰：

（其一）

蜀柳丝丝幂画楼，窗尘满镜不梳头。几时金雁传归信，剪断香魂一缕愁。

（其二）

姊姊教人且抱儿，逐他女伴卸头迟。明朝斗草多应喜，翦得灯花自扫眉。

（其三）

闰前小雪过经旬，犹自依依向主人。开尽菊花怜强舞，与教弟子待新春。

唐太宗李世民《秋日》写景，"直见峨眉前"，"蓬瀛不可望"，此峨眉是指峨眉山。一个美好的秋日里，身居九重威服天下的帝王，心情畅朗，对成都的想象融入一片自然天真的情绪。诗曰：

菊散金风起，荷疏玉露圆。将秋数行雁，离夏几林蝉。
云凝愁半岭，霞碎缬高天。还似成都望，直见峨眉前。

元代诗人贝琼《立春日燕西清高士沧洲一曲歌者李氏善胡琴者阮仲朋引觞奏伎宾主尽欢即席赋诗》的诗题真的很长，写宴集之上，对成都生活的想象。诗曰：

百花堂深香雾生，将军燕客更多情。春光已到筼筜谷，客梦如在芙蓉城。
蛾眉八字远山碧，凤尾双丝流水清。金樽美酒敌秋露，今日为君怀抱倾。

历代笔记杂录中也有成都的眉语故事。彭乘的《墨客挥犀》记载了北宋朝很多文坛轶事，因而被广为转录，书中卷四录有一位卢氏女子的故事。讲宋仁宗天圣年间，卢氏的父亲在汉州（今四川广汉）做县令，任满，卢氏随父从四川归乡国都开封，经停蜀道泥溪驿，在旅舍墙壁上，写下了这首《凤栖梧》，词前说明题诗缘由，这首词被后来人抄录并流传——蜀路泥溪驿，天圣中，有女郎卢氏者，随父往汉州作县令，替归，题于驿舍之壁。其序略云："登山临水，不废于讴吟；易羽移商，聊纾于羁思。因成《凤栖梧》曲子一阕，聊书于壁。后之君子览之者，无以妇人切弄翰墨为罪。"词曰：

蜀道青天烟霭翳。帝里繁华，迢递何时至？回望锦川挥粉泪。凤钗斜嚲乌云腻。

钿带双垂金缕细。玉佩玎珰，露滴寒如水。从此鸾妆添远意。画眉学得遥山翠。

"回望锦川挥粉泪。凤钗斜嚲乌云腻。"卢氏不仅只有归乡的心情，她对三年的四川生活产生了浓厚的感情。卢氏自随父从河南到四川，蜀中三年。她不时回头望一望蜀地的美丽风景，怀念着这里的一草一木。不经意间，泪水悄悄地打湿了脸颊两边涂抹的脂粉。"凤钗斜嚲乌云腻"，思绪万千，不觉金钗忽然倾斜在乌黑亮丽的青丝里。反映了女主人公既想归乡，又对蜀地依依不舍的矛盾心情。"从此鸾妆添远意。画眉学得远山翠。"等我回到开封，"钿带双垂金缕细。玉佩玎珰"，我还要画上蜀地的时妆，那一定是一份别致的情趣。当我画眉毛的时候，我要画出在成都学会的那种细长而舒扬的远山眉。

词中可见，唐宋蜀地持续开放与繁荣，官宦家庭和贵族出身的女性有了写作的能力和文学表达的意愿与实践。《全宋词》中，收录了卢氏这首《凤栖梧》，也有版本作《蝶恋花》，是同一个词牌。

卢氏出蜀还乡，此十余年后，公元1038年，即宋仁宗宝元元年，诗人石介从大散关离乡入蜀，经过泥溪驿，也写了一首诗。当时，石介的父亲石丙年已古稀，被吏部选派外地，石介向吏部申请替代父亲去履职。得到批准后，石介是夏入蜀，赴任嘉州军事判官，途经泥溪驿站时感念而作《泥溪驿中作》，于题下自注云："嘉陵江自大散关与予相伴二十余程，至泥溪背予去，因有是作。"诗曰："山驿萧条酒倦倾，嘉陵相背去无情。临流不忍轻相别，吟听潺湲坐到明。"想来，石介是看到了卢氏的题壁诗，也读了那首《凤栖梧》。

15. 元白元浅　明清艳素

元朝宫廷蒙古族贵族女子多以暗红色着妆，仍十分简洁。民间女子则盛行素颜风潮，与前两朝的艳丽与高雅反差极大，整体妆容随意。

元明之际的邵亨贞《沁园春》词曰：

> 巧斗弯环，纤凝妩媚，明妆未收。似江亭晓玩，遥山拂翠，宫帘暮卷，新月横钩。扫黛嫌浓，涂铅讶浅，能画张郎不自由。伤春倦，为皱多无力，翻做娇羞。
>
> 填来不满横秋。料著得人间多少愁。记鱼笺缄启，背人偷敛，雁钿胶并，运指轻揉。有喜先占，长鬐难效，柳叶轻黄今在否。双尖锁，试临鸾一展，依旧风流。

"扫黛嫌浓，涂铅讶浅，能画张郎不自由。"增一分太白，减一分太黑，这妆不好画，连善画眉的张郎也无可奈何。

到了明中期，城市文化在部分地区萌芽兴起，眼妆与眉妆的流行时尚可能更多来自市井，比如勾栏和戏曲梨园，宫廷很难再引领风气。

明代女子着妆以明亮为主，眉妆走向简约，这种风格甚至延续到清代的各种眉妆。与清代相差最大的是明代女子脸颊色彩偏亮，唇色自然。整体而言，明妆是最符合现代审美观的。

清代女子的宫廷妆容与民间反差颇大。官宦及宫廷女子着色沿袭秦，以橘色为主，艳丽的色彩张力是清上层的着妆风尚。柳叶眉，水眉，平眉，斜飞眉占据主位。脸颊着色偏暗，唇色艳红居多，强调艳丽雍容。民间则多素净。但总体与其他朝代相比，清代妆容严谨，一丝不苟，较死板。

眉谱在列朝列代都是一个老话题。纳兰性德《齐天乐·洗妆台怀古》词曰：

冷艳全消，苍苔玉匣，翻书十眉遗谱。

美以眉著，谣记十眉。清代文人戏曲家徐士俊，钱塘人，字野君，生活在明末清初，写了一首很有名的词《十眉谣》，记录了经历世代流传的十款基本眉形。徐士俊说：

双眉如许，能载闲愁。山若欲语，眉亦应语。

清人张潮为徐士俊的《十眉谣》写了"小引"，以表达对徐士俊著述风流的敬仰。张潮在"小引"中列举四名古代美女，认为她们都是"以眉著者"，由今日思之，"犹足令人心醉而魂消"。眉谱，像一座美人眉的博物馆，每一款眉式背后，不知道有多少悲欢离合的故事。

《十眉谣·小引》曰：

古之美人，以眉著者得四人焉，曰庄姜、曰卓文君、曰张敞妇、曰吴绛仙。庄姜螓首蛾眉，文君眉如远山，张敞为妇画眉，绛仙特赐螺黛。由今思之，犹足令人心醉而魂消也。然庄与卓质擅天生，而张与吴兼资人力，二者不知为同为异。春秋之世，管城子尚未生，庄姜之眉自非画者。第不知文君当日亦复画眉否。汉梁冀妻孙寿作愁眉啼妆，龋齿笑，折腰步，京都人咸争效之。其后，辛以兆乱眉之所系如此。大丈夫苟不能干云直上，吐气扬眉，便须坐绿窗前，与诸美人共相眉语，当晓妆时日为染螺子黛，亦殊不恶。而乃俱不可得唯日坐愁城中，双眉如结，颦蹙不解，亦何愈也。西湖徐野君先生，风流倜傥，为文士中白眉所著。《十眉》《十髻》两谣摹写尽致。点染生姿，捧读一过，令人喜动眉宇，手不忍释，乃知名士悦倾城，良非虚言也。先生著作颇富，其《雁楼集》久已传播艺林。予生晚不获。登其堂，而浮太白，以介眉寿。仅从遗集中睹其妙制耳，前辈风流可复见耶。

心斋张潮撰

其中有一段话让人动容："大丈夫苟不能干云直上，吐气扬眉，便须坐绿窗前，与诸美人共相眉语，当晓妆时日为染螺子黛，亦殊不恶。而乃俱不可得唯日坐愁城中，双眉如结，颦蹙不解，亦何惫也。"意思是说，男儿大丈夫如果不能建功立业扬眉吐气，能够住在花园窗前，日日与美人画眉，耳鬓厮磨，这样的生活也很好啊。可惜，天下男子，往往是事业不成，美人难得，只得日日困守愁城，这人生真是让人疲惫啊。后面又说"《十眉》《十髻》两谣摹写尽致。点染生姿，捧读一过，令人喜动眉宇……登其堂，而浮太白，以介眉寿"。今天事业不成，美人无踪影，心情烦闷，但能读眉谱，也算是阅尽天下美人了，我们不如干一大杯，祝自己延年益寿，长命百岁吧。

又附了《跋》：

美人妆饰古今异，尚古人涂额以黄，画眉以黛。额之黄，殊不雅观，今人废之。良是第不如黛之色，浅深浓淡何若？大抵当如佛头青，然古又有纷白、黛绿之云，则是黛为绿色数寸之面，五色陆离，由今思之，亦殊近怪，岂古人司空见惯，遂觉其佳而不复以为异耶？噫！古之眉不可得而见矣，所可见者，今之眉耳。余意画眉之墨宜陈不宜新，陈则胶气解也。画眉之笔宜短不宜长，短则与纤指相称，且不致触于镜也。鄙见如此，安能起野君于九泉而质之。

心斋居士题

《十眉谣》这个附《跋》说出了作者的一个困惑，同时也陈述了一个眉史上的基本史实。那就是古时眉妆已经不可能完全恢复，也没有必要泥古复古。以唐代盛行的额黄配黛眉为例，在今人看来，色块过于浓重，五色陆离，不说花里胡哨，至少是有些招摇，已经不符合今时的淡雅悠远的审美趣味。应该把画眉的事还给画眉本身。这并不是说后世的画眉不考究，而是说应该在眉上和画眉的材料工具上下功夫做文章。比如，眉墨要用老墨，不用新眉墨，因为老墨经过时间沉淀，才能尽除其胶气。眉笔也要长短合宜，既要考虑画眉人的纤指长短，又要方便画眉人在眉眼与镜子之间婉转修眉画眉。

徐士俊《十眉谣》词曰：

一、鸳鸯
鸳鸯飞，荡涟漪；鸳鸯集，戢左翼。年几二八尚无良，愁杀阿侬眉际两鸳鸯。

二、小山
春山虽小，能起云头；双眉如许，能载闲愁。山若欲雨，眉亦应语。

三、五岳
群峰参差，五岳君之；秋水之纹波，不为高山之峨峨。岳之图可取贠，彼眉之长莫频皱。

四、三峰
海上望三山，缥缈生烟采。移作对面观，光华照银海。银海竭，三峰灭。

五、垂珠
六斛珠，买瑶姬。更加一斛余，买此双蛾眉。借问蛾眉谁与并，犹能照君前后十二乘。

六、月棱
不看眉，只看月。月宫斧痕修后缺，才向美人眉上列。

七、分梢
画山须画双髻峰，画树须画双丫丛，画眉须画双剪峰。双剪峰，何可拟。前梅梢，后燕尾。

八、烟涵

眉，吾语汝，汝作烟涵，侬作烟视。回身见郎旋下帘，郎欲抱，侬若烟然。

九、拂云

梦游高唐观，云气正当眉，晓风吹不断。

十、倒晕

黄者檀，绿者蛾，晓霞一片当心窝。对镜绾约覆纤罗，问郎晕澹宜倒么。

徐士俊《十眉谣》对眉妆的妆容妆法总结并无太多建树，但它较为充分地表现了文人的"眉趣"。眉语比附隐喻多用山水自然、银海烟霞、鸳鸯神女、古镜萧郎。

《十眉谣》附有《十髻谣》：

1. 凤髻（周文王时一名步摇髻） 有发卷然，倒挂么凤。侬欲吹箫，凌风飞动。
2. 近香髻（秦始皇时） 香之馥馥，云之鸟鸟。目然天生，膏沐何须。
3. 飞仙髻（王母降武帝时） 飞仙飞仙，降于帝前。回首髻光，为雾为烟。
4. 同心髻（汉元帝时） 桃叶连根，发亦如是。苏小西陵，歌声相似。
5. 堕马髻（梁冀妻） 盘盘狭髻，堕马风流。不及珠娘，轻身坠楼。
6. 灵蛇髻（魏甄后） 春蛇学书，灵蛇学髻。洛浦凌波，如龙飞去。
7. 芙蓉髻（晋惠帝时） 春山削出，明镜看来。一道行光，花房乍开。
8. 坐愁髻（隋炀帝时） 江北花荣，江南花歇。发薄难梳，愁多易结。
9. 反绾乐游髻（唐高祖时） 乐游原上，草软如绵。婀娜鬓多，春风醉眠。
10. 闹扫妆髻（唐贞元时） 随意妆成，是名闹扫。枕畔钗横，任君颠倒。

在中国古代化妆史中，《十髻谣》之于《十眉谣》是并行关系，它细分的时代未必可靠，但反映出文人研究妆容时清晰的历史时序的考量。

第四部

4

神 女 扬 蛾

中国古代文化想象中的仙子、神女、玉女各有其眉语，其中蕴含了中国女性的代表眉相。

《楚辞》展现了湘楚故地的眉妆眉谱，山鬼神女的蛾眉、曲眉、青色直眉，粉白黛黑，施芳美目；汉代神女的眉目描写注重气质神采，神女"扬娥微眄，悬藐流离"，洛神"云髻峨峨，修眉联娟"；上元夫人"眉语自笑"，虢国夫人淡眉游春，陶渊明"瞻视闲扬"为情而赋，王昭君百万不买写眉。从祖先、神女、贵妇到《红楼梦》《金瓶梅》中月画烟描的人间眉妆，都是中国女性的形象想象描画。

16. 楚辞多眉　蛾眉曼只

屈原写尽了楚国的大地春秋，楚辞中的女性形象如湘夫人、山鬼等等，是那么动人，但你很可能没想到，《楚辞》也是一部湘江楚地的风尚史，隐含着一部楚国故地的眉谱。

《楚辞·大招》中的"粉白黛黑"指的就是黑色画眉。眉色并非只有黑色，在唐代，眉色也有绿青色的，宋朝晏几道《六幺令》中也写到"翠眉宫样"。《楚辞·大招》这首诗写魂归故乡，诗中写到故国那些可爱又美丽的姑娘们跳着舞蹈，她们的眉毛各不相同，有的是细长的蛾眉，有的是弯弯的曲眉，还有的画着直眉；眉色呢，有黛黑，有青色，真是参差多彩。思故国之美，故国之美其中一点就是姑娘们很美。

诗曰：

魂乎归徕！听歌撰只。朱唇皓齿，嫭以姱只。比德好闲，习以都只。丰肉微骨，调以娱只。魂乎归徕！安以舒只。嫮目宜笑，蛾眉曼只。容则秀雅，稚朱颜只。魂乎归徕！静以安只。姱脩滂浩，丽以佳只。曾颊倚耳，曲眉规只。滂心绰态，姣丽施只。小腰秀颈，若鲜卑只。魂乎归徕！思怨移只。易中利心，以动作只。粉白黛黑，施芳泽只。长袂拂面，善留客只。魂乎归徕！以娱昔只。青色直眉，美目婳只。靥辅奇牙，宜笑嘕只。丰肉微骨，体便娟只。魂乎归徕！恣所便只。

从这段描写可知，楚国虽是中原之南国，但贵族女子的梳妆打扮，甚至歌姬舞女，在日常生活和公开活动中，与中原中心之地风气相交，画眉已是寻常习惯。换个角度来看，楚人尚巫，有断发文身的习惯，如果说画眉缘起文身，也不奇怪。姑娘们有胖有瘦，美目流波，青黑色的双眉，描画的是最流行的又弯又细又长的娟秀眉样。眉形多样，并非弯眉一种，也有黑色直眉的眉形。想来那时的女子画眉，也是根据自己的脸型、心情、偏爱和场合而决定的吧。

诗中"嫭目宜笑，蛾眉曼只""曾颊倚耳，曲眉规只""粉白黛黑，施芳泽只""青色直眉，美目婳只"，说的都是各色眉形。

"嫭目宜笑，蛾眉曼只"，说的是楚国最为流行的蛾眉。蛾，似蚕而细。"蛾眉"本身的形状是对蚕蛾触须的模仿，故而蛾眉是弯而长的细曲眉。河南信阳楚墓出土的木俑、湖南长沙楚墓出土的木俑，其眉都是一双弯弯的蛾眉。

"青色直眉"，也就是平直的眉形。"青色直眉，美目婳只"，是说平直的眉形，美丽的眼睛溢彩流光。

楚国的美人们在画眉前先修整天然的眉毛，再以石黛描画。她们使用的修眉工具主要有镊子、刮刀、丝线等，这些工具大多在考古资料中发现。画眉顺序是，先用剃刀和镊子修理眉形，接着用镊子把刮不干净的小杂毛一一拔掉，再以细齿篦子梳顺全眉眉势，最后再将眉毛画好。

《大招》是否屈原所作有所存疑，据后世学者考证，《大招》可能系秦汉时伪作。即便如此，也可知画眉之始不晚于秦。宋代高承《事物纪原》(卷三)认为，秦始皇宫中最先开始画眉，流传到宫外，从此流行到天下，这是画眉之初端。《事文类聚》有曰："汉宫人扫青黛蛾眉。"秦朝时间短，汉去秦不远，时代上下极近，延续了秦眉的风尚。

屈原的追随者，同样来自楚国的宋玉在《神女赋》中写道：

> 眸子炯其精朗兮，瞭多美而可视。眉联娟以蛾扬兮，朱唇的其若丹。

宋玉继承了屈子伟大的浪漫主义传统。他们笔下的女子都是那样神采照人，眉目高洁如神。屈子和宋玉书写的不是个体的、具体的某位女性，他们笔下的美丽女性都是故国的象征，高贵、高洁、神秘、神遇而难以目及，又气息流转，让人魂牵梦萦。神女之美，近观令人神魂颠倒，远望让人魂牵梦绕。

其赋曰：

> 上古既无，世所未见。瑰姿玮态，不可胜赞。其始来也，耀乎若白日初出照屋梁；其少进也，皎若明月舒其光。须臾之间，美貌横生。晔兮如华，温乎如莹。五色并驰，不可殚形。详而视之，夺人目精。其盛饰也，则罗纨绮缋盛文章，极服妙采照万方……夫何神女之姣丽兮，含阴阳之渥饰。被华藻之可好兮，若翡翠之奋翼。其象无双，其美无极。毛嫱鄣袂，不足程式；西施掩面，比之无色。近之既妖，远之有望。骨法多奇，应君之相。视之盈目……何可极言。貌丰盈以庄姝兮，苞温润之玉颜。眸子炯其精朗兮，瞭多美而可视。眉联娟以蛾扬兮，朱唇的其若丹。素质干之醴实兮，志解泰而体闲。既姽嫿于幽静兮，又婆娑乎人间。

美貌无双的神女，玉颜温润，骨相多奇，最妙在于"眸子炯其精朗兮，瞭多美而可视"，眼睛清朗有神。宋玉的《登徒子好色赋》同样广为传诵，赋中的东家之子大概就是华夏东方之子吧，她的标准画像是"眉如翠羽，肌如白雪；腰如束素，齿如含贝；嫣然一笑，惑阳城，迷下蔡"。一笑倾国的美人模板原来如此。眉如"翠羽"，翠羽喻眉也是很古老的说法。翠羽本意就是翠鸟的羽毛，因其独特的色彩和光泽，自古被广泛用于首饰、装饰和工艺品制作，因而也十分珍贵。这种利用翠鸟羽毛进行装饰的传统艺术，就是点翠工艺，它源于汉代，盛行于清代和民国时期。点翠工艺品有独特的高级美感和非凡的艺术价值，自古是皇家和贵族的奢侈品，也是文人墨客赞美的对象。现在点翠工艺基本上被禁止使用，只是留存作为一个传统文化遗产而保留。因为"点翠"过于血腥，需要生拔翠鸟的羽毛，以长期保留其鲜艳的翠彩，这是不人道的，也是反鸟类保护的。据说修复明代皇后的凤冠，就用了十万只翠鸟。现在仅有极少数传统戏曲表演大师的行头，因其特殊的历史文化属性和物质文化属性，还保留有翠羽装饰。翠羽作为眉毛的古老代指称名之一，也让人联想到南方的大河文化和早期的沼泽地理，是楚文化和南越文化一尾小小的吉光片羽。西晋傅玄《艳歌行·有女篇》诗曰：

有女怀芬芳，媞媞步东厢。蛾眉分翠羽，明目发清扬。丹唇翳皓齿，秀色若珪璋。巧笑露权靥，众媚不可详。令仪希世出，无乃古毛嫱。头安金步摇，耳系明月珰。珠环约素腕，翠羽垂鲜光。文袍缀藻黼，玉体映罗裳。容华既已艳，志节拟秋霜。徽音冠青云，声响流四方。妙哉英媛德，宜配侯与王。灵应万世合，日月时相望。媒氏陈束帛，羔雁鸣前堂。百两盈中路，起若鸾凤翔。凡夫徒踊跃，望绝殊参商。

　　又有《明月篇》曰：

皎皎明月光，灼灼朝日晖。昔为春蚕丝，今为秋女衣。
丹唇列素齿，翠彩发蛾眉。娇子多好言，欢合易为姿。
玉颜盛有时，秀色随年衰。常恐新间旧，变故兴细微。
浮萍本根无，非水将何依。忧喜更相接，乐极还自悲。

17. 神女扬蛾　修眉联娟

"神女"这一书写传统在后世延绵不绝。汉代王粲《神女赋》被认为是沿袭了宋玉的旧题,开篇说得尤为清楚:"惟天地之普化,何产气之淑真。陶阴阳之休液,育夭丽之神人。"神女乃天地孕育,"禀自然以绝俗,超希世而无群"。

《神女赋》曰:

> 惟天地之普化,何产气之淑真。陶阴阳之休液,育夭丽之神人。禀自然以绝俗,超希世而无群。体纤约而方足,肤柔曼以丰盈。发似玄鉴,鬓类云成。戴金羽之首饰,珥照夜之珠珰。袭罗绮之黼衣,曳缛绣之华裳。错缤纷以杂佩,袿熠爚而焜煌。退变容而改服,冀致态以相移。税衣裳兮免簪笄,施华的兮结羽仪。扬蛾微眄,悬藐流离。婉约绮媚,举动多宜。称诗表志,安气和声。探怀授心,发露幽情。彼佳人之难遇,真一遇而长别。顾大罚之淫怨,亦终身而不灭。心交战而贞胜,乃回意而自绝。

神女何如?曰:"扬蛾微眄,悬藐流离。"神女看你的眼神,是稍稍斜着眼睛看,从上向下,似看而非看,神魂飘游,若有所思的样子。

三国魏曹丕《答繁钦书》写美人舞乐,"振袂徐进,扬蛾微眄",曰:

……曲极数弹，欢情未遑，白日西逝，清风赴闱，罗帏徒祛，玄烛方微。……须臾而至，厥状甚美，素颜玄发，皓齿丹唇。详而问之，云善歌舞，于是振袂徐进，扬蛾微眺。芳声清激，逸足横集，众倡腾游，群宾失席。然后修容饰妆，改曲变度，激《清角》，扬《白雪》，接孤声，赴危节。于是商风振条，春鹰度吟，飞雾成霜。

宴会上，歌姬弹奏了好多曲目，但大家仍然未能尽兴。主角孙锁终于来到，只见她不施朱粉、黑发飘飘、牙齿洁白、嘴唇红润，跳起舞来裙带飘舞飞扬，眼神顾盼流光，倡优不觉起身观看，宾客也不觉失去了常态。

"扬蛾微眺"和上文的"扬蛾微眴，悬藐流离"相类似。"扬蛾微眺"像是简笔画，"扬蛾微眴，悬藐流离"则是细描。

《艺文类聚》卷七十九，同时还收有陈琳、杨修各一篇《神女赋》。《太平御览》收有应玚所作《神女赋》。南北朝沈约《湘夫人》曰：

潇湘风已息，沅澧复安流。扬蛾一含睇，嫵媚好且修。捐玦置澧浦，解佩寄中洲。

南朝梁锺嵘《〈诗品〉序》："女有扬蛾入宠，再盼倾国。""扬蛾"成了最简版的标准神女微表情。"扬蛾"与"低眉"相对，女性之精神分野也在眉上。

"云髻峨峨，修眉联娟"出自曹植《洛神赋》。"彼何人斯，若此之艳也？"宓妃如何美？"翩若惊鸿，婉若游龙。"这说的是其形。除了那些美则美矣的抽象描写，具体的形貌如此：

肩若削成，腰如约素。延颈秀项，皓质呈露。
芳泽无加，铅华弗御。云髻峨峨，修眉联娟。
丹唇外朗，皓齿内鲜。明眸善睐，靥辅承权。

分别描述了肩、腰、颈项、皮肤、发髻，眉毛，嘴唇、牙齿、眼睛、酒窝、下巴。需要说明的是，这里的"云髻峨峨，修眉联娟"，无论是高耸的发髻，还是长长弯弯的眉毛都是天生天然的。因为"芳泽无加，铅华弗御"，洛神是不需要化妆，而天然无缺。联娟，微屈的样子，洛神有着修长而微微弯曲的秀眉。

赋中还有一处写到眉毛，而且是极易被一般读者忽视的。那就是写洛神和我分别离开时的那一段，清扬为眉目，回清扬，就是回眸。其赋曰：

> 于是屏翳收风，川后静波。冯夷鸣鼓，女娲清歌。腾文鱼以警乘，鸣玉鸾以偕逝。六龙俨其齐首，载云车之容裔。鲸鲵踊而夹毂，水禽翔而为卫。于是越北沚，过南冈，纡素领，回清扬。动朱唇以徐言，陈交接之大纲。

这段翻译成白话也很优美：在这时风神屏翳收敛了晚风，水神川后止息了波涛，冯夷击响了神鼓，女娲发出清泠的歌声。飞腾的文鱼警卫着洛神的车乘，众神随着叮当作响的玉鸾一齐离去。六龙齐头并进，驾着云车从容前行。鲸鲵腾跃在车驾两旁，水禽绕翔护卫。车乘走过北面的沙洲，越过南面的山冈，洛神转动白洁的脖颈，回过清秀的眉目，朱唇微启，缓缓地陈诉着往来交接的纲要。

18. 眉语自笑　瞻视闲扬

"愿在眉而为黛，随瞻视而闲扬。"眉为情定之象征，这是中国文化中眉语的一个古典意象，也是中国女子的一个定格形象。

本句出自陶渊明《闲情赋并序》，陶渊明在序中说：从前张衡写过《定情赋》，蔡邕写过《静情赋》，在这两赋之后，就再没有尽情尽性的歌颂爱情的诗赋了，我在田舍隐居多年有闲，今天我就来写一篇酣畅淋漓的爱情诗篇吧。在这篇赋中，陶渊明真的做到了敞开胸怀，也是他唯一一次为爱情放声歌唱。首先，称赞自己的爱人是一个绝世美女，"夫何瑰逸之令姿，独旷世以秀群，表倾城之艳色"——绰约风姿多么瑰丽飘逸，她与众不同、秀丽绝伦，美貌可谓倾城倾国、绝艳殊色。其中最著名的部分就是用了十个排比来比拟爱情。让我们看到陶渊明在冲淡自然和怒目金刚两种风格之外的另一种风格，一种越名教任自然的浓艳抒情。这十个排比是这样的：

愿在衣而为领，承华首之余芳……愿在裳而为带，束窈窕之纤身。

愿在发而为泽，刷玄鬓于颓肩……愿在眉而为黛，随瞻视以闲扬。

愿在莞而为席，安弱体于三秋……愿在丝而为履，附素足以周旋。

愿在昼而为影，常依形而西东……愿在夜而为烛，照玉容于两楹。

愿在竹而为扇，含凄飙于柔握……愿在木而为桐，作膝上之鸣琴。

陶渊明说，我愿意做你的衣服上的衣领，衬托你的颈脖；我愿意做你衣服上的腰带，环抱着你的腰肢；我愿意做你青丝上的发膏，让你发丝顺滑；我愿意做你画眉的螺钿，随你眼波流转；我愿意做你的席子，让你安眠；我愿意做你的丝履，紧紧包裹着你的玉足；我愿意做你白天的影子，随时跟随你；我在夜里，愿意做你的烛光，照亮你美丽的容颜；我愿意做你的竹扇，给你带来清凉；我愿你做的桐木之琴，在你膝上为你歌唱。本篇命名为《闲情赋》，却未必闲情，如果我可以为之命名的话，我更愿意叫它《十愿赋》。

《花间集》中写眉的句子也很多，有的还将眉形写得很清楚，如韦庄《女冠子》语"频低柳叶眉"，温庭筠《南歌子》语"连娟细扫眉"，等等。

韦庄《江城子·髻鬟狼藉黛眉长》写欢会之后的急别，鬓发杂乱，却长眉不断，是清秀的女子无疑。词曰：

> 髻鬟狼藉黛眉长，出兰房，别檀郎。角声呜咽，星斗渐微茫。露冷月残人未起，留不住，泪千行。

温庭筠词极流丽，《菩萨蛮·小山重叠金明灭》为《花间集》五百词之冠。其词曰：

> 小山重叠金明灭，鬓云欲度香腮雪。懒起画蛾眉，弄妆梳洗迟。照花前后镜，花面交相映。新着绮罗襦，双双金鹧鸪。

"小山"指眉的形状如小山。"蛾眉"是照应首句之"小山"，那么蛾眉也是指小山眉。蛾眉的形状，尽管有释为细长形的，但也有释作如蝉蛾之翅膀形状的、类似椭圆形的。本词中之蛾眉即是指后者，状如飞蛾的翅膀，短而阔，类似椭圆形。由于形状中间高两端小，看似亦如小山，诗词中的"眉山"多指状如小山，所以，前人所说的小山眉是指状如小山的眉。小山眉的名称由其形状得来，久而久之成为眉的名称了。本词中的小山和蛾眉是互文，也是指小山眉。

温庭筠词《归国遥·双脸》写美女"黛眉山两点"，词曰：

双脸，小凤战蓖金飐艳。舞衣无力风敛，藕丝秋色染。
锦帐绣帏斜掩，露珠清晓簟，粉心黄蕊花靥，黛眉山两点。

五代词人魏承班词《菩萨蛮·罗裾薄薄秋波染》写美人"眉间画时山两点"，宴席上与情人目接秋波，宴会结束时，又主动邀请情人入兰房，解佩珰，共赴巫山云雨。词曰：

罗裾薄薄秋波染，眉间画时山两点。相见绮筵时，深情暗
共知。翠翘云鬓动，敛态弹金凤。宴罢入兰房，邀人解佩珰。

以上两词都是用"两点"来形容眉形，显然就是指小山形状的眉，也就是蛾眉。

由于蛾眉的形状，所以唐人在形容蛾眉的时候，常用画、晕、扫这样的字眼，也说明蛾眉形状比较粗短、椭圆，需要画其形状，再填充其中间部分。

唐代诗人张谔五言诗《岐王席上咏美人》写美人"半额画双蛾，盈盈烛下歌"，诗曰：

半额画双蛾，盈盈烛下歌。玉杯寒意少，金屋夜情多。
香艳王分帖，裙娇敕赐罗。平阳莫相妒，唤出不如他。

元稹《恨妆成》写"凝翠晕蛾眉，轻红拂花脸"，"晕"即晕染，如果眉形细长就不必晕染了，而蛾眉眉形短而阔，如蛾翅，显然只能晕染。《恨妆成》诗曰：

晓日穿隙明，开帷理妆点。傅粉贵重重，施朱怜冉冉。
柔鬟背额垂，丛鬓随钗敛。凝翠晕蛾眉，轻红拂花脸。
满头行小梳，当面施圆靥。最恨落花时，妆成独披掩。

而白居易《妇人苦》中"蝉鬓加意梳，蛾眉用心扫"之"扫"蛾眉，与"晕"蛾眉的手法相似，皆是形容描画短而阔之眉形。

此外，白居易《新妇石》写到"蝉鬓一梳千岁髻，蛾眉长扫万年春"，也说扫眉。《新妇石》诗曰：

> 堂堂不语望夫君，四畔无家石作邻。蝉鬓一梳千岁髻，蛾眉长扫万年春。
> 雪为轻粉凭风拂，霞作胭脂使日匀。莫道面前无宝鉴，月来山下照夫人。

唐人刘皂《长门怨三首》其三也是写"扫"蛾眉。诗曰：

> 蝉鬓慵梳倚帐门，蛾眉不扫惯承恩。旁人未必知心事，一面残妆空泪痕。

至于说小山眉又称远山眉，是有人据《西京杂记》形容文君"姣好，眉色如望远山"而来，认为小山眉细而长，但其实仔细品味上述记载，"眉色如望远山"的词眼是"眉色"之"色"，是形容眉毛的颜色望去就像远山的颜色一样，并不是指眉毛的形状。《花间集》中涉及的相关例证，也都是指颜色，如温庭筠《菩萨蛮》有"眉黛远山绿"，韦庄《谒金门》有"远山眉黛绿"。所以小山眉形并不是细而长，不等同于远山眉，也可能只是眉色如山翠天青的细长眉。

温庭筠《菩萨蛮·雨晴夜合玲珑日》中的女子应该也是画着翠眉，青翠的远山、春水与眉色同。词曰：

> 雨晴夜合玲珑日，万枝香袅红丝拂。闲梦忆金堂，满庭萱草长。
> 绣帘垂簶簌，眉黛远山绿。春水渡溪桥，凭栏魂欲销。

韦庄《谒金门》词曰：

> 春漏促，金烬暗挑残烛。一夜帘前风撼竹，梦魂相断续。
> 有个娇娆如玉，夜夜绣屏孤宿，闲抱琵琶寻旧曲，远山眉黛绿。

娥眉和蛾眉有时候是混用的，但要细加分别的话，完全是不同的两种眉形。娥眉一般是指中国古典眉形的基本款，即细长的弯眉；蛾眉则特指和蚕蛾相比的眉形，这里有一个分歧，一说蛾眉如蚕蛾的触须，一说如蚕蛾的翅膀。这个问题也很好解决：当蛾眉和娥眉互用互指时，是指长蛾眉；当蛾眉用作特指，不和娥眉等同混用时，指形貌如蚕蛾翅膀的眉形。至于说，蛾眉是指像蚕蛾的触须，大概率是流传过程中的望文生义。

特指的蛾眉的形既然状如蛾翅一般，近椭圆形，很可能就是指晚唐比较流行的眉形——桂叶眉。其形状就是《簪花仕女图》中仕女的眉形。宋代传奇《大业拾遗记》里说"绛仙善画长蛾眉。（炀）帝色不自禁，回辇召绛仙……擢为龙舟首楫，号曰'崆峒夫人'。由是殿脚女争效为长蛾眉"。这里两次出现的准确表述都是——"长蛾眉"，从专门加注"长"字这个细节可以知道，特指的蛾眉本身并不是长眉眉形，应该就是如蛾子翅膀一样的，如蛾翅般椭圆形，也就是桂叶眉的形状。

中晚唐以后，蛾眉即桂叶眉成为妆容流行新趋向。李贺、李商隐诗中都有写到。李贺五言古体诗《恼公》写女子之眉"注口樱桃小，添眉桂叶浓""月分蛾黛破，花合靥朱融"。注意细节，"添眉"而不是画眉，这就说明桂叶眉的形貌很可能是圆浓的色块，而且不是细长的，那么画桂叶眉就像是填充图形一样，而不是细细地勾画。

《恼公》一诗，是李贺诗中少有的以浓词丽笔写冶游情事的作品，诗中至少有"添眉桂叶""月分蛾黛""含水弯蛾翠"等七八处"眉妆""眉语"。

李商隐《深宫》诗云："狂飙不惜萝阴薄，清露偏知桂叶浓。"其中"桂叶浓"也是说桂叶眉浓。李商隐以露珠之晶莹圆润形容女子桂叶眉之圆润浓密。仅就李商隐的《深宫》和李贺的《恼公》这两首诗而言，似乎是诗人和作品错位了。《深宫》

一诗倒更像是李贺的风格,想象奇诡。李商隐在诗中对宫殿中的清雅神幽之美极尽幻想,到底还是对庙堂功名不能忘怀。
《深宫》诗曰:

>金殿销香闭绮栊,玉壶传点咽铜龙。狂飙不惜萝阴薄,清露偏知桂叶浓。斑竹岭边无限泪,景阳宫里及时钟。岂知为雨为云处,只有高唐十二峰。

这些唐代名家诗文辞章对桂叶眉的描述,都间接说明桂叶眉的形状是如蛾翅般短而椭圆的。小山的形状、蛾翅的形状、桂叶椭圆的形状,都指向同一方向——桂叶眉。

在唐代的眉谱中,小山眉是基本眉妆十二式之一,远山眉不在此列。远山眉只是基于卓文君画眉传说的一种笼统表达。此时段的小山眉和蛾眉、桂叶眉类似,形状为椭圆形,不同于明清和欧美流传颇为长久的细长眉,只便描画,椭圆眉形有了设色的空间,因而这类眉式流行时,普遍眉色浓厚,视觉上很有冲击力。后世面妆和服饰全面发展,在全身的妆容表达上,审美语言有了更多空间和手段,对眉妆的倚重下降了。从而,桂叶眉等粗团状的眉形就从鲜明夺目变成突兀冒失了,逐步退出时尚的潮流。

眉色的表达,也反映在唐代诗词中。温庭筠词中常用眉色浅淡来形容女子忧愁或情绪不高,如《菩萨蛮·杏花含露团香雪》中有句"妆浅旧眉薄",词曰:

>杏花含露团香雪,绿杨陌上多离别。灯在月胧明,觉来闻晓莺。
>玉钩褰翠幕,妆浅旧眉薄。春梦正关情,镜中蝉鬓轻。

《菩萨蛮·竹风轻动庭除冷》中有"两蛾愁黛浅"句,也是写眉色浅,乃因春恨思故国,忘记了添画眉粉,而使蛾眉色淡。词曰:

>竹风轻动庭除冷,珠帘月上玲珑影。山枕隐秾妆,绿檀金凤凰。
>两蛾愁黛浅,故国吴宫远。春恨正关情,画楼残点声。

《更漏子·玉炉香》说漏液孤枕秋思不绝,翠眉眉粉脱漏,故而"眉翠薄,鬓云残",黛薄色浅。词曰:

玉炉香,红蜡泪,偏照画堂秋思。眉翠薄,鬓云残,夜长衾枕寒。
梧桐树,三更雨,不道离情正苦。一叶叶,一声声,空阶滴到明。

《清平乐·上阳春晚》写上阳宫中"宫女愁蛾浅",或是愁深忘眉,或是纵然添画蛾眉,也难续欢情,不如浅眉慵妆自遣,此情同以上诸词,词曰:

上阳春晚,宫女愁蛾浅。新岁清平思同辇,争奈长安路远。
凤帐鸳被徒熏,寂寞花琐千门。竞把黄金买赋,为妾将上明君。

《更漏子·相见稀》写到"眉浅澹烟如柳",就比较隐晦了,未必是眉色实写。词曰:

相见稀,相忆久,眉浅澹烟如柳。垂翠幕,结同心,待郎熏绣衾。
城上月,白如雪,蝉鬓美人愁绝。宫树暗,鹊桥横,玉签初报明。

其他,温庭筠《遐方怨》的"宿妆眉浅粉山横",牛峤《应天长》的"双眉澹薄藏心事"等眉语也写到小山眉、蛾眉、桂叶眉等团眉的眉色。其中,"两蛾愁黛浅""宫女愁蛾浅"等描写,明确是指蛾眉。蛾眉团圆如蛾翅、如桂叶,新画的蛾眉新丽浓重,只是时间长了,粉落黛残,女子又无心打理,眉色变浅,就如眉上的粉黛变薄了一样。所以说,眉浅、眉薄常暗指宿妆、残妆,表现女子情绪不高,内心忧愁,没有心情画眉。而眉浅的反义是眉浓,这眉浓中,有一部分眉形应该就是蛾眉,也就是"添眉桂叶浓"。

温庭筠《河传·湖上》写谢娘翠眉也应是同款眉色,词曰:

> 湖上,闲望。雨萧萧,烟浦花桥路遥。谢娘翠蛾愁不销,终朝,梦魂迷晚潮,荡子天涯归棹远,春已晚,莺语空肠断,若耶溪,溪水西,柳堤,不闻郎马嘶。

谢娘,此指游春女。谢娘成为美女的代指之一,出自《唐音癸签》,曰:"李太尉德裕有美妾谢秋娘,太尉以华屋贮之,眷之甚隆;德裕后镇浙江,为悼亡妓谢秋娘,用炀帝所作《望江南》词,撰《谢秋娘曲》。"

唐代韦庄有一曲《木兰花》:

> 独上小楼春欲暮,愁望玉关芳草路。消息断,不逢人,却敛细眉归绣户。
> 坐看落花空叹息,罗袂湿斑红泪滴。千山万水不曾行,魂梦欲教何处觅?

唐代牛峤《菩萨蛮·舞裙香暖金泥凤》写"眉剪春山翠","剪",是新奇的表达,词曰:

> 舞裙香暖金泥凤,画梁语燕惊残梦。门外柳花飞,玉郎犹未归。
> 愁匀红粉泪,眉剪春山翠。何处是辽阳,锦屏春昼长。

五代张泌《浣花溪上见卿卿》对话情挑,眉黛"轻",一个"轻"字用得刚刚好,笑语如在眼前,词曰:

> 浣花溪上见卿卿,眼波明,黛眉轻。绿云高绾,金簇小蜻蜓。好是问他:"来得么?"和笑道:"莫多情。"

愿在眉而为黛,随瞻视而闲扬。从陶渊明到以上各位诗人的眉愿眉景,或清新脱俗,或粉香脂腻,但其中的两性对位是亲切和谐与相互尊重的。古代传统中,也有一些文化潜意识,看起来很美,骨相里却有些冷漠的东西。比如,《后汉书·梁鸿传》中记载的举案齐眉的故事。

《梁鸿传》出自《后汉书·逸民列传》,为梁鸿作传,因他是藐视富贵、不慕名利的隐士。梁鸿的个性中最为显著的特点便是诚心和高洁。他不趋势利,娶与自己志同道合的孟氏丑女为妻,为后世所称道。他的《五噫歌》,讥讽豪强贵族奢华的生活,感叹百姓的生活艰辛,极其难能可贵。举案齐眉是梁鸿与妻子生活中的一个场景。

《梁鸿传》的大意是说,梁鸿的父亲早早去世。梁鸿家贫爱学,又特别有气节。梁鸿一边读书,一边养猪为生。一次不小心引火烧了邻居家的房子,梁鸿主动找上门去赔偿。梁鸿用尽家产赔偿,仍不能令主人满意,于是自愿为奴身偿。即便为奴,梁鸿仍然保持勤勉,劳作没有懈怠。周围的人都很惊讶,认为他是一个高义之人。梁鸿从此有了名声,主人家要归还他的猪,梁鸿没有接受,自己回到了乡下生活。

当地有势力的人家仰慕梁鸿的高尚节操,想要把女儿嫁给他,梁鸿都谢绝不娶。同县孟姓人家有个女儿,身材肥胖丑陋,皮肤黝黑,力气很大,能举起石臼,年龄都到三十岁了,还没有匹配婚嫁。父母问她为什么不嫁,回答说:"我要嫁就嫁像梁鸿那样有贤德的人。"梁鸿听到消息,认为这女子就是他要娶的人,就来下了聘礼。孟家女请求父母制作粗衣草鞋和劳作的筐绳等工具,备为嫁妆。等到出嫁,孟家女梳妆打扮进了门。过门七天梁鸿都不搭理她,孟家女跪在床下对梁鸿说:"我私下听说您节义高尚,斥退了好几个女子。而我选择夫婿,也心气很高,瞧不上那些凡夫俗子。现在我向您请罪,询问是什么原因,见弃于您。"梁鸿说:"我要娶的是喜欢穿粗布衣服,可以同我一起到深山隐居的女子。你穿着绮丽的绢绸衣服,涂脂抹粉,这哪里是我的理想伴侣呢?"孟家女就重新梳起朴素的锥形发髻,穿上粗布衣服,在梁鸿身边操持家务。梁鸿非常高兴,说:"这真是我梁鸿的妻子啊,能够服侍我!"于是给她取名为"孟光",还按照君子的习惯,赐字给妻子叫"德曜"。梁鸿夫妇共同到霸陵山中和吴地，以耕织为业，或做工舂米，咏诗书，弹琴以自娱。每当回家时，妻子就准备好食物，从不直接仰视梁鸿，低头把盛食物的托盘举得跟眉毛一样高。就这样过了一辈子。梁鸿去世后，妻子便回到了扶风老家，为他守寡终身。

举案齐眉的故事，在今天的读者看来，尤其是女性读者眼里，一定有不同的解读。这也是一个无眉之眉的故事，眉，象征女性的自我与人格尊严。梁鸿娶妻的标准，是丑，素衣粗食，愿意陪他隐居。从传记记载可见，梁鸿因为新婚的孟氏鲜衣盛妆，就七天不理睬新嫁娘，这是寡情的表现之一。梁鸿以貌取人，虽然是取貌之丑，但刻意为之，且不能体察妻子的内心，让人疑心他隐居是假，博取名声，想走终南捷径是真，这是寡情之二。梁鸿一看见丑妻换了粗布麻衣，就高兴起来，还以"德曜"和"光"赐字赐名给孟氏，孟光因此得名，其中男权教诲的味道浓重，这是寡情之三。一起耕织隐居，生活平淡，内心安宁喜悦。但夫妻平等，孟光日日侍奉，举案齐眉，目不敢仰视，把相敬如宾强调得过头了，哪里还有夫妻日夜相守的蜜意柔情，不如南北朝萧纲写"夫婿恒相伴"的温情与自在。

萧纲的《咏内人昼眠诗》曰：

> 北窗聊就枕，南檐日未斜。攀钩落绮障，插捩举琵琶。梦笑开娇靥，眠鬟压落花。簟文生玉腕，香汗浸红纱。夫婿恒相伴，莫误是倡家。

可知天下女子，纵然爱一个男子，也当是，愿为眉与黛，不作举案人。举案齐眉人不堪看，如果给中国人心目中的"玉女"作标准画像，眉语传笑是美好人性的属性之一。

李白是诗仙，对神女的想象，也与众不同。李白在神话遐想的《上元夫人》一诗中写道：

> 上元谁夫人？偏得王母娇。嵯峨三角髻，余发散垂腰。裘披青毛锦，身著赤霜袍。手提嬴女儿，闲与凤吹箫。眉语两自笑，忽然随风飘。

上元夫人是西王母的小女儿，自称阿环，居住三重天宫中的上元宫，统管着天界里的十万玉女。"嵯峨三角髻，余发散垂腰。""眉语两自笑，忽然随风飘。"李白的诗描述的是中国人对美好女性的共同想象，眉目有情是女性美的基本特征之一。

有意思的是，宋代人编的俗文化大书《太平广记》，记载的上元夫人的标准像，也是中国传统"玉女"的标准像，是一种民族无意识的"玉女"想象：

夫人年可二十余，天姿精耀，灵眸绝朗，服青霜之袍，云彩乱色，非锦非绣，不可名字。头作三角髻，余发散垂至腰，戴九云夜光之冠，曳六出火玉之佩，垂凤文林华之绶，腰流黄挥精之剑。

这是一副标准的仙女像。上元夫人头顶挽着高高的三角髻，散发齐腰飘动，最动人的还是她的眉毛像是会说话，多情灵动，一派仙气飘飘。

李白对上元夫人的"标准像"想象，带有道家和神仙教的气质。而屈原浪漫主义气息浓重的女性想象中，则有山野自然的原始、信鬼好祠巫楚之风，共同构成了一个民族性的女性想象。

19. 千红一哭　百万写眉

也有专门为班婕妤这类高洁的女性而作的眉语书写，虽然她们不是仙女和神女，但她们是嵌入中国历史和文化的、才华与美貌、美德并存的女性。关于她们的眉语，是另一种眉的文化意象。

"蛾眉"（与"娥眉"互指）源出蚕蛾触须细长而弯曲，用以比喻女子美丽的眉毛。中国是蚕桑丝绸的国度，以蛾喻眉，这是鲜明古老的中国渊源。蛾眉即美人，如南北朝陆厥的《南郡歌》曰：

> 江南可采莲，莲生荷已大。旅雁向南飞，浮云复如盖。望美积风露，疏麻成襟带。双珠惑汉皋，蛾眉迷下蔡。玉齿徒粲然，谁与启含贝。

用蛾眉借指女子容貌的美丽，最初只是女性的代指，是屈原的《离骚》让"蛾眉"具有仙颜的内涵。所谓仙颜，就是绝美的容颜和高洁的品质。屈原《离骚》有云："众女嫉余之蛾眉兮，谣诼谓余以善淫。"

《前汉·扬雄传》说，扬雄为屈原的高洁而感动，但不赞同屈原为理想政治不能实现就自杀的行为。扬雄更赞成司马相如的人生取舍，以为君子得时则大行，不得时则龙蛇，遇不遇，命也。因而，扬雄说："闺中容竞淖约兮，相态以丽佳，知众嫭之嫉妒兮，何必扬累之蛾眉？"——女子们攀比姿容绰约，仪态万种，美女们互相嫉妒，您何必皱起蛾眉？

南北朝萧纲的《怨歌行》是萧纲拟作班婕妤的诗作而写。

其《怨歌行》曰：

十五颇有余，日照杏梁初。蛾眉本多嫉，掩鼻特成虚。
持此倾城貌，翻为不肖躯。秋风吹海水，寒霜依玉除。
月光临户牖，荷花依浪舒。望檐悲双翼，窥沼泣前鱼。
苔生履处没，草合行人疏。裂纨伤不尽，归骨恨难袪。
早知长信别，不避后园舆。

这篇歌行里把"蛾眉多嫉"和"掩鼻成虚"两个典故放在了一起，后者语出《韩非子·内储说下》，讲郑袖为了争宠，假意跟魏王新宠王美人说：大王喜欢美人掩鼻的娇羞姿态。王美人欣然照做，郑袖却给魏王说：王美人嫌弃大王身上的气味，心有厌恶，所以频频掩鼻。于是，王美人被杀，郑袖重得宠信。郑袖为了争宠，不可谓不歹毒。后世就以"掩鼻成虚"作为女子之间进谗离间的典故。

王昭君的故事也是"蛾眉多嫉"的一个典型案例，历代歌咏很多。隋代薛道衡《昭君辞》写昭君因为没有收买画师，被画师画像时丑化，因而失宠，被送到匈奴和亲。蛾眉、长安、君恩、关山、莲脸、汉宫，这是一套完整的经典叙事话语。

唐代白居易《湖上醉中代诸妓寄严郎中》一诗是文人士大夫，借蛾眉——歌姬——的笙歌杯酒，问长安的青云路，满篇男女，却并无半点闺阁情义。诗曰：

笙歌杯酒正欢娱，忽忆仙郎望帝都。借问连宵直南省，何如尽日醉西湖。
蛾眉别久心知否，鸡舌含多口厌无。还有些些惆怅事，春来山路见蘼芜。

唐代沈佺期《相和歌辞·王昭君》也是写昭君事，和几乎所有写昭君的歌诗一样，"蛾眉多嫉"在本文中也是必用典故，其诗曰：

> 非君惜鸾殿，非妾妒蛾眉。薄命由骄虏，无情是画师。
> 嫁来胡地恶，不并汉宫时。心苦无聊赖，何堪上马辞。

眉妆也会被污名化，成为中国古代"女色"话语的一部分，蛾眉多嫉，蛾眉误国，这种说法已经成为中国男性的集体无意识。古谚说"蛾眉皓齿，伐性之斧"，意思是妖艳的美女就像是砍伐性命的斧子，指女色的危害。"蛾眉皓齿"出自司马相如的《美人赋》，只是早已偏离了它的本义，这倒是足够反讽的。司马相如的《美人赋》本意是以美人艳遇而洁身自好为喻，向汉武帝表明心迹，说明自己受到诽谤而不改高洁的初心。汉赋的一大特点就是华丽铺排，劝百而讽一。《美人赋》也一样，本意是为了彰显美色不能动我心，但司马相如笔力雄奇，想象浪漫，赋中语言清丽华妙，调动多种感官来完成对美女的铺写，充满太多诱惑，让人不由得心驰神往。司马相如自拟的坚决抵抗美色诱惑的形象，不近人情，反而近乎虚伪，堪称中国文人士大夫矫揉虚饰的灵魂画像。赋曰：

> 司马相如，美丽闲都，游于梁王，梁王悦之……臣之东邻，有一女子，云发丰艳，蛾眉皓齿，颜盛色茂，景曜光起……有女独处，婉然在床。奇葩逸丽，淑质艳光……皓体呈露，弱骨丰肌。时来亲臣，柔滑如脂。臣乃脉定于内，心正于怀，信誓旦旦，秉志不回。翻然高举，与彼长辞。

沈满愿是南北朝的才女，出身高贵，是左光禄大夫沈约的孙女。沈满愿对昭君的沉浮遭际有更多的女性间的感同身受，沈满愿的《王昭君叹二首 其一》曰：

> 早信丹青巧，重货洛阳师。千金买蝉鬓，百万写蛾眉。

很多时候，人设和声誉不是我们自己所能控制和选择的。

千红一哭，万艳同眉。

20. 红楼金瓶　月画烟描

愁眉是很有意思的一款眉形。翠颦红敛，不过是美人皱眉，娇花含恨。

说起美人，林黛玉是中国贵族女子高贵美的典范，至于林妹妹是否可亲可爱，这是另一个问题，虽然仁者见仁，各花入各眼，但真正读懂红楼的男子，大概没人会不爱林妹妹。说起林妹妹，就免不了要说起黛玉眉间的这个"颦"字。

东施效颦其实是一种眉语。东施所效之"颦"，是一种叫作病眉或是愁眉的眉样。颦是把眉头皱起来，是一种病态美。具有这种相貌特征的女子，在唐朝以前极为少见，知名的只有西施一人，东施效颦，焦点在眉上。唐朝之后愁眉妆广泛见于青楼女子当中。涉及这些眉毛颦蹙的青楼女子的诗词、图画比比皆是。

李白、李涉、唐寅都有非常优美的诗篇传世，李白有一首《怨情》诗曰：

美人卷珠帘，深坐颦蛾眉。但见泪痕湿，不知心恨谁？

唐代诗人李涉《听歌》诗中说得明白，眉毛皱到何种程度，可以称为"颦眉"？——愁煞人也，诗曰：

飒飒先飞梁上尘，朱唇不动翠眉颦。愿得春风吹更远，直教愁杀满城人。

明代四大才子之首的唐寅的《一剪梅·雨打梨花深闭门》中，"愁聚眉峰"用典，语出宋王观《卜算子·送鲍浩然之浙东》"水是眼波横，山是眉峰聚"句。词曰：

> 雨打梨花深闭门。孤负青春，虚负青春。赏心乐事共谁论？花下销魂，月下销魂。
>
> 愁聚眉峰尽日颦。千点啼痕，万点啼痕。晓看天色暮看云。行也思君，坐也思君。

诗画闻名，而与唐寅、文徵明、仇英并称"明四家"的沈周也有"眉山"之喻，沈周《过湖偶书》诗曰：

> 薄暮及东泛，眼豁连胸臆。净碧不可唾，百里借秋拭。
> 远树水光上，出没似空植。疏处方渺然，山黛一眉塞。
> 夕阳掩半面，云浪为风勒。便以湖作纸，欲画手莫即。
> 见瞥况难谛，历多何暇忆。舟子无雅情，双橹斗归力。

唐寅《漫兴十首》之六更为黛玉的名、字、别号提供了可寻之迹。全诗如下：

> 平康巷陌倦游人，狼藉桃花病酒身。短梦风尘千里笛，多情弦索一床尘。
> 黄金谁买长门赋，黛笔难描满额颦。惟有所欢知此意，共烧高烛赏余春。

"颦"和"蹙"都是皱眉，在中国古代女子仪态描写中，成了刻板印象。如对西施掩心的描写，对林黛玉眉态的勾画，都是常例下的细节特写。这种具有"颦蹙"相貌特征的女子在唐朝以及唐朝之后的青楼女子当中何其多见。所以宝玉戏称黛玉为"颦颦"，也是因为黛玉天生一双愁眉。这里还提到了"平康巷陌"，平康坊是唐代最有名的官妓教坊，也被用作青楼妓院的代指，后面专题细说。

钱易，宋真宗朝进士，才思敏捷，木秀于林，惜材大难为

用。有《蝶恋花》写美人翠眉颦愁不语,如自剖心迹。词曰:

一枕闲欹春昼午。梦入华胥,邂逅飞琼作。娇态翠颦愁不语。彩笺遗我新奇句。

几许芳心犹未诉。风竹敲窗,惊散无寻处。惆怅楚云留不住。断肠凝望高唐路。

《警世通言》是冯梦龙"三言"中的第二部,其中多是以婚姻爱情为主题的话本故事。第十卷《钱舍人题诗燕子楼》开篇定场诗,用了"翠颦"这个惯常意象,以喻愁绪。曰:

烟花风景眼前休,此地仍传燕子楼。鸳梦肯忘三月蕙?翠颦能省一生愁。柘因零落难重舞,莲为单开不并头。娇艳岂无黄壤瘗?至今人过说风流。

这一卷写的是唐代名伎关盼盼的演义故事,有趣的是这里面有关乎关盼盼和白居易的一桩公案。关盼盼是工部尚书张愔宠爱的歌妓,张愔和白居易是好友,所以历史上,白居易和张愔交往时,和关盼盼实有交集。张愔去世后,白居易一为吊唁亡人,二为安慰友人的遗孺,曾因为关切关盼盼的生活,而同故人有三首诗的唱和。这些都写进了话本传奇中,只不过把诗文唱和改为了关白之间的直接对话,把白居易写的诗改为关盼盼所写了。这段故事在历代流传中,从南宋开始,逐渐演化成了一桩诗文公案。

这桩公案中,有白居易暗示关盼盼为亡夫殉情,关盼盼最后无奈绝食而死的情节。这一说法最早出现在南宋计有功的《唐诗纪事》中,后来被挪用到演义中,民间从此有了白居易逼死关盼盼的传说。

此外,《红楼梦》和《金瓶梅》是中国古典小说的巅峰代表之作,文中塑造了众多女性形象。红楼中写的是大观园中的贵族女子,《金瓶梅》写的是开封市井中的风尘女子,其中也多有眉相的描写,可以各观其命运和气质。

第五部

5

山　水　眉　语

中国传统文化中的眉语多和山水互喻，有着丰富的自然眉相。

中国古人写眉毛，多以山水相喻，把眉毛比作远山、青山、新月、柳叶，也把月色、山翠、碧波比作女子青眉，讲求天然味道。有远山眉的经典之喻，也有眉峰聚、柳眉春、桃叶眉尖的互喻。"昔时横波目，今作流泪泉"，山泉如人眉目。山染蛾眉波曼睐，春风吹不开眉弯，是通感，是人与山水自然的融通。佛家和道家之眉，道法自然，佛家爱山林，佛禅道法中的眉语往往与自然清净之境无二分。

21. 横波青眼　吹在眉山

中国人的眉史，多以山水相喻，自然清新，讲求天然味道，其中，远山眉乃经典之喻。

古人把眉比作山，眼睛比作水，眉目之间就是山川河流，这是多么美好的比喻，是多么热爱自然的清新比喻。我国古典诗词不仅以春山秋水来形容女性的眉眼，更是用女子修长的眉黛和灵秀的眼眸来比喻山水。

李白《长相思》的"昔日横波目，今作流泪泉"，以山水喻眉目，甚妙。其诗云：

> 日色欲尽花含烟，月明如素愁不眠。赵瑟初停凤凰柱，蜀琴欲奏鸳鸯弦。此曲有意无人传，愿随春风寄燕然。忆君迢迢隔青天，昔时横波目，今作流泪泉。不信妾肠断，归来看取明镜前。

楼上的人唱着离歌，纵然眉黛像春山、春山如眉黛，也不知承受得多少忧愁？李商隐《代赠》诗曰：

> 东南日出照高楼，楼上离人唱石州。总把春山扫眉黛，不知供得几多愁？

宋代史达祖的《贺新郎·湖上高宾王、赵子野同赋》：

> 西子相思切。委萧萧、风裳水佩，照人清越。山染蛾眉波曼睩，聊可与之娱悦。便莫赋、湘妃罗袜。怕见绿荷相倚恨，恨白鸥、占了凉波阔。拣凉处，放船歌。

道人不是尘埃物。纵狂吟魂魄,吹乱一巾凉发。不觉引杯浇肺渴,正要清歌骇发。更坐上、其人冰雪。截取断虹堪作钓,待玉衾、今夜来时节。也胜钓,石城月。

山染蛾眉波曼睩,眉目两照如山水相映,以山水清越喻人喻眉。

宋代诗人王观《卜算子·送鲍浩然之浙东》,写山如眉峰,水是眼波,诗曰:

水是眼波横,山是眉峰聚。欲问行人去那边?眉眼盈盈处。
才始送春归,又送君归去。若到江南赶上春,千万和春住。

旅人去向何方?诗人回答说:眉眼盈盈处,就是我归处。山水乎?爱人乎?王观词和李白诗的比喻相映成趣,反其意而翻用,显得鲜活风趣。

王观还有一阕《庆清朝慢·踏青》:

调雨为酥,催冰做水,东君分付春还。何人便将轻暖,点破残寒。结伴踏青去好,平头鞋子小双鸾。烟郊外,望中秀色,如有无间。
晴则个,阴则个,饾饤得天气,有许多般。须教镂花拨柳,争要先看。不道吴绫绣袜,香泥斜沁几行斑。东风巧,尽收翠绿,吹在眉山。

"东风巧,尽收翠绿,吹在眉山"颇有妙趣,山水四时,阴晴晦暝,都被东风一吹,聚在了美人的秀眉之上。

宋代佚名诗人的《眉峰碧·蹙破眉峰碧》似在写山,实则写山水暮色中的人。蹙破二字有些特别,山势曲折,本应和眉形不一样,强用眉峰和眉样碧峰相比,应是当日当时,烟雨迷蒙,青山不见,如眉间愁云惨雾萦绕多曲。词曰:

蹙破眉峰碧,纤手还重执。镇日相看未足时,忍便使鸳鸯只!
薄暮投村驿,风雨愁通夕。窗外芭蕉窗里人,分明叶上心头滴。

又有宋代诗人赵鼎的《小重山》词云：

  漠漠晴霓和雨收。长波千万里，拍天流。云帆烟棹去悠悠。西风里，归兴满沧州。

  谩道醉忘忧。荡高怀远恨，更悲秋。一眉山色为谁愁。黄昏也，独自倚危楼。

宋代冯时行《点绛唇·眉黛低颦》借眉黛色，写景。词曰：

  眉黛低颦，一声春满留苏帐。却从檀响。渐到梅花上。归卧孤舟，梅影舟前扬。劳心想。岸横千嶂。霜月铺寒浪。

远远山遥小，眉意暂浅。远山眉，典出《西京杂记》卷二："文君姣好，眉色如望远山，脸际常若芙蓉。"形容女子秀丽之眉，亦指美女。也有用远山来代指眉毛，如，远山黛，指秀美之眉。用黛色画眉，色如远山，故谓。宋苏轼《眉子石砚歌赠胡誾》：君不见成都画手开十眉，横云却月争新奇。……又不见王孙青琐横双碧，肠断浮空远山色。欧阳修有《诉衷情·清晨帘幕卷轻霜》，写远山之眉的相思意，词眼全在"故画作远山长"之"故"字，词曰：

  清晨帘幕卷轻霜，呵手试梅妆。都缘自有离恨，故画作远山长。思往事，惜流芳。易成伤。拟歌先敛，欲笑还颦，最断人肠。

山远对眉攒，攒眉对远山。眉与远山成为互文，出自宋代刘焘《菩萨蛮·冬》，曰：

  屑琼霏玉堆檐雪，雪檐堆玉霏琼屑。山远对眉攒，攒眉对远山。折梅寒映月，月映寒梅折。阑倚暂愁宽，宽愁暂倚阑。

宋代高观国《杏花天》一词的生动在于把远山拟人化，不是青眉如山，而是青山如美人，不仅学美人画眉，还如美人展眉，看春山梨花带雨。词曰：

远山学得修眉翠。看眉展、春愁无际。雨痕半湿东风外。不管梨花有泪。
西园路、青鞋暗记。怕行入、秋千径里。一春多少相思意。说与新来燕子。

宋代王安中《虞美人·雁门作》直接说群山各画眉妆，但唯独思念遥远的云遮月断的那一峰。词曰：

千山青比妆眉浅。却奈眉峰远。玉人元自不禁秋。更算恼伊深处、月当楼。
分携不见凭阑际。只料无红泪。万千应在锦回纹。嘱付断鸿西去、问行云。

宋代周邦彦《一落索·眉共春山争秀》写山水与蛾眉共情，"争秀"二字一出，词活了。词曰：

眉共春山争秀。可怜长敛。莫将清泪湿花枝，恐花也、如人瘦。
清润玉箫闲久。知音稀有，欲知日日倚阑愁，但问取、亭前柳。

宋代秦观《河传·恨眉醉眼》浓词艳句，此恨非恨，恨欢爱不足。词曰：

恨眉醉眼。甚轻轻觑著，神魂迷乱。常记那回，小曲阑干西畔。鬓云松、罗袜刬。
丁香笑吐娇无限。语软声低，道我何曾惯。云雨未谐，早被东风吹散。闷损人、天不管。

宋代张炎《虞美人·修眉刷翠春痕聚》写蛾眉章台阳光，写相思远道。词曰：

修眉刷翠春痕聚。难剪愁来处。断丝无力绾韶华。也学落红流水、到天涯。
那回错认章台下。却是阳关也。待将新恨趁杨花。不识相思一点、在谁家。

一眉山色，又近西风黄昏，人乎？眉乎？烟树潇湘，不画春山。宋代吴文英的《浪淘沙·九日从吴见山觅酒》词曰：

山远翠眉长。高处凄凉。菊花清瘦杜秋娘。净洗绿杯牵露井，聊荐幽香。
乌帽压吴霜。风力偏狂。一年佳节过西厢。秋色雁声愁几许，都在斜阳。

唐代词人牛峤一阕《酒泉子·记得去年》有句"眉学春山样",美人和山水神交,清新灵秀。词曰:

> 记得去年,烟暖杏园花正发,雪飘香。江草绿,柳丝长。
> 钿车纤手卷帘望,眉学春山样。凤钗低袅翠鬟上,落梅妆。

蓦然旧事心上来,无言敛皱眉山翠。眉有青黛,有短长,有远近。宋代欧阳修《踏莎行·雨霁风光》:

> 雨霁风光,春分天气。千花百卉争明媚。画梁新燕一双双,玉笼鹦鹉愁孤睡。
> 薜荔依墙,莓苔满地。青楼几处歌声丽。蓦然旧事上心来,无言敛皱眉山翠。

晏几道《菩萨蛮》也写春山眉愁:

> 哀筝一弄湘江曲,声声写尽湘波绿。纤指十三弦,细将幽恨传。
> 当筵秋水慢,玉柱斜飞雁。弹到断肠时,春山眉黛低。

有恨心情懒懒,不画眉山,有情有爱,眉目之间才会山水明秀。李致远一阕元杂曲《越调·天净沙·离愁》写道:

> 敲风修竹珊珊,润花小雨斑斑,有恨心情懒懒。一声长叹,临鸾不画眉山。

伤心往事今又重见,依稀隐约的是秀眉一样连绵的山峰,像青色黛痕低压着双眸脉脉含情。这里的眉山是实写青山,青山如眉,秀眉如青山,山水多情如眉妩的女子。元杂曲一般多直白,生活化,套用一些典故,此曲浅白中倒有几分山水的清新之味。

22. 出云却月　照秦台镜

唐李商隐《和人题真娘墓》为乐妓真娘而作。真娘是唐时吴中名妓，原名胡瑞珍，出身长安大族，工于琴歌书画，尤善于歌，和富家公子上演了爱恨情仇，陨落于情痴。真娘死后葬于虎丘，其墓人称"花冢"，历代游历诗人多有歌咏。《和人题真娘墓》诗中写柳如眉空，万古遗恨，诗曰：

虎丘山下剑池边，长遣游人叹逝川。罥树断丝悲舞席，出云清梵想歌筵。柳眉空吐效颦叶，榆荚还飞买笑钱。一自香魂招不得，只应江上独婵娟。

白居易《真娘墓》诗中曾写道："真娘墓，虎丘道。不识真娘镜中面，唯见真娘墓头草。霜摧桃李风折莲，真娘死时犹少年。"《和乐天题真娘墓》如题，是刘禹锡和白居易诗而作，诗曰：

蔷卜林中黄土堆，罗襦绣黛已成灰。芳魂虽死人不怕，蔓草逢春花自开。幡盖向风疑舞袖，镜灯临晓似妆台。吴王娇女坟相近，一片行云应往来。

一代名妓香消玉殒，秀黛不再。宋代王沂孙的《眉妩·新月》：

渐新痕悬柳，淡彩穿花，依约破初暝。便有团圆意，深深拜，相逢谁在香径。画眉未稳，料素娥、犹带离恨。最堪爱、一曲银钩小，宝帘挂秋冷。
千古盈亏休问。叹慢磨玉斧，难补金镜。太液池犹在，凄凉处、何人重赋清景。故山夜永。试待他、窥户端正。看云外山河，还老尽、桂花影。

其中"画眉未稳,料素娥、犹带离恨"也是以画眉喻新月。眉妆不定,不过是心意婉转。一弯新月就像两道没有画完的秀眉,一定是嫦娥还带着离恨别情。江山易主,新月如眉离恨未满难断绝,王沂孙以此寄托故国亡恨。

欧阳修年轻时曾写过一些香艳之作,有五代词的余风。《南歌子·凤髻金泥带》就是一例,被认为是有"花间词的古锦纹理,黯然异色",词曰:

> 凤髻金泥带,龙纹玉掌梳。走来窗下笑相扶,爱道画眉深浅入时无?
> 弄笔偎人久,描花试手初。等闲妨了绣功夫。笑问鸳鸯两字怎生书?

词中的女子和夫君沉溺闺阁,嬉闹撒娇,相偎相依,形影不离,充满挑逗的暗示。

上节提到的《诉衷情·清晨帘幕卷轻霜》,有"呵手试梅妆"一句。梅妆就是"梅花妆",它有一个美丽的传说。相传梅花妆是南朝宋寿阳公主首创的一种美妆。有一天,宋武帝的女儿阳寿公主在含章殿檐下静卧休息时,梅花落在公主头上,落花成印,拂之不去。皇后看见了,就叫干脆留下印痕,看得能保留几日,结果三天后才能洗落。宫女们觉得十分奇异,竞相模仿,这就是梅妆的来由。

欧阳修《阮郎归·南园春半踏青时》写少女于仲春时踏青的所见所想,由景入情。踏青,是春日郊游雅称。唐宋踏青日期因地而异。有正月初八者,也有二月二日或三月三日者。后世多以清明出游为踏青。词曰:

> 南园春半踏青时,风和闻马嘶。青梅如豆柳如眉,日长蝴蝶飞。
> 花露重,草烟低,人家帘幕垂。秋千慵困解罗衣,画堂双燕归。

词眼在"青梅如豆柳如眉",风和日长是所见,梅子青小,眉新如二月嫩柳,是在南园见到的其他女子,是自我想象,还是新柳如少女之眉？这首诗的抒情主体前后不一致，中国古代诗人好像也不大在乎这种一致性，反倒是善于多重身份地自由转换和虚拟。欧阳修另一首《玉楼春》词曰：

春山敛黛低歌扇，暂解吴钩登祖宴。画楼钟动已魂消，何况马嘶芳草岸。青门柳色随人远，望欲断时肠已断。洛城春色待君来，莫待落花飞似霰。

　　写别恨，春山如敛黛，敛黛就是收缩皱起的眉头，和"青梅如豆柳如眉"异曲同工之妙。

　　深青色的眉毛画好，面如娴花，眉如春山，妩媚又清秀，整个人精神焕发。

　　唐代女诗人赵鸾鸾是平康名妓，她的《柳眉》见于《全唐诗》，诗云：

弯弯柳叶愁边戏，湛湛菱花照处频。妩媚不烦螺子黛，春山画出自精神。

23. 呼我盟鸥　垂虹西望

写眉山，姜夔《庆宫春·双桨莼波》记载了一段友情眉语。小序交代了人、事、物：绍熙朝辛亥年除夕，诗人别过好友范成大，归吴兴，雪后夜过垂虹，茫茫雁影，玉峰叠云衣，长桥寂寞寒夜，只有诗人一舸归。五年后的冬天，诗人道经吴淞，山寒天迥，云浪四合，半夜月出中天，几位好友相呼散步垂虹。星斗下垂，错杂渔火，朔吹凛凛。几人几乎醉不能支，霜天明月，大家裹紧衣服御寒，兴酣所至，犹相与行吟。

其词曰：

双桨莼波，一蓑松雨，暮愁渐满空阔。呼我盟鸥，翩翩欲下，背人还过木末。那回归去，荡云雪、孤舟夜发。伤心重见，依约眉山，黛痕低压。

采香径里春寒，老子婆娑，自歌谁答？垂虹西望，飘然引去，此兴平生难遏。酒醒波远，正凝想、明珰素袜。如今安在？惟有阑干，伴人一霎。

写陈年往事涌上心头，让人不能认真仔细地欣赏这翠绿的山峰。此处亦是以眉喻山，不过把静态的青山动态化了。我心忧思从前，连青山也皱起了眉头。

山月之眉是文人雅士的日常歌咏对象。

宋代杨万里的《七夕后一夜，月中露坐二首》把残月之牙比喻成两弯月眉，寄寓相思团圆之意，意象新奇又自然。诗曰：

今古诗人爱月圆，未堪商略玉婵娟。修眉半璧各自好，团镜磨镰俱可怜。一夜一般新样出，几回几换为人妍。教渠也学金鸦扇，未必清光直一钱。

唐代诗人李郢《赠李商隐赠佳人》中的人与景，眉语云山，情景交融且化用无痕，诗曰：

金珠约臂近笄年，秋月嫦娥汉浦仙。云发腻垂香探妥，黛眉愁入翠连娟。
花庭避客鸣环佩，凤阁持杯泥管弦。闻道彩鸾三十六，一双双映碧池莲。

唐代诗人钱起《送钟评事应宏词下第东归》写景咏怀，蛾眉不入秦台镜，鹓羽还惊宋国风。转化自然，蛾眉是虚化的，秦台与镜也是虚化的，穿越时空如在目前。其诗曰：

芳岁归人嗟转蓬，含情回首灞陵东。蛾眉不入秦台镜，鹓羽还惊宋国风。
世事悠扬春梦里，年光寂寞旅愁中。劝君稍尽离筵酒，千里佳期难再同。

唐代诗人韩偓从小就有诗才，李商隐是他的姨父，韩偓《横塘》写横塘秋旅，不是愁眉入景，而是两眉愁思入画图，反而成了情景中的一个元素。诗曰：

秋寒洒背入帘霜，凤胫灯清照洞房。蜀纸麝煤添笔媚，越瓯犀液发茶香。
风飘乱点更筹转，拍送繁弦曲破长。散客出门斜月在，两眉愁思问横塘。

杜甫《夔府书怀》诗中说："即事须尝胆，苍生可察眉。"横塘凉月秋旅，两眉愁思何以问？何以察？

唐代岑参以边塞诗人闻名，但代宗时期，岑参曾做过嘉州刺史（嘉州就是今天的四川乐山），后卒于成都。看过边关大漠，西望岷江千秋雪，岑参眼里的时间与历史和我们有什么不同？岑参《骊姬墓下作》诗中说想要去探访夷吾、重耳墓，横汾阻隔，不能成行，诗曰：

骊姬北原上，闭骨已千秋。浍水日东注，恶名终不流。
献公恣耽惑，视子如仇雠。此事成蔓草，我来逢古丘。
蛾眉山月落，蝉鬓野云愁。欲吊二公子，横汾无轻舟。

24. 扬眉倾国　恨绕蟒蛾

自古多少美人被指扬眉倾国，做了朝廷王霸大业的牺牲品，历史尘埃浪淘尽，美人恨绕蟒蛾，一笑一颦间，多少汉宫秋，未央灯火，西湖春秋皆过往。

西施的传说大家都很熟悉，"勾践徵绝艳，扬蛾入吴关"，西施做了越国的间谍，她的气质不似一般的纤弱女子，扬娥入吴关，有一种风萧萧兮易水寒的决绝，是一种南国女儿的高贵。李白的《西施·咏苎萝山》曰：

> 西施越溪女，出自苎萝山。秀色掩今古，荷花羞玉颜。
> 浣纱弄碧水，自与清波闲。皓齿信难开，沉吟碧云间。
> 勾践徵绝艳，扬蛾入吴关。提携馆娃宫，杳渺讵可攀。
> 一破夫差国，千秋竟不还。

写龙女"自然蛾眉"，美貌天成，卓然于众女之中。唐代李朝威《柳毅传》这样描写：

> 红妆千万，笑语熙熙，后有一人，自然蛾眉，明珰满身，绡縠参差。

写山间鹧鸪声，令游子落泪，佳人低眉。唐代郑谷《鹧鸪》诗曰：

> 暖戏烟芜锦翼齐，品流应得近山鸡。雨昏青草湖边过，花落黄陵庙里啼。
> 游子乍闻征袖湿，佳人才唱翠眉低。相呼相应湘江阔，苦竹丛深日向西。

元末明初诗人高启《寓感》之四诗曰：

美女生贫家，光艳人未识。远聘入楚宫，扬蛾欲倾国。
朝游琼台上，夕侍金舆侧。奉欢拟千龄，秋风失颜色。
衔恩归永巷，贞意徒寂默。高高天上星，堕作水底石。
人事尽如斯，推移叹何极。

其中，扬蛾之喻已经与女性美无关，而是指向国族毁灭，山河破碎，前朝的落魄文人，一身才华不能货与帝王家的落寞孤寂，这也是传统文人诗词的一个惯常主题。

明代，汤显祖《紫钗记·泪烛裁诗》中有一曲《榴花泣》用的是蛾眉的本意。曲中唱道：

惊魂蘸影飞恨绕蓁蛾。咱也曾记旧约点新霜。被冷余灯卧，除梦和他。知他们和梦呵也有时不作。这答儿心情你不着些儿个。是新人容貌争多，旧时人嫁你因何。

唯愿世间，少妇归少年，少年归少妇，光华自相得。爱如寒炉火，莫作秋风扇。《紫钗记·泪烛裁诗》又有曲中诗唱曰：

蓝叶郁重重，蓝花石榴色。少妇归少年，光华自相得。
爱如寒炉火，弃若秋风扇。山岳起面前，相看不相见。
春至草亦生，谁能无别情。殷勤展心素，见新莫忘故。
遥望孟门山，殷勤报君子。既为随阳雁，勿学西流水。

又续《么篇》一曲，写女子取容相悦：

你可非烟染笔是那画眉螺，蘸的秋痕泪点层波，佩香囊剪烛亲封过。

又旦唱《渔家犯》一曲，写士之耽兮，犹可脱也；女之耽兮，不可脱也。男女在爱情面前，从来不对等。曲中唱道：

俺为甚懒腰肢似杨柳线欹斜,晕眉窝似红蕉心窄狭。有家法拘当得才子天涯,没朝纲对付的宰相人家。比似你插金花招小姐,做官人自古有偏房正榻。也索是从大小那些商度,做姊妹大家欢恰。

末了,《前腔》铺陈一声轻叹息:

他当初相见咱,直恁眉梢眼抹也。等闲回话,费了几饼香茶。又不是路墙花朵,则问他怎生奚落,好人家的女娇娃。

蛾眉曼睩分明在,孤负琴心已十年。王逸解释说:"蛾眉玉白,好目曼泽,时睩睩然视,精光腾驰,惊惑人心也。"可惜,蛾眉流光相顾,摄人心魄终不过刹那情缘生灭。这大概就是男男女女舍生相托相负纠纠缠缠,经年后的一声叹息吧。

中国传统的女性形象离不开温柔甚至温顺的刻板印象,这当然是当代女性不愿全盘接受的。但低眉未必是顺从的意思,它也是一种沉思的意象。女性的低眉,有一种落花照水的温柔娴静之美,不必作过度的性别霸权解读。

唐代元稹长于写情,他的一首《野狐泉柳林》写景,却处处见情。诗曰:

去日野狐泉上柳,紫牙初绽拂眉低。秋来寥落惊风雨,叶满空林踏作泥。

唐代诗人刘得仁生在唐文宗开成年前,相传他是公主之子。从长庆年中即有诗名,历开成至大中四朝,昆弟皆以贵戚身份得到高官显位,唯独刘得仁出入举场三十年,竟无所成。刘得仁以一首《京兆府试目极千里》写男子壮志未酬,以女子低眉自比,诗曰:

献赋多年客,低眉恨不前。此心常郁矣,纵目忽超然。
送骥登长路,看鸿入远天。古墟烟幂幂,穷野草绵绵。
树与金城接,山疑桂水连。何当开霁日,无物翳平川。

唐人牛峤一阕《更漏子》征夫泪尽,思妇低眉:

南浦情,红粉泪。争奈两人深意。低翠黛,卷征衣。马嘶霜叶飞。
拈手别,寸肠结。还是去年时节。书托雁,梦归家。觉来江月斜。

唐代诗人白居易《把酒思闲事》曰:

把酒思闲事,春愁谁最深?乞钱羁客面,落第举人心。
月下低眉立,灯前抱膝吟。凭君劝一醉,胜与万黄金。

白居易《长相思》词曰:

深画眉,浅画眉。蝉鬓鬅鬙云满衣,阳台行雨回。
巫山高,巫山低。暮雨潇潇郎不归,空房独守时。

清代许诵珠《忆秦娥·得外书》词曰:

帘栊悄,无言羞把菱花照。菱花照,愁眉懒画,闹妆慵扫。
檐前灵鹊声声报,平安两字来青鸟。来青鸟,柔情一缕,系人怀抱。

牛峤、白居易、许诵珠这几阕词中,思妇低眉与南浦征夫、鸿雁羁客、落第举人的情绪被表达得淋漓尽致,营造出一个感伤的情境,也是士大夫歌赋文词中一个惯常咏唱的主题。

25. 吸尽西江　释道眉意

古人对画眉的迷恋，甚至到了全社会都陶醉其中的地步，连佛门弟子都不能免俗。据说范阳凤池院的一个佛门女弟子，未满二十岁，但是长得是"秾艳明俊，颇通宾游"，她就创作出一种新的眉形，"轻纤不类时俗"，当时的人们把她创作的新眉叫作"浅文殊眉"。如果说唐代模仿文殊菩萨的细眉引得宫廷贵女争相效仿，那么，在宋朝，这种由其衍生而来的浅文殊眉，便是连女尼也会描摹的眉形了。宋陶谷在《清异录·浅文殊眉》里记载了这种眉形的由来：

> 范阳凤池院尼童子，年未二十，秾艳明俊，颇通宾游，创作新眉，轻纤不类时俗，人以其佛弟子，谓之浅文殊眉。

儒释道三家之眉，尤其是释家和道家之眉，由来已久，自成一格，也是眉上古意一种。道法自然，佛家爱山林。佛禅道法中的眉语往往与自然清净之境无二分。

唐人吴融《还俗尼》写一个从前的歌妓后来出家为尼，最后还俗的事：

> 柳眉梅额倩妆新，笑脱袈裟得旧身。三峡却为行雨客，九天曾是散花人。
> 空门付与悠悠梦，宝帐迎回暗暗春。寄语江南徐孝克，一生长短托清尘。

宋代诗人史君实的《赠尼还俗》(又名《赠还俗女真》)，也是写歌妓年老色衰后出家，再找机会找到恩主，最后还俗。虽然一生已经很辛酸，但比起很多歌妓更不堪的命运，这已经是不错的归宿了。诗云：

脱却罗裙着绣裙，仙凡从此路歧分。蛾眉载画当时绿，蝉鬓重梳旧日云。
玉貌缓将鸾镜照，锦衣兼把麝香薰。屏帏乍得辉光宠，更没心情恋老君。

宋代孙惟信《赋女冠还俗》写"仙房云雨"前前后后，一日为妓，终身都和文人士大夫剪不断理还乱。这是歌妓们后半生的生存之道，只是她们情感的诉求，更多的只能停留在欢会的片刻温存中，不过清梦一场。诗云：

叠却霞绡上醮衣，女童鬟髻绿杨垂。重调蛾黛为眉浅，再试弓鞋与步迟。
紫府烟花莺唤醒，仙房云雨鹤通知。帘低红杏春风暖，清梦应曾见旧师。

释家和道家的法言中，也多把眉与山水梅柳相比，柳眉既和佛法道心不隔，又和屎尿无碍，呈现的是自然旨趣的另一路。比如，宋僧释法恭有偈四首曰：

春风扬柳眉，春禽弄百舌。一片师归心，两处俱漏泄。
不动步还家，习漏顿消灭。暗投玉线芒，晓贯金针穴。
深固实幽远，无人孰辨别。惭愧可怜生，头头皆合辙。
不念阿弥陀，南无干屎橛。无智痴人前，第一不得说。

宋僧释正觉《禅人并化主写真求赞》曰：

影之神，物之春。莺喉颊之滑滑，柳眉目之津津。蜂股华须粉，蜡脾蜜酿醇。等闲谛了游戏事，端的还如幻化人。

庞蕴是中唐时的禅门居士，来头很大，名头很响。有关他的公案时见于禅家开示拈提中，"神通并妙用，运水及搬柴"等偈语就出自他的语录，以作为行者悟道的重要参考。

庞蕴有一首《杂句·其四》曰：

> 思思低思思，自叹一双眉。向他胜地坐，万事总不知。
> 六识若似眉，即得不思议。六识若嫌眉，论时没脑痴。
> 伊若去却眉，即被世人欺。饶你六识喽啰汉，总成乞索儿。

这首悟道诗有四处"眉"，却处处"嫌眉"。眉上多情，六识只在情外。低思却双眉，思量是"外绝纤尘的金刚般若性"。庞蕴是马祖的弟子，参禅悟道。后世流传的版本故事这样说道：（庞蕴）与马祖初相见时，尝问："不与万法为侣者是什么人？"马祖答："待汝一口吸尽西江水，即向汝道。"居士言下豁然大悟。

诗仙李白笔下也多写眉，除了"安能摧眉折腰事权贵，使我不得开心颜"和种种"蛾眉"的表达，也有很多神仙道的眉意表达。唐代诗人姚鹄是蜀中人，诗名并不超胜，却也有类似诗句，比如他的《随州献李侍御》二首，多少有神仙意。主要原因还是唐代川中道教盛行，姚鹄本人仕途并不顺利，在出仕和隐居修仙之间几度转换。其诗曰：

> 彩笔曾专造化权，道尊翻向宦途闲。端居有地唯栽药，静坐无时不忆山。
> 德望旧悬霄汉外，政声新溢路岐间。众知圣主搜贤相，朝夕欲征黄霸还。
>
> 再刖未甘何处说，但垂双泪出咸秦。风尘匹马来千里，蓬梗全家望一身。
> 旧隐每怀空竟夕，愁眉不展几经春。今朝傥降非常顾，倒屣宁惟有古人。

跳出造化以外，学道栽药，"旧隐每杯空竟夕，愁眉不展几经春"，神仙的味道很重。

宋代诗僧释慧远的《偈八首·滴水冰生分外寒》曰：

滴水冰生分外寒，冻云环合锁峰峦。根尘不昧心珠露，眨上眉毛仔细看。

宋代白玉蟾创立道教南宗宗派，是海南历史上第一位在全国有影响的文化名人。其《柳塘送春》是真见道心，开眉修仙。诗曰：

急雨将雷过柳塘，春因底事亦归忙。经时不放荷花叶，昨夜尽收栀子香。
判断千林成梦去，安排一夏纳风凉。开眉无觅愁来处，数笔晴云尽水乡。

宋代诗人叶梦鼎的《瀛洲亭》写"西来第一处江山"，有上仙下瞰蛾眉花底之味，诗云：

汝城高处着危栏，人在苍寒缥缈间。下瞰无边春境界，西来第一处江山。
酒拈重碧酣诗思，柳曳轻黄入笑颜。阁老可能专此胜，蛾眉花底又催班。

儒释道三教，是中国文化的底色。其中，释、道两家对传统眉语的影响又与儒家有很大不同。首先，在释、道两家的法言、偈语、经传中，多有借眉相喻法释义的例子；释、道两家的这些经典眉语，又转而影响到文人士大夫的生活化眉语；最终，两类眉语又交汇在一起，开眉修仙与花底、眉上的道心三昧合一。

第六部

6

柳　眉　古　意

中国古代文化传统中眉形眉相有很多经典意象，并形成了历史悠久的审美流传。

其中最有古意、最具中国审美神韵的经典眉意象，无疑是柳眉。柳眉桃脸不胜春，柳眉和桃脸两相照，人与美景形神俱合。芙蓉如面，秋水为神，莲脸薄，柳眉长，中国传统文化中，柳眉常和芙蓉莲花并举。春愁凝思结眉心，一桩情事锁眉头。蛾眉下秋水，眉头何以锁？愁结眉心、情锁眉头是传统古意表达。月眉云鬓，雪面淡眉，天上青女，长眉似烟，以及带有民间烟火味的群女斗眉与柳眉杏眼，也是经典中国眉意象。

26. 柳眉古意　桃脸生春

　　古人眼中最美的眉是什么样子呢？柳眉，大概是最古老的眉形了吧。从《诗经》的时代以来，三千年来，最经典的中国美人形象无疑是柳眉桃脸。桃花脸薄，柳眉易长。诗句中写的是中国的花树，东方的羞涩，华夏的审美。

　　杨柳是古老的相思意象，柳、眉互喻也是很古早的表达传统。柳眉是中国从古到今流行时间最长的基本款眉形，也是古典诗词歌赋中最常见的意象。杨柳和桃花都是我们民族的集体记忆和深层心理的沉淀物。柳眉桃脸从上古以来就是美人脸的标配。"人面桃花"成了中国古典诗词中的经典意象。讨美女欢心叫作"会倩春风展柳眉"；桃配柳，粉红配翠绿，长眉配团脸，"柳眉桃脸不胜春"，"柳眉舒尽见桃腮"，"柳眉桃脸竞时节"，"柳眉桃脸暗销春"。

　　《诗经·采薇》是最早描写杨柳的诗歌。"昔我往矣，杨柳依依。今我来思，雨雪霏霏"，折柳相送，以示挽留流连。桃花是中国传统文化偏爱的古老又鲜艳的意象。桃花粉红莹白，春风一度，落英缤纷，触动了中国文人的某种情绪和情感，被渗透、融汇了审美主体的心理因素，桃花也就成了春天的使者、美人的意象、悲情的象征以及桃源的意境。

　　宋无名氏《春游》：

　　　　幽人何事苦伤春？春雨无端愁煞人。不但幽人独愁怨，江头多少柳眉颦。

宋人晁补之《少年游》曰：

当年携手，是处成双，无人不美。自间阻、五年也，一梦拥、娇娇粉面。
柳眉轻扫，杏腮微拂，依前双靥。盛睡里、起来寻觅，却眼前不见。

宋人赵长卿《虞美人》词曰：

冰塘浅绿生芳草。枝上青梅小。柳眉愁黛为谁开。似向东君、喜见故人来。
碧桃销恨犹堪爱。妃子今何在。风光小院酒尊同。向晚一钩新月、落花风。

明代唐寅《园林好》曰：

想玉人花容柳眉，不由人不呆似痴。无奈云山遮蔽。生隔断路东西，生隔断路东西。

以上几首诗的柳眉之喻，趣味相类，都是美人与美景互喻。

《国风·周南·桃夭》是一首祝贺年轻女子出嫁的诗。

桃之夭夭，灼灼其华。之子于归，宜其室家。
桃之夭夭，有蕡其实。之子于归，宜其家室。
桃之夭夭，其叶蓁蓁。之子于归，宜其家人。

全诗以桃花起兴，为新娘唱出一首祝福的赞歌。清代姚际恒《诗经通论》曰："桃花色最艳，故以取喻女子，开千古词赋咏美人之祖。"此后，历代以桃花喻美人的都没有走出夭夭之桃林。历代万千比喻中，又以唐代崔护的"去年今日此门中，人面桃花相映红"最得其神韵。

唐代诗人李郢的《赠》一诗写道：

建阳门外柳千条，斜插鸾篦小错刀。紫袖握蝉声欲绝，红巾扑蝶势潜高。
愁眉对照烟江柳，嫩脸初开露井桃。闲把金钗恼鹦鹉，乱声哑嘎落轻毛。

建阳门外，风景如画，愁眉照烟柳，嫩脸开井桃，柳眉和桃脸两相照，人与美景融为一体，形神俱合。

王衍是前蜀后主，生活在成都这样的享乐之地，其文才常用在作浮艳之词。

一首《甘州曲·画罗裙》，写艳情却能脱俗，反倒有了一二分帝王家的贵气。词曰：

画罗裙，能解束，称腰身。柳眉桃脸不胜春。薄媚足精神，可惜沦落在风尘。

柳眉桃脸不胜春，可惜在风尘，这位美丽女子的命运可以想象。这都市繁华之中的桃脸柳眉也就王衍这样的金粉帝王能写。为何这样说？要知道"甘州曲"这个词牌名，又名"甘州子""口脂香"，正是由王衍自制曲调。

《历代诗馀——十国春秋》记载：王衍陪伴太后、太妃到青城山问道，宫女们都穿着画有云霞的衣裳，望之若仙，后主自制《甘州曲》，令宫人演奏唱和，其辞哀怨，闻者凄恻。王衍这首词的情感如同南唐后主李煜《虞美人·春花秋月何时了》，喻众宫女如神仙飘零凡尘，似亡国之音。后来王衍投降中原，被灭族身亡，宫伎多沦落人间，词曲中的悲痛似乎也应验了。

最得桃脸星眸神韵的是"秋水为神，芙蓉如面"。《东周列国志》第九回"齐侯送文姜婚鲁，祝聘射周王中肩"描写文姜：

话说齐僖公生有二女，皆绝色也。长女嫁于卫，即卫宣姜，另有表白在后。单说次女文姜，生得秋水为神，芙蓉如面，比花花解语，比玉玉生香，真乃绝世佳人，古今国色。兼且通今博古，出口成文，因此号为文姜。

"秋水为神，芙蓉如面"出现在话本小说中，说明这已经成为形容美女的套话俗语了。同一回中有引诗为证："二八深闺不解羞，一桩情事锁眉头。鸾凰不入情丝网，野鸟家鸡总是愁。"实则也是套语，并非什么名诗佳句。但文姜之绝色，是由

"秋水为神,芙蓉如面"传神而出。芙蓉脸,杨柳眉,是一个古典标配。

柳眉桃脸是多么美好的描写,一眼就让人漾起满眼满心的春意,那时的古人内心是温暖的,美好的。不知道从何时起,柳眉如春变成了柳眉断肠,同一意象的意味完全反转。

温庭筠《玉蝴蝶·秋风凄切伤离》曰:

秋风凄切伤离,行客未归时。塞外草先衰,江南雁到迟。
芙蓉凋嫩脸,杨柳堕新眉。摇落使人悲,断肠谁得知。

晚唐时期战乱不断,思妇征夫的相思成为重要的文学题材。此词为温庭筠代闺中思妇抒写其对塞外征夫的相思之情。温庭筠精通音律,工诗,与李商隐齐名,时称"温李"。其诗辞藻华丽,秾艳精致,内容多写闺情。"芙蓉凋嫩脸,杨柳堕新眉",皆因行客未归。"思君令人老",常使形容枯槁,且无心妆奁。按说"芙蓉如面柳如眉"是古代女子最美的标准,可这位女子的容貌如此不堪。这一方面证明了她的思念之苦,以致损伤精神;另一方面,说明女子因"行客未归"而无心妆奁,不施脂粉,懒画蛾眉,必然容颜憔悴。

27. 青丝拢云　莲脸柳眉

莲脸柳眉，是一种古意搭配。

欧阳炯是唐末五代十国时的成都人，后蜀词人，他善长笛，精通音律，皇帝曾召他在偏殿吹奏，是花间派大师。真是天下英雄入蜀在蜀，都成了废柴生活家，忘却天下事，只在声色犬马、山川神仙。其《赤枣子》其二言"莲脸薄，柳眉长"：

> 莲脸薄，柳眉长，等闲无事莫思量。每一见时明月夜，损人情思断人肠。

欧阳炯有一阕《西江月》，很有成都风范，词曰：

> 水上鸳鸯比翼，巧将绣作罗衣。镜中重画远山眉，春睡起来无力。
>
> 钿雀稳簪云髻，含羞时想佳期。脸边红艳对花枝，犹占凤楼春色。

词是艳曲，文人词改造雅化，以"资羽盖之欢"，为王公大族游乐助兴。

又如《女冠子》：

> 薄妆桃脸。满面纵横花靥。艳情多。绶带盘金缕，轻裙透碧罗。含羞眉乍敛，微语笑相和。不会频偷眼，意如何。

《木兰花·春早玉楼烟雨夜》词：

春早玉楼烟雨夜，帘外樱桃花半谢。锦屏香冷绣衾寒，怊怅忆君无计舍。
侵晓鹊声来砌下，鸾镜残妆红粉罢。黛眉双点不能描，留待玉郎归日画。

《菩萨蛮》是欧阳炯偏好的词牌，有一曲歌曰：

翠眉双脸新妆薄，幽闺斜卷青罗幕。寒食百花时，红繁香满枝。
双双梁燕语，蝶舞相随去。肠断正思君，闲眠冷绣茵。

隋唐时期，伴随着新兴的燕乐发展，诞生了一种以抒情音乐为主的音乐形式。燕乐是汉族传统音乐和西域音乐融合的产物，这个划时代的新音乐形式，就是曲子，或称曲子词，简称词。词本来是为这种新兴音乐的不同曲调所谱写的歌词，作者主要是民间艺人和底层知识分子。20世纪初在甘肃敦煌发现了一些曲子词抄本，所以又称敦煌词，或敦煌曲子词和敦煌曲词，主题集中在女子恋情。在表达中古时期中国女子情爱观时，敦煌曲子显示出中心内容的一致性与表达方式的多样性，充分表达了中古时期中国女子丰富的内心世界和鲜活生动的生活状态。这些作品作者庞杂，有民家妇女、欢场女子、征夫之妻、宫廷女性，追求和向往美好忠贞的生活与爱情，恣肆，奔放，热烈。写本和抄本在产生和流传保存过程中，或有民间知识分子加工润色。

唐代敦煌曲子《破阵子·人去潇湘》写"莲脸柳眉"，考虑到敦煌浓重庄严的佛教氛围，莲与眉的意象合用就显得很自然了，曲词写道：

莲脸柳眉休晕，青丝罢拢云。暖日和风花戴媚，画阁雕梁燕语新，卷帘恨去人。

寂寞长垂珠泪，焚香祷尽灵神。应是潇湘红粉继，不念当初罗帐恩，抛儿虚度春。

敦煌曲子词对女性的描写十分动人，把肉身、生活日常、爱的光辉和佛的观照凝神一体，这是敦煌文学的超然高度。有《凤归云·鲁女坚贞》词曰："幸因今日，得睹娇娥。眉如初月，目引横波。素胸未消残雪，透轻罗。……朱含碎玉，云髻婆娑。"《破阵子·三边无事》曲中唱道：

> 风送征轩迢递，参差千里余。目断妆楼相忆苦，鱼雁山川鳞迹疏，和愁封去书。
>
> 春色可堪孤枕，心焦梦断更初。早晚三边无事了，香被重眠比翼鱼，双眉应自舒。

《倾杯乐·五陵堪娉》词曰：

> 窈窕逶迤，体貌超群，倾国应难比。浑身挂绮罗，装束……未省从天得至。脸如花自然多娇媚，翠柳画蛾眉，横波如同秋水，裙生石榴，血染罗衫子。观艳质语软言轻，玉钗坠素绾乌云髻。年二八久镇香闺，爱引猧儿鹦鹉戏。十指如玉如葱，凝酥体雪透罗裳里。堪娉与公子王孙，五陵年少风流婿。

唐人苏乩《南歌子》：

> 漫画眉如柳，虚匀脸上莲。知他心在阿谁边，天天天……因何用意偏。

柳眉和莲脸的双比喻组合流传已久，"莲脸"之喻也非常古老。《古诗十九首》中有一首《涉江采芙蓉》：

> 涉江采芙蓉，兰泽多芳草。采之欲遗谁，所思在远道。
> 还顾望旧乡，长路漫浩浩。同心而离居，忧伤以终老。

古人常把女人的容貌比喻成芙蓉，也就是荷花、莲花。《西京杂记》卷二描写卓文君的美貌,"文君姣好……脸际常若芙蓉",这也是"莲脸"之喻。傅玄《美女篇》说美女的容颜就如同荷花:"美女一何丽,颜若芙蓉花。"

变文是佛教传播过程中演绎佛法的通俗故事,在民间流传很广。《敦煌变文校注·伍子胥变文》有"水上荷花不如面"的比喻,说明"莲脸"之喻已经进入日常表达。同一本书里,《破魔变文》中形容一位十五岁的少女如出水芙蓉:"阿奴身年十五春,恰似芙蓉出水滨。"

古代歌辞中,以莲花喻美人的诗句比比皆是。苏辙《千叶白莲》:"莲花生淤泥,净色比天女。"杨万里《红白莲》:"红白莲花开共塘,两般颜色一般香。恰如汉殿三千女,半是浓妆半淡妆。"元稹《刘阮妻》:"芙蓉脂肉绿云鬟,罨画楼台青黛山。千树桃花万年药,不知何事忆人间。"白居易《长恨歌》:"芙蓉如面柳如眉,对此如何不泪垂?"

芙蓉、蛾眉喻美人有更直接的记载。《山堂肆考》卷200《美人醉》条收录王安石《木芙蓉》一诗:"水边无数木芙蓉,露染胭脂色未浓。正似美人初醉著,强抬青镜欲妆慵。"又收白朴《唐明皇秋夜梧桐雨》:"见芙蓉怀媚脸,遇杨柳忆纤腰。"《红楼梦》中晴雯被称为芙蓉女儿。以上各证都能表明"芙蓉"在古人的意识中能够用来比喻美丽的女人。

此外,在古人心中"芙蓉"还有"同心"的含义,朱光潜认为"芙蓉"与"夫容"谐音,所以常被象征情侣之间坚贞相守的爱情。

同心莲是民间歌咏的常见意象,古乐府《月节折杨柳歌》歌曰:

芙蓉始怀莲,何处觅同心。俱生世尊前。折杨柳,捻香散名花,志得长相取。

梁武帝萧衍《夏歌》也写同心莲,同心同色心通,歌曰:

> 江南莲花开,红光复碧水。色同心复同,藕异心无异。

昭明太子萧统《咏同心莲》则以同心莲同根连枝为喻,仍然是两心相照,词曰:

> 江南采莲处,照灼本足观。况等连枝树,俱耀紫茎端。
> 同逾并根草,双异独鸣鸾。以兹代萱草,必使愁人欢。

梁代朱超《咏同心芙蓉》写同心莲双蒂风合,池上荷风极美,词曰:

> 青山丽朝景,玄峰朗夜光。未及清池上,红蕖并出房。
> 日分双蒂影,风合两花香。鱼惊畏莲折,龟上碍荷长。
> 云雨留轻润,草木隐嘉祥。徒歌涉江曲,谁见缉为裳。

隋代杜公瞻《咏同心芙蓉诗》显然是写相思,虽分别相思,同心可鉴,诗曰:

> 灼灼荷花瑞,亭亭出水中。一茎孤引绿,双影共分红。
> 色夺歌人脸,香乱舞衣风。名莲自可念,况复两心同。

唐代徐彦伯《采莲曲》隐喻相伴相守难得,花好月圆且行且珍惜,曲曰:

> 妾家越水边,摇艇入江烟。既觅同心侣,复采同心莲。
> 折藕丝能脆,开花叶正圆。春歌弄明月,归棹落花前。

皮日休《重台莲花》:

> 欹红矮媠力难任,每叶头边半米金。可得教他水妃见,两重元是一重心。

水妃,是水中的神女。这双重的莲花其实同出于一个花心,你我本是同心。

28. 云锁眉尖　孤负东风

曾说到《东周列国志》等古代通俗话本小说中常见的"引诗为证"的套话:

二八深闺不解羞,一桩情事锁眉头。
鸾凰不入情丝网,野鸟家鸡总是愁。

眉头何以锁?宋代女词人幼卿,宋徽宗宣和年间人,生卒和姓氏不详,故而只名幼卿。幼卿《浪淘沙》词云:

目送楚云空,前事无踪。谩留遗恨锁眉峰。自是荷花开较晚,孤负东风。
客馆叹飘蓬,聚散匆匆。扬鞭那忍骤花骢。望断斜阳人不见,满袖啼红。

《能改斋漫录》载有该词的小序,其意是幼卿小时候经常和自己的表兄在一起学习,都非常喜欢文学。在幼卿不到十五岁的时候,表兄想与她缔结婚姻关系。幼卿的父亲以他表兄还没有取得功名为理由,拒绝了这个请求,并将她另嫁他人。第二年,她表兄取得甲科的好成绩,在洮房担任职务,而此时幼卿的丈夫在陕右附近带兵。幼卿和表哥偶然遇到,但表兄策马向前就当没有看见,幼卿以为他因为求亲未成的事情耿耿于怀,因此写了这篇浪淘沙的词以寄伤情。上片委婉含蓄地写出"荷花开较晚,孤负东风",下片抒发"聚散匆匆"的慨叹,"望断斜阳人不见",流露了无限眷恋之情。全词缠绵哀怨,真挚动人。《全宋词》中收集有很多女词人的作品，其中以李清照为最甚，其他女词人仅数首佳作。而幼卿这一首不同寻常，它不仅仅表达了深深的哀怨，还有词人对封建礼教的强烈不满。

宋代朱淑真有一首《旧愁》，愁乱，眉锁，一张一弛。诗曰：

  银屏屈曲障春风，独抱寒衾睡正浓。啼鸟一声惊破梦，乱愁依旧锁眉峰。
  花影重重叠绮窗，篆烟飞上枕屏香。无情莺舌惊春梦，唤起愁人对夕阳。

宋人盛世忠《倦妆图》写余恨，如春睡时纷落杨花，落不满眉间，因而，愁绪只锁在眉尖。诗曰：

  睡觉春山懒更添，起来余恨锁眉尖。料应春事关心曲，怕见杨花不卷帘。

宋人真山民《春闺词》反其意，愁深似海，灌注双蛾眉犹不足，充塞眉尖，应为锁满眉尖。诗曰：

  愁锁眉尖未肯消，何心更待两蛾娇。一春螺黛浑无用，付与东风染柳条。

宋代黄公度《菩萨蛮·公时在泉幕》写离人愁思，词曰：

  高楼目断南来翼，玉人依旧无消息。愁绪促眉端，不随衣带宽。
  萋萋天外草，何处春归早。无语凭栏杆，竹声生暮寒。

"愁绪促眉端，不随衣带宽"，人因愁而渐瘦，衣带渐宽，而眉头却依旧紧锁，不见有渐宽的迹象，曲中似有"衣带渐宽终不悔"之影，写得妙趣横生。黄公度另有一阕《菩萨蛮·眉尖早识愁滋味》写狎妓，雅中见俗。词曰：

  眉尖早识愁滋味，娇羞未解论心事。试问忆人不？无言但点头。
  嗔人归不早，故把金杯恼。醉看舞时腰，还如旧日娇。

宋代陈成之《小重山·恨入眉尖熨不开》和黄公度上阕词一样写"眉尖"，春江水暖鸭先知，世上情苦，先入眉尖。词曰：

恨入眉尖熨不开。日高犹未肯,傍妆台。玉郎嘶骑不归来。梁间燕,犹自及时回。

粉泪污香腮。纤腰成瘦损,有人猜。一春那识下香阶。春又去,花落满苍苔。

宋代石孝友《鹧鸪天·收拾眉尖眼尾情》从眉尖写到眼尾,眼波流转,情丝与月光连绵不绝。词曰:

收拾眉尖眼尾情。当筵相见便相亲。偷传翡翠歌中意,暗合鸳鸯梦里身。

云态度,月精神。月流云散两无情。觉来一枕凄凉恨,不敢分明说向人。

宋代蒋捷《梅花引·荆溪阻雪》"都道无人愁似我",还偏有梅花,再单独说一次,梅花也愁似我,但问:何事锁眉头?
诗曰:

白鸥问我泊孤舟,是身留,是心留?心若留时,何事锁眉头?风拍小帘灯晕舞,对闲影,冷清清,忆旧游。

旧游旧游今在不?花外楼,柳下舟。梦也梦也,梦不到、寒水空流。漠漠黄云,湿透木棉裘。都道无人愁似我,今夜雪,有梅花,似我愁。

宋代大词家张先《雨中花令》写得极美,前世修来的今生缘分,蛾眉下秋水,双燕同栖。词曰:

近鬓彩钿云雁细。好客艳、花枝争媚。学双燕、同栖还并翅。我合著、你难分离。

这佛面、前生应布施。你更看、蛾眉下秋水。似赛九底、见他三五二。正闷里、也须欢喜。

金朝蔡圭（也作蔡珪）的《画眉曲七首》是有趣的组诗，写尽了元和才子、五陵少年、帝君与卿的长安旧事。其诗曰：

楼外春山几点螺，楼头望处染双蛾。不知深浅随宜否，却倩菱花问眼波。

小阁新裁寄远书，书成欲遣更踟蹰。黛痕试与双双印，封入云笺认得无。

纤叶斜横蜀柳条，拂成风思自妖娆。元和才子才犹拙，只对春风咏舞腰。

画手新翻十样图，西巡故事出成都。凭君列置华堂上，与问丹青解语无。

龙尾云根玉作纹，纹间有月半痕新。若为唤取文姬辈，分付云窗笔下春。

未识春愁识晓醒，娇啼恰恰似雏莺。日高阿母嗔妆晚，促画鸦儿转不成。

时世华妆巧斗春，张卿态度独清新。五陵年少多才思，数点章台走马人。

元人张逊《水调歌头》写长恨已老不堪说，纵有回文锦书，更寄有何人？自锁眉头。曰：

玉树后庭曲，千载有余愁。碧月夜凉人静，曾赋采华游。玉露细摇金缕，香雾轻笼翠葆，折下一天秋。张绪总能老，还自锁眉头。

把鸾笺，裁绣句，写银钩。回文巧成锦字，长恨与江流。漠漠梁间燕子，款款花边蝴蝶，梦觉却并州。独感旧时貌，还复照西楼。

明人刘炳《燕子楼同周伯宁赋》写此愁此乐都无关人间世，孤绝。诗曰：

宝瑟凝歌绕珠箔，流苏结带黄金索。翠红香里宿鸳鸯，春风人间无此乐。

杏梁尘暗麝兰篝，黛锁眉峰掩画楼。灯残枕冷梨云断，秋雨人间无此愁。

29. 雪面淡眉　娟娟云鬓

月眉是古代妇女眉妆式样之一，指新弦月一样又弯又清秀的眉毛，眉尖与眉梢较尖细，辑腰广而浓。月眉的两端，一般画得比较尖锐，黛色也用得比较浓重。月眉又称月棱眉、却月眉。

唐杜牧《闺情》诗曰：

娟娟却月眉，新鬓学鸦飞。暗砌匀檀粉，晴窗画夹衣。
袖红垂寂寞，眉黛敛衣稀。还向长陵去，今宵归不归。

宋代刘克庄《生查子·元夕戏陈敬叟》词曰：

繁灯夺霁华，戏鼓侵明发。物色旧时同，情味中年别。
浅画镜中眉，深拜楼西月。人散市声收，渐入愁时节。

周必大是南宋著名政治家、文学家，他的《朝中措》写秋天月眉之景。有意思的是这阕词有一个题注：非泛泛祝词也戊子，特别指出"我的心意真，我的祝福深"。词曰：

月眉新画露珠圆，今夕正相鲜。欲导唐家诞节，先生汉相韦贤。
悬知此去，莺迁春谷，鹗在秋天。班首算来旬岁，状头看取明年。

相传李贺的眉毛很特别，长着一字眉。《新唐书》记载，李贺七岁能辞章，韩愈和皇甫湜最初听到李贺的天才之名并未相信，路过贺家，正好一探究竟，命赋诗，果然才思敏捷，提笔立成大篇。李贺有《昌谷诗》写昌谷夏景。诗中化典云："泉樽陶宰酒，月眉谢郎妓。"泉水如酒，月弯如眉，此是写景。陶宰，即陶渊明；谢郎妓，指谢安外出游赏，必有歌妓随从。王琦释曰："梁武帝诗：容色玉耀眉如月。谓眉之湾环，状如初月也。"

五代词人牛希济有一曲《生查子》，词曰：

> 新月曲如眉，未有团圞意。红豆不堪看，满眼相思泪。
> 终日劈桃穰，人在心儿里。两朵隔墙花，早晚成连理。

这首词极其自然地运用了南北朝民歌中的吴歌"子夜体"，以下句释上句，托物抒情，深得六朝短歌遗意。

《谩兴赠郎》是清代诗人李淑媛创作的一首七言绝句。李淑媛是承旨学士赵瑗副室。副室，就是小妾。旧文学史往往不列李淑媛的本名，以"赵瑗妾"来指称她，也有用加括号的"（李氏）"来注明作者。

李淑媛的《谩兴赠郎》曰：

> 柳色江头五马嘶，半醒半醉下楼时。春红欲瘦临妆镜，试写纤纤却月眉。

李淑媛的另一首诗《鸡叫子·春烟》写得十分有味道，把桃花柳眉的习语与自然描写融合无痕：

> 带雾连云轻冉冉，朦胧浮翠深还浅。若非淡扫柳梢头，定教浓抹桃花面。

月眉往往和云鬟相配。宋代王炎《临江仙》诗曰：

> 试问休官林下去，何人得似高年。壶中不记岁时迁。吹箫新有伴，餐玉共求仙。
> 有客尊前曾得见，月眉云鬟娟娟。断肠刺史独无眠。谁能闻一曲，偷向笛中传。

宋代向子諲《生查子·赠陈宋邻》：

娟娟月入眉，整整云归鬓。镜里弄妆迟，帘外花移影。
斜窥秋水长，软语春莺近。无计奈情何，只有相思分。

月亮与眉毛有天然的关联，古有"月眉星眼"的说法。明无名氏撰写的杂剧传奇《女贞观》是通俗文学，是民间流行艺术，见第一折：

你说咱雪肌花貌常清静，桃腮杏脸行端正，月眉星眼天然性。

雪面淡眉，天上青女。

淡眉属于烟眉的大类，烟眉在历史上是流行眉样之一。唐代徐凝《宫中曲》二首其二曰："身轻入宠尽恩私，腰细偏能舞柘枝。一日新妆抛旧样，六宫争画黑烟眉。"唐代杨炎《赠元载歌妓》写"雪面淡眉"，"雪面"是当时流行的白妆，"淡眉"是烟眉中的一款。杨炎是中唐政治家，他把对时尚的观感写在诗中，也别有滋味。其诗曰：

雪面淡眉天上女，凤箫鸾翅欲飞去。玉山翘翠步无尘，楚腰如柳不胜春。

长眉似烟，两种眉式的结合，也是寻常巷陌市井中女子的日常眉式一种。唐陆龟蒙《相和歌辞·陌上桑》曰：

皓齿还如贝色含，长眉亦似烟华贴。邻娃尽著绣裆襦，独自提筐采蚕叶。

眉晕，或是晕眉，在宋人的诗词中出现的频率很高。
宋代无名氏《绿头鸭·多丽》写晕眉，曰：

敛同云。破腊雪霁前村。占阳和、孤根先暖，数枝已报新春。如青女、谩同素质，笑姑射、难并天真。疏影横斜，澄波清浅，暗香浮动月黄昏。山驿畔，行人立马，回首几销魂。江南远，陇使趁程，踏尽冰痕。

> 有个人人，玉肌偏似，移我常对金尊。拈纤枝、鬓边斜戴，嗅芳蕊、眉晕潜分。素脸笼霞，香心喷日，寿阳妆罢酒初醒。待调鼎、须贪结子，忍见落纷纷。霜天晓，愁闻画角，声断谯门。

宋代朱雍《亭前柳》写晕眉的描画，和长眉的结合，曰：

> 伫立东风里，放纤手、净试梅妆。眉晕轻轻画，远山长。添新恨，更凄凉。
> 尝忆得、驿亭人别后，寻春去、尽是幽香。归路临清浅，在寒塘。同水月，照虚廊。

宋代王炎《蝶恋花·崇阳县圃夜饮》写新月眉与晕眉的结合款，曰：

> 纤手行杯红玉润。满眼花枝，雨过胭脂嫩。新月一眉生浅晕。酒阑无奈添春困。
> 唤起醉魂君不问。憔悴颜容，羞与花相近。人自无情花有韵。风光易老何须恨。

宋人侯寘《菩萨蛮·小女淑君索赋晚春词》写翠眉和晕眉的结合，曰：

> 东风吹梦春醒恶，琐窗淡淡花阴薄。一夜曲池平，小窗云样明。绿轻眉懒晕，香浅罗衣润。未见海棠开，卷帘双燕来。

南宋词人刘过的《小桃红·在襄州作》写晕眉的特别款，晕眉斜印，有更多的民间趣味，词曰：

> 晚入纱窗静。戏弄菱花镜。翠袖轻匀，玉纤弹去，小妆红粉。画行人、愁外两青山，与尊前离恨。
> 宿酒醺难醒。笑记香肩并。暖借莲腮，碧云微透，晕眉斜印。最多情、生怕外人猜，拭香津微揾。

晕眉一款，无论是潜分、轻晕、浅晕、懒晕、斜印，都不脱烟眉根本。

元代乔吉的散曲创作，成就高于杂剧。《折桂令·西湖忆黄氏所居》写眉淡如兰，曲曰：

多时不到儿家。想绳挂秋千、弦断琵琶、眉淡兰烟、钗横梭玉、粉褪铅华。软龙绡尘蒙宝鸭，烂胭脂雨过金沙。隔个窗纱，梦断东风，门外啼鸦。

又有《朝天子·小娃琵琶》写少女"眉儿轻纵"之态，曰：

暖烘，醉客，逼匝的芳心动。雏莺声在小帘栊，唤醒花前梦。指甲纤柔，眉儿轻纵，和相思曲未终。玉葱，翠峰，骄怯琵琶重。

30. 三妇眉妒　柳眉星眼

妯娌相妒是民歌里常见的一个话题，反复书写，轻松中带点亲昵，带点戏谑。在南北朝以来民歌里，大妇、中妇、小妇相互较长短，彼此轮流妒忌了一遍"蛾眉"。

陈叔宝、张正见、沈约等都写了以三妯娌的日常相处常态为题的《三妇艳》，可作一笑之资。

南北朝歌谣中，陈叔宝有《三妇艳词》十一首，有三首写到画眉：

（其二）
大妇西北楼，中妇南陌头。小妇初妆点，回眉对月钩。
可怜还自觉，人看反更羞。

（其四）
大妇妒蛾眉，中妇逐春时。小妇最年少，相望卷罗帏。
罗帏夜寒卷，相望人来迟。

（其十）
大妇怨空闺，中妇夜偷啼。小妇独含笑，正柱作乌栖。
河低帐未掩，夜夜画眉齐。

张正见《三妇艳诗》曰：

大妇织残丝，中妇妒蛾眉。小妇独无事，歌罢咏新诗。
上客何须起，为待绝缨时。

沈约《三妇艳》曰：

大妇拂玉匣，中妇结罗帷。小妇独无事，对镜画蛾眉。
良人且安卧，夜长方自私。

这是普通劳动妇女的眉的基础意象，也是中国文化中女性书写的一个经典符号。从某一个角度来看，作为生动而又抽象的普遍性的女性，哪一位女子不是一位神女和仙女呢？

南宋政治家、词人史浩善写眉，而且有很多生活常态的实写。《上绍兴守俞阁学生日 其二》写男性寿眉之喻，诗曰：

试向黄堂寿我公，庞眉齯齿气冲融。鸟飞会看三松老，鲸饮何辞百槛空。
的皪方瞳曈迟日，扶疏绿鬓受春风。摩挲铜狄长安道，肉眼它年记此翁。

《丰必强母郭氏挽辞》祭奠亡人，挽辞中"眉影"是生命过往的象征，诗曰：

汾阳遗泽渺千春，来配名家德有邻。蟾窟初看攀桂子，萱堂忽失断机人。
秀眉影属霜縑净，斜日风开丹旐新。锦轴已闻生命诰，赠黄从此蹠松筠。

《豳风·七月》有一句"为此春酒，以介眉寿"，意思是"（特意）酿好这春酒，以祈求长寿"。以介眉寿，是吉祥语。《寄居为诸学职庆寿致语口号》中的"介眉"是传统表达，诗曰：

朝来太史上宸廷，为说东鄞集寿星。已把湖山供笑乐，更催歌舞看娉婷。
蓝田有玉应千岁，韦室专门祇六经。接武定应成福禄，介眉何惜醉修龄。

《待明守杨少卿致语口号》同此，古人人寿多不长，易生感慨，诗曰：

鄞城郁郁蔼祥烟，何幸分符得大贤。散利士知廉律己，救荒民仰食为天。
仁风行见周千里，雅俗俱欣受一廛。正恐最闻须召入，介眉今日且樽前。

第六部　柳眉古意

《诸亲庆寿致语口号》写老人寿者聚会，仍说介眉，如神仙会，诗曰：

郁葱佳气拥丛霄，又见端门遣使招。筋豆兼全真璀璨，茗香剩馥更飘飖。双旌容与留千骑，三族耆庞聚一朝。正是瑶池八仙会，介眉何必羡松乔。

《林兰香》是清代白话长篇世情小说，作者试图塑造一个"孝女节妇"的完美女性形象。故事讲明代开国公之孙耿朗，家道富有，五妻同欢。第二十六回，介绍五位妻妾的妆饰时写道："五位奶妆束各有风致，各有好处。"彩云道："你既如此留神，何不说来，看是谁好？"浼浼道："大娘爱梳涵烟髻，二娘爱梳垂云髻，三娘爱梳九真髻，四娘爱梳百合髻。大娘喜画横烟眉，二娘喜画却月眉，三娘喜画三峰眉，四娘喜画五岳眉。"

柳眉星眼，是形容女子细长的眉和明亮的眼睛。柳眉踢竖，星眼还飞。同样的眉式，在俗文化和雅文化传统中是完全不同的表达。

宋人范成大《行唐村平野，晴色妍甚》诗曰：

暖日烘繁梅，秾香扑征鞍。云烟酿春色，心目两骀荡。
柳眉翠已扫，桑眼青未放。兹游定不俗，前路八千嶂。

唐李商隐《和人题真娘墓》：

虎丘山下剑池边，长遣游人叹逝川。胃树断丝悲舞席，出云清梵想歌筵。
柳眉空吐效颦叶，榆荚还飞买笑钱。一自香魂招不得，只应江上独婵娟。

前蜀李珣《望远行》词写思妇辗转难眠，草虫、滴漏、孤月、屏风、幽庭，视听全息之境界全出，词曰：

露滴幽庭落叶时，愁聚萧娘柳眉。玉郎一去负佳期，水云迢递雁书迟。
屏半掩，枕斜欹，蜡泪无言对垂。吟蛩断续漏频移，入窗明月鉴空帏。

这三例,全是以柳眉作喻体,写自然景色物象,这是眉语的一个传统,柳眉的内涵十分丰富,眉与物象形成互文,互为主体。

元散曲《斗鹌鹑·元宵》:

正当年,柳眉星眼芙蓉面,绛衣缥缈,麝兰琼树,花里遇神仙。

明人兰陵笑笑生《金瓶梅词话》第五十八回:

登时柳眉剔竖,星眼圆睁,叫春梅打着灯,把角门关了,拿大棍把那狗没高低只顾打,打的怪叫起来。

《水浒传》第二十一回:

只见那婆惜柳眉踢竖,星眼圆睁,说道:"老娘拿是拿了,只是不还你。"

《水浒传》第三十八回:

杏脸桃腮,酝酿出十分春色;柳眉星眼,妆点就一段精神。

《水浒传》第三十回:

看看月明,光彩照入东窗,武松吃的半醉,却都忘了礼数,只顾痛饮。张都监叫唤一个心爱的养娘,叫做玉兰,出来唱曲。那玉兰生得如何?但见:脸如莲萼,唇似樱桃。两弯眉画远山青,一对眼明秋水润。纤腰袅娜,绿罗裙掩映金莲;素体馨香,绛纱袖轻笼玉笋。凤钗斜插笼云髻,象板高擎立玳筵。

以上几个例子,则完全出自古代通俗文化,柳眉星眼往往并用,这又是汉语表达的另一个传统。

《儿女英雄传》第五回:

那女子不听犹可,听了之话,只见她柳眉倒竖,杏眼圆睁;腮边烘两朵红云,面上现一团煞气。

《孽海花》第十回：

> 两人抬头一看，却就是那非常标致的女洋人夏雅丽姑娘，柳眉倒竖，凤眼圆睁。两人这一惊非同小可。

这是晚清近代的市井文学。有意思的是，这是中国近代文学中最早的西方女性形象之一，名字叫"夏雅丽"，时代痕迹明显，为了迎合读者，取名中西合璧。也反映出近代中国，国门初开，翻译中的译名常套用中国概念，无意识中，也用中国的审美标准和审美习惯，来描写西洋美女。这位夏雅丽姑娘，柳眉凤眼，的确非常标致，只是吧，是东方美人的标致，一点儿没有西方美女的特点。

鲁迅《故事新编·奔月》：

> 嫦娥将柳眉一扬，忽然站起来，风似的往外走。

郁达夫的传统文化根基很深，《沉沦》写道：

> 半痕新月，斜挂在西天角上，却似仙女的蛾眉，未加翠黛的样子。

这两个例子则是现代文学早期，中国文学走向现代书写的初始形态，柳眉蛾眉已经成为中国人写景写人的无意识文化意象之一。

第七部

7

眉色眉风

中国文化的眉语流传过程中，各种眉形眉相形成了许多衍生典型意象，并各有其审美流传。

中国人画眉是画一种精神，讲求内在神采的呈现。中国古人眉上的第一精神，女性眉语精神首推清秀。如美目清扬，秀骨贞风；妖冶殊丽，清扬婉若；有美一人，清扬婉兮；帝子音容闲雅，眉目如画等等，都是这一类经典眉语。中国古代的男性眉语精神则另有传统，男性的眉色眉风以清雅正气为上品。如夫子正色，愀然扬眉；诗仙抚长剑，一扬眉；魏晋修仙，翠眉鹤鬓；英雄烈士，须眉四照等等，都是典型的男性眉上风采。

此外，长眉和古镜是中国古人取意造象的经典意象。眉与风物相应和的自然眉趣表达，如以旧柳新梅来比喻眉间时间情感的变化等等，无不体现了中国古典审美精神。

31. 秀骨贞风　剑眉清扬

中国人画眉，讲求内在神采，其中灵动又排在第一。清扬，指眉目清秀，也泛指人美好的仪容、风采，是一种非常古老的审美意象，肇始于《诗经》时代。很难得的是，清扬，男女皆然，都可以使用，这也是一种东方的审美趣味。《诗经·国风》中有《郑风·野有蔓草》篇，诗曰：

> 野有蔓草，零露漙兮。有美一人，清扬婉兮。邂逅相遇，适我愿兮。
> 野有蔓草，零露瀼瀼。有美一人，婉如清扬。邂逅相遇，与子偕臧。

"清""扬"都是形容眼睛的神采之美。婉，形容眼波流动的样子。清，指眼神清秀。扬，指眉宇宽阔明亮。所谓清扬而有颜，就是说眉清目秀，眉宇敞亮，是美的基本内核。《毛诗传》解释为："眉目之间婉然美也。"人们认为，女子眉目清扬，正是婚配的佳偶。美好的女子，美好在眉目，大约是可以传情达意，心意相通，便有了共同建立家庭的基础。

《齐风·猗嗟》说美男子"猗嗟昌兮，颀而长兮，抑若扬兮，美目扬兮"。按《诗传》的解释，美好的眉目，它的眉毛必然是扬起的，故名眉为扬。

诗曰：

猗嗟昌兮，颀而长兮。抑若扬兮，美目扬兮。巧趋跄兮，射则臧兮。
猗嗟名兮，美目清兮。仪既成兮，终日射侯。不出正兮，展我甥兮。
猗嗟娈兮，清扬婉兮。舞则选兮，射则贯兮。四矢反兮，以御乱兮。

《鄘风·君子偕老》是一首讽刺诗，写宣姜之美，曰："子之清扬，扬且之颜也。"后世，"清扬婉兮"和"婉如清扬"成为诗歌中形容女子眉清目秀的典故和习语。如宋人陈辅《湖上有作》诗云：

平湖共天远，浸月坐寒光。乘流溯荃壁，棹舟寻药房。佳人折轻荷，随风来珍香。顾盼但微笑，眉宇何清扬。日暮共携手，遥指烟中湘。

眉宇清扬，眉宇是一个空间。眉间或不盈方寸，却是一个人的神采性灵小宇宙。清扬指眉目也指整个人物的神采，可见眉目是人的精神风采之本。清扬也用来形容声音清亮悠扬。如《荀子·法行》："扣之，其声清扬而远闻，其止辍然。"又如唐代蒋防《霍小玉传》："今日幸会，得睹清扬。"清扬一词，真是形神皆备，集美好于一体。

宋代黄庭坚《枯骨颂》一诗中本意是作"枯骨观"，但开篇第一联写道"清扬巧笑倾人城，骄气矜色增我慢"，却无意间写得极具现代感。你想啊，本来美女就绝色逼人，又满脸傲娇矜持，让我更加犹疑不决，不敢上前亲近。这是很多男女交往的日常写照！

文天祥在《六歌》中用"清扬"来形容自己的女儿，父爱满满——"有女有女婉清扬，大者学帖临钟王，小者读字声琅琅"。

清扬也用来形容男子的秀拔。李白的《寄弄月溪吴山人》写寻访吴山人，而山人高踪邈难追，徒生"清扬杳莫睹，白云空望美"之叹。虽然失机，未能一睹仙人清扬，但整首诗仙气飘飘。

> 尝闻庞德公，家住洞湖水。终身栖鹿门，不入襄阳市。
> 夫君弄明月，灭景清淮里。高踪邈难追，可与古人比。
> 清扬杳莫睹，白云空望美。待我辞人间，携手访松子。

黄庭坚用"清扬"来代指子由，即苏辙。见《再次韵奉答子由》：

> 蚕尾银钩写珠玉，剡藤蜀茧照松烟。似逢海若谈秋水，始觉醯鸡守瓮天。
> 何日清扬能觌面，只今黄落又凋年。万钱买酒从公醉，一钵行歌听我颠。

另有《戏赠曹子方家凤儿》，用"清扬"写女孩子般清秀的男子：

> 束芽入汤狮子吼，荔子新剥女儿颊。凤郎但喜风土乐，不解生愁山叠叠。
> 目如点漆射清扬，归时定自能文章。莫随闽岭三年语，转却中原万籁簧。

又如唐代白居易有一首《重到城七绝句·裴五》，也是写男子眉目清秀。诗曰：

> 莫怪相逢无笑语，感今思旧戟门前。张家伯仲偏相似，每见清扬一悯然。

宋人晁补之《缀古诗语送无斁弟赴举》中有句：

> 我心蕴结兮，嗟予弟行役。二之日栗烈，飘风发发。子之清扬，麻衣如雪。载驰载驱，出宿于干。

明人陆粲《太息行赠平湖谢赞府》有句：

> 太息复太息，悲风动河梁。浮云翳中天，白日不回光。
> 谢子庐江来，修髯宛清扬。伏阙三上书，雅道陈虞唐。

以上诸句都是写男子，写气质美男。中国古代文人偏爱清秀的美男子。宋代刘克庄既用清扬来形容美女，也用来自比。

如《芙蓉六言四首》有曰：

雪白露初泣晓，酒红日欲平西。王姬何彼秾矣，美人清扬婉兮。

在《水龙吟·当年玉立清扬》中则用来自比少年时的风华正茂，对自己年少时的颜值十分自信，连月光都要追随照耀在我的身上。词曰：

当年玉立清扬，屋梁落月偏相照。而今衰飒，形骸百丑，情怀十拗。久已饰巾，尚堪扶杖，听山东诏。尽后车载汝，营丘封汝，何必在、磻溪钓。

晚悟儋书玄妙。懒从他、钟离传道。不论资望推排，也做五更三老。宋玉多悲，唐衢喜哭，好闲烦恼。问天公，扑断散人二字，赐龟蒙号。

魏晋阮籍《咏怀诗十三首·其十二》曰：

华容艳色，旷世特彰。妖冶殊丽，婉若清扬。
鬒发蛾眉，绵邈流光。藻采绮靡，从风遗芳。
回首悟精，魂射飞扬。君子克己，心洁冰霜。
泯泯乱昏，在昔二王。瑶台璇室，长夜金梁。
殷氏放夏，周翦纣商。于戏后昆，可为悲伤。

明人王弼《戏窗前小桃》诗中也有"清扬"一词，并不指称眉眼，而是清爽之意，用在小小桃树上，别有生趣。诗曰：

小桃甚小能芬芳，乃在主人厅柱傍。忽然见此婉清扬，使我废书典衣裳。
去年柔弱风中狂，樊姬痴小未解妆。绿罗衫袂红锦裆，一笑伴我窗风凉。
一春寂寞卧桁杨，花气扑帘闻昼香。水瓢竹格小匡床，主人乃是江左王。
小桃小桃弗尔伤，坐看明年厅柱长。

清扬婉转，眉上风止，非只在女子。清扬有精神、有灵秀、有神仙气,男女老少咸宜,有古老东方审美的余韵。中国也有男性的眉语,如扬眉,剑眉,星眉。

南北朝江晖一共就留下两首诗,其一《雨雪曲》写豪气干云、抚剑扬眉的边城男儿,诗曰:

> 边城风雪至,游子自心悲。风衰茄弄断,雪暗马行迟。
> 轻生本为国,重气不关私。恐君犹不信,抚剑一扬眉。

南北朝吴迈远生于乱世死于乱世,对自己的文才很自负,其《胡笳曲》很传神,既要建功立业,又要不失男儿豪情与尊严,这就是所谓的"扬眉受千金"。其诗曰:

> 轻命重意气,古来岂但今。缓颊献一说,扬眉受千金。
> 边风落寒草,鸣笳坠飞禽。越情结楚思,汉耳听胡音。
> 既怀离俗伤,复悲朝光侵。日当故乡没,遥见浮云阴。

李白《扶风豪士歌》也写男儿抚剑扬眉,诗曰:"扶风豪士天下奇,意气相倾山可移。……抚长剑,一扬眉,清水白石何离离。"四海传诵的《梦游天姥吟留别》名句:"安能摧眉折腰事权贵,使我不得开心颜!"摧眉折腰,岂是男儿所为!

杜甫《雨晴》写家国山河,是秋思愁眉:

> 雨时山不改,晴罢峡如新。天路看殊俗,秋江思杀人。
> 有猿挥泪尽,无犬附书频。故国愁眉外,长歌欲损神。

储光羲生逢大唐由盛而衰的时代,他多次科举不第,宦途不顺。储光羲擅长五言古体诗,算不得顶一流诗人,被认为"颇有刻意学陶,力造古雅"。但他努力过、隐居过,与王维、孟浩然、裴迪、殷遥、綦毋潜等均有交游,大小官职担任过,农家田园也躬耕过,名宦小民都交往过,盛世乱世都经历过。为保命,储光羲一度接受过安禄山叛军的官职,后逃脱,归朝,贬官,说他是大唐普(通)男标本,不为过。

储光羲《上长史王公责躬》诗中用"丑妇用蛾眉"作喻,谈时代政治风气之暗昧,自悲自叹,自咎自卑,眉间的表情应该很复杂,诗曰:

覆舟无伯夷,覆车无仲尼。自咎失明义,宁由贝锦诗。
松柏日已坚,桃李日以滋。顾己独暗昧,所居成蒺藜。
大贤荐时文,丑妇用蛾眉。惕惕愧不已,岂敢论其私。
方朔既有言,子建亦有诗。恻隐及先世,析薪成自悲。
灵乌酬德辉,黄雀报仁慈。若公庶伏罪,此事安能迟。

32. 眉长满镜　空遗金环

南朝梁人何逊从小就是神童，八岁能诗，二十岁举秀才，官至尚书水部郎。其诗《离夜听琴》写离别夜听友人弹琴送别，长眉情深，美人惨怨成悲。诗曰：

> 别离既有绪，琴瑟反成悲。美人多怨态，亦复惨长眉。

常理是中唐诗人，常理的《妾薄命》诗曰：

> 十五玉童色，双蛾青弯弯。鸟衔樱桃花，此时刺绣闲。娇小恣所爱，误人金指环。艳花句引落，灭烛屏风关。妾怕愁中画，君偷薄里还。初谓来心平若案，谁知别意险如山。乍啼罗袖娇遮面，不忍看君莫惜颜。

常理《古离别》写那个时代的戍边征夫离人，女子少时青色修眉弯弯，长大嫁作人妇，良缘良匹，夫君却役守边关，难全幸福。曰：

> 君御狐白裘，妾居缃绮帱。粟钿金夹膝，花错玉搔头。离别生庭草，征衣断戍楼。蟏蛸网清曙，菡萏落红秋。小胆空房怯，长眉满镜愁。为传儿女意，不用远封侯。

常理诗中有"娇小恣所爱，误人金指环"。李贺则有"丁丁海女弄金环，雀钗翘揭双翅关"。常理把戒指的寄情写得直白，李贺则写得天真烂漫。长眉清凉,玉肌冰肤水光天色,把长眉之美发扬到高天。李贺是唐代诗神,诗才当然在常理之上。李贺《贝宫夫人》曰:

丁丁海女弄金环,雀钗翘揭双翅关。六宫不语一生闲,高悬银榜照青山。
长眉凝绿几千年,清凉堪老镜中鸾。秋肌稍觉玉衣寒,空光帖妥水如天。

李贺还有一首《汉唐姬饮酒歌》,其中一句"蛾眉自觉长,颈粉谁怜白",让人徒生感慨。诗曰:

御服沾霜露,天衢长蓁棘。金隐秋尘姿,无人为带饰。
玉堂歌声寝,芳林烟树隔。云阳台上歌,鬼哭复何益?
仗剑明秋水,凶威屡胁逼。强枭噬母心,奔厉索人魄。
相看两相泣,泪下如波激。宁用清酒为?欲作黄泉客。
不说玉山颓,且无饮中色。勉从天帝诉,天上寡沉厄。
无处张穗帷,如何望松柏?妾身昼团团,君魂夜寂寂。
蛾眉自觉长,颈粉谁怜白。矜持昭阳意,不肯看南陌。

美人治妆,大恨长眉。南北朝江洪《咏美人治妆》诗曰:

上车畏不妍,顾盼更斜转。大恨画眉长,犹言颜色浅。

江洪《咏歌姬诗》闪现了轻纱半遮面、眉间一展颜的刹那,诗曰:

宝镊间珠花,分明靓妆点。薄鬓约微黄,轻红澹铅脸。
发言芳已驰,复加兰蕙染。浮声易伤叹,沈唱安而险。
孤转忽徘徊,双蛾乍舒敛。不持全示人,半用轻纱掩。

江洪《咏舞女诗》写舞伎腰纤体轻,目之微光斜处里,对座下诸公淡淡一瞥。诗曰:

>腰纤葸楚媛，体轻非赵姬。映襟阑宝粟，缘肘挂珠丝。
>发袖已成态，动足复含姿。斜睛若不眄，娇转复迟疑。
>何惭云鹤起，讵减凤惊时。

庾信《舞媚娘》写一位舞女晨妆后对镜自赏。她最看重的还是眉毛是否好看，这也是她对自己今天的妆容最满意的。"眉心浓黛直点，额角轻黄细安。""直点"是轻快的，"细安"是耐心的。这就是少年舞女日常的装扮。看到镜中的自己那么美，少女感慨青春易逝，红颜难驻，心生些许凄凉。诗曰：

>朝来户前照镜，含笑盈盈自看。眉心浓黛直点，额角轻黄细安。
>只疑落花谩去，复道春风不还。少年唯有欢乐，饮酒那得留残。

东汉镇墓文："生人筑高台，死人归深自埋，眉须已落，下为土灰。"须眉是生命的象征。元末明初的诗人杨维桢《安乐公主画眉歌》一诗中，画眉是生命的超然行为。诗曰：

>铜鼓二鼓星如雪，帐底春云梦初熟。
>羽林千骑开杀声，画眉画眉天未明。
>结龙蟠，飞鸾舞，镜中人，皇太女。
>画眉不鉴长发尼，画眉画眉将何为。
>墨书未罢斜封旨，血浸三郎三尺水。

唐代敦煌曲子《百岁篇·池上荷》是经典民歌，写一个贵族男子一生的感受，从童年写到老年，共十篇。百岁是虚拟，本篇是最后一首。"蛾眉"是男子一生挚爱的女子。我走了，再也没有人会想起那位美丽女子的倩影。纵使人生百年千年，也终有一死，唯有松柏、狐仙万年不老，哪里有什么不老的美人。《百岁篇》曲曰：

>一百终，坟前几树凌霜松。千秋不见蛾眉态，万岁空留狐兔踪。

时光它有脚，不分男女，岁月在眉头鬓边溜走。记取苏轼《西江月》词曰："世事一场大梦，人生几度秋凉。夜来风叶已鸣廊，看取眉头鬓上。"正如《全元散曲·斗鹌鹑·元宵》曲中意，处处种种眉语：

【调笑令】把眉峰暗结，最苦是离别，不烦恼除非心似铁。

【紫花儿序】曲弯弯蛾眉扫黛，慢松松凤髻高盘，高耸耸蝉鬓堆云。一团儿旖旎，百倍儿精神。超群，越女吴姬怎生衬。席上殷勤，百媚庞儿，端的一笑风生。

【小桃红】初出兰堂立樽前，似月里嫦娥现，一撮精神胜飞燕。正当年，柳眉星眼芙蓉面。绛衣缥缈，麝兰琼树，花里遇神仙。

【尾】狠毒娘间阻得难相见，统馒的姨夫恋缠。我为甚着探脚儿勤，只恐怕离别路儿远。雨意云情，十朝五朝。霜艳天姿，千娇万娇。凤髻浓梳，蛾眉淡扫。樱桃口，杨柳腰。玉笋纤纤，金莲小小。

【秃厮儿】儿中眉尖眼角，寨儿中口强心乔，谢琼姬不嫌王子高。同跨凤，宴蟠桃，吹箫。

【尾】……玉笛愁闻，装奁倦开。鬖□乌云，眉颦翠黛。慵转歌喉，羞翻舞态。闷填胸，泪满腮。常记得锦字偷传，香囊暗解。

【尾】对苍天曾说牙疼誓，直睡到红日三竿未起。若要战退睡魔王，差三千个追魂大力鬼。离恨送玉傅香，撩蜂拨蝎。病枕愁衾，寻毒觅螫。掷闷果的心劳，画颦眉的手拙。恨岳高，泪海竭。难凭信鹊验龟灵。无定准鱼封雁帖。

【络丝娘】心头事十强九怯，眉尖恨千结万结。盼的团圆向明月，空立遍露零花谢。

　　眉长满镜，非是眉长，人生自古伤离别，眉长不过是愁长。无论是思念离人，还是几度秋凉中沉浮在人生大梦的旅人，他们都无法照见远人，无法照见自己。只有揽镜自照时，看取眉头鬓上。是所谓，美人治妆，大恨长眉。

33. 蛾眉鹤髻　魏晋风度

《中华古今注》说，三国魏时，宫人"作蛾眉、惊鹤髻"。其形广短、色淡微，为当时妇女所崇尚，直至唐、宋、明、民国都很流行。

晋时已有翠眉，当时很流行的面妆就是"蛾眉惊鹤髻"，眉妆是面妆的一个核心。正如崔豹《古今注·杂注》所说：

魏宫人好画长眉，今作蛾眉、惊鹤髻。

南朝梁人江淹《丽色赋》也印证了这一点，赋曰：

夫绝代而独立者，信东邻之佳人，既翠眉而瑶质，亦卢瞳而赪唇。

我们从南朝梁朝江淹的《丽色赋》及多首唐诗中都可以看到咏翠眉的文句，翠眉已成为美女的代称。又如，唐代诗人卢纶的《宴席赋得姚美人拍筝歌》，诗中有道"微收皓腕缠红袖，深遏朱弦低翠眉"。红袖翠眉，都是代指美人。此外，还有柳叶眉，或称柳眉，也是修长的秀美之眉。

魏晋南北朝一直到唐朝流行有"酒晕妆""桃花妆""飞霞妆""额黄妆"等。魏武帝至齐梁时期一度还兴起过"连头眉"，就是眉头连起来的眉式——这不就是传说中的"一字眉"？

《梁书》："梁天监中，武帝诏宫人……作白妆精黛眉。""柳叶眉""黑烟眉"与"白妆精黛眉"都未入十眉图谱。

可以设想，流传了两千多年的画眉习尚，其式样已经远远越过十种甚至百种以上了。

古时"蛾"与"娥"通解，南唐后主李煜失国后曾写"垂泪对宫娥"，想从前在位时所作《长相思》："淡淡衫儿薄薄罗，轻颦双螺蛾。"两相比，已是全然两种心情了。北周王褒《咏月赠人》写道："初魄似蛾眉。"唐人小说《游仙窟》写眉色光洁："乍出双眉，渐觉天边失月。"这些描写都是将美丽的眉毛比作弯弯的月亮，曲而细长，妩媚小巧，富有美感。

如果秦汉以来女子画眉的黛石都是进口的奢侈品的话，即便是一般贵族女子，日常也不大能够消费得起，民间画眉也就不会如此普遍，成为一时风尚。因此，画眉用品既有进口的高级奢品，也有各地出产的国货。中国各地都出产黛石，并不稀缺。各地黛石质地略有差异，但柔软细腻，可画眉、可书写的共性在早期是共通的。

南朝诗人徐陵在《玉台新咏序》中写道：

> 南都石黛，最发双蛾；北地燕脂，偏开两靥。

南都所产画眉的石黛，画眉效果很好。南都具体在哪里不可考，但南朝宋齐梁陈四代国都均在南京。由此推断，南都很可能在南京之南。

南北朝何逊《离夜听琴诗》曰：

> 别离既有绪，琴瑟反成悲。美人多怨态，亦复惨长眉。

既然都是啼妆妆容，茧眉，很可能也是愁眉。何逊《咏照镜诗》曰：

> 朱帘旦初卷，绮机朝未织。玉匣开鉴影，宝台临净饰。
> 对影独含笑，看花时转侧。聊为出茧眉，试染天桃色。
> 羽钗如可间，金钿畏相逼。荡子行未归，啼妆坐沾臆。

"嚬蛾"是微皱眉头的意思，蛾代指眉毛。如，南朝梁代萧纪《同萧长史看妓》诗曰：

燕姬奏妙舞，郑女发清歌。回羞出曼脸，送态入嚬蛾。

更多时候，眉上之风在古代士大夫的诗文歌咏中，是没有感情，没有温度的，蛾眉只是一个女性符号，只是咏史感怀的表达。野云禅鬓，南宫紫台。初唐宋之问《北邙古墓》访古抒怀，曰：

君不见，邙山苑外上宫坟，相接累累萦蔓草。
宫亭远识南宫树，逶迤辗作南宫道。一朝形影化穷尘，昔时玉貌与朱唇。
锦衾香覆青楼月，罗衣娇弄紫台云。越娃楚艳君不见，赵舞燕歌愁杀人。
游辇倏掩寂无晤，蛾眉何事须相妒。九重见日闭鸳鸯，三泉今夕开狐兔。
驻马倚车望洛阳，御桥天阙遥相当。佳人死别无归日，可怜行路尽沾衣。

34. 音容刻骨　须眉四照

画眉不是女人专享，自古男儿也重视须眉的妆扮。那么中国男子的眉上想象是什么样子呢？

眉毛是对气质的象征外化，如清代魏秀仁创作的白话长篇狭邪小说《花月痕》第七回写少女之美，女性眉如其人：

> 眉目如画。初学度曲，嫋嫋可听，亦后来之秀也。

这是近代通俗小说多用套话，说明"眉目如画"从古到今，都是美丽的重要特征。"眉目如画"可用来形容女子眉清目秀，更多地是用来形容美男子。史书其实也是这样描写的。《后汉书·马援传》刻画大将军马援的威武精神，说男子的眉目如画般干净有神，清亮有英气，更显男子汉气概：

> 为人明须发，眉目如画。

韩愈是大文豪，擅长受托写墓志铭，也因此被诟病多有过誉之辞，但不得不说在他的笔下，一个普通男子的形象也能变得熠熠生辉。韩愈在《殿中少监马君墓志》描写太子少傅马畅之子马继祖幼时的可爱形象：

> 姆抱幼子立侧，眉眼如画，发漆黑，肌肉玉雪可念，殿中君也。

《南史》列二十四史之一，是正史，突出了门阀士族的地位，对士族的风貌自然多有描画。《南史》描写顺帝形貌，就是这种趣味的体现——

帝姿貌端华，眉目如画，见者以为神人。

清代史学家吴任臣认为五代十国中的南唐承接唐朝国祚，应该是正统，因而在《十国春秋》中描写南唐中主李璟的形貌时，也用了"眉目如画"一词来描写自己心目中的一代圣主：

音容闲雅，眉目如画。好读书，能诗。多才艺，便骑射。

中国历史上那些侠客眉宇之间大都有不凡的气质。《史记》中司马迁笔下的刺客豪侠是东方美男子刚烈版的想象模板。清人吴见思在《史记论文》中说读《史记》让人"须眉四照"，是何等的光彩照人！其评曰：

刺客是天壤间第一种激烈人，《刺客传》是《史记》中第一种激烈文字，故至今浅读之而须眉四照，深读之则刻骨十分。

古书上说，尧眉八彩，鲁僖、司马长卿也是眉八彩。他们都是奇人，天生异型。有意思的是，唐代诗人，人称"诗鬼"的李贺的眉毛也很特别。《新唐书·李贺传》记载："（贺）为人纤瘦，通眉，长指爪，能疾书。"李贺有鬼才，可惜早逝，难道是这样的一字连眉并不能保佑主人福寿安康？

关于李贺，有"三眉"可说。

一眉，就是李贺天生异象，是一字通眉。李商隐说他："长吉细瘦，通眉，长指爪。能苦吟疾书，最先为昌黎韩愈所知。"意思就是说，李贺身材纤瘦，和小姑娘一样的体态，眉毛几乎要连在一起，成为别具风流的"一字眉"。而除了这两样，最具特色的，当属他那细长的手指了。在古人眼里，手指长，是聪慧的象征；但眉间相连，却不是好的命相。

二眉，是李贺曾自称"庞眉书客"，本意是说，我是一个粗眉毛的写诗人。出自李贺的《高轩过》，诗曰：

（题记）韩员外愈、皇甫侍御湜见过，因而命作

华裾织翠青如葱，金环压辔摇玲珑。马蹄隐耳声隆隆，入门下马气如虹。云是东京才子，文章巨公。二十八宿罗心胸，九精照耀贯当中。殿前作赋声摩空，笔补造化天无功。庞眉书客感秋蓬，谁知死草生华风。我今垂翅附冥鸿，他日不羞蛇作龙。

相传韩愈、皇甫湜二人闻知李贺诗名，惊为天人，特来一会，有意考考李贺的诗才。"庞眉书客感秋蓬，谁知死草生华风。我今垂翅附冥鸿，他日不羞蛇作龙"，李贺的意思是说，别看我年少无名落寞，说不定今天得到你们两位前辈的提携，我将飞升神龙。

三眉，指钱钟书评价李贺诗作令人"眉疏目爽"。李贺举进士不得回归故里后，曾两赴长安，途经华阴县，写下了《开愁歌》这首诗。诗曰：

秋风吹地百草干，华容碧影生晚寒。我当二十不得意，一心愁谢如枯兰。衣如飞鹑马如狗，临歧击剑生铜吼。旗亭下马解秋衣，请贳宜阳一壶酒。壶中唤天云不开，白昼万里闲凄迷。主人劝我养心骨，莫受俗物相填豗。

全诗浑然一体，又脉络清晰，被钱钟书《谈艺录》称为"眉疏目爽之作"。

此外,《金瓶梅》中,西印和尚是庞眉,辟邪潘道士是八字眉:

(西印和尚)

身上禅衣猩血染,双环挂耳是黄金。手中锡杖光如镜,百八明珠耀日明。
开觉明路现金绳,提起凡夫梦亦醒。庞眉绀发铜铃眼,道是西天老圣僧。

(潘道士)

头戴云霞五岳冠,身穿皂布短褐袍。腰系杂色彩丝绦,背插横纹古铜剑。两只脚穿双耳麻鞋,手执五明降鬼扇。八字眉,两个杏子眼;四方口,一道落腮胡。威仪凛凛,相貌堂堂。若非霞外云游客,定是蓬莱玉府人。

对明末清初的钱谦益的历史评价多有争议,一方面,他的文学造诣和成就都很高,但降清、仕清之举成为其道德瑕疵,别说晚明入清的遗民瞧不起他的气节,清乾隆帝也视之为失节者,删禁其著作。钱基博在《明代文学》中评价:"钱氏以明代文章钜公,而冠逊清贰臣传之首,人品自是可议!"耐人寻味的是,钱谦益倒是喜欢以"须眉"作喻,写了一些有气节的诗文,真是巨大的反讽。

《戊寅九月初三日奉谒少师高阳公于里第感旧述怀·其二》诗曰:

剑眉山鼻戟如须,生面麒麟可即图。渭水师臣为后辈,金城老将作前驱。
扫清君侧诚难事,恢复辽阳岂庙谟。当享何烦三叹所,秋风吾已稳菰芦。

《后秋兴八首八月初十日,小舟夜渡,惜别而作·其三》:

北斗垣墙暗赤晖,谁占朱鸟一星微?破除服珥装罗汉,减损斋盐饷伛飞。
娘子绣旗营垒倒,将军铁槊鼓音违。须眉男子皆臣子,秦越何人视瘠肥。

《后秋兴八首庚子中秋·其六》：

> 星星断发不遮头，霜鬓何须怨凛秋。揽镜频过五岭路，挽眉常绾九疑愁。山家寨栅凭麋鹿，海户封提画鹭鸥。莫指职方论徼塞，炎州今日是神州。

《水浒传》塑造了一个典型的最具男性气质的中国男性群体，书中是这样描绘梁山好汉们的眉毛的：没遮拦穆弘"面似银盆身似玉，头圆眼细眉单"；武松身高八尺，"相貌堂堂、威风凛凛，一双眼光射寒星，两弯眉浑如刷漆。胸脯横阔，有万夫难敌之威风；语话轩昂，吐千丈凌云之志气"；一枝花蔡庆，生得"浓眉大眼性刚强"，天生爱美，头上天天插着一朵花；卢俊义身高九尺，八字眉、双瞳孔，皮肤白得像银子，仪表长得像天神，威风凛凛；美髯公朱仝，身高八尺五六，面如重枣，五绺美髯，卧蚕眉，直接是武圣关羽的翻版，自然是英雄气场；小旋风柴进，是帝王之后，生的是"龙眉凤目，皓齿朱唇"，颇具王者之相；智多星吴用"眉清目秀，面白须长"；病关索杨雄"生得好表人才，露出蓝靛般一身花绣，两眉入鬓，凤眼朝天"；花荣"齿白唇红双眼俊，两眉入鬓常清，细腰宽膀似猿形"。

《水浒传》中的这些充满荷尔蒙气息的男性外貌描写，虽然有明显的通俗话本小说套话的痕迹，但正是因为明清之际，俗文化中男性眉相的表达形成了刻板化表达，这一类眉语成为中国男性形象想象中无意识符号系统的一部分。这就是男性眉语须眉四照的文化意义。

35. 倦寻芳慢　买断眉斗

宋代王雱乃王安石之子，才高志远。其春愁词《倦寻芳慢·露晞向晚》浓艳细腻，与时代精神不同，是王雱一生中所作的唯一一首小词，词曰：

露晞向晚，帘幕风轻，小院闲昼。翠径莺来，惊下乱红铺绣。倚危墙，登高榭，海棠经雨胭脂透。算韶华，又因循过了，清明时候。

倦游燕、风光满目，好景良辰，谁共携手。恨被榆钱，买断两眉长斗。忆高阳，人散后。落花流水仍依旧。这情怀，对东风、尽成消瘦。

榆钱是榆树的翅果，早春可见，因形状似钱而得名。"两眉长斗"，形容愁眉紧锁的样子。"买断"即买尽，则"恨被榆钱，买断两眉长斗"一句，春愁之情，曲折可见。

宋代寇准两度为相，是一代名臣，普通读者对其诗名了解不多。寇准有一曲《点绛唇·水陌轻寒》写春愁，景物描写细腻清新，其词曰：

水陌轻寒，社公雨足东风慢。定巢新燕。湿雨穿花转。象尺熏炉，拂晓停针线。愁蛾浅。飞红零乱。侧卧珠帘卷。

宋人宋祁以诗文与其兄宋庠齐名，时称"大小宋"。宋祁《锦缠道·燕子呢喃》写郊原春色，笔下春光旖旎不输寇准，词曰：

> 燕子呢喃，景色乍长春昼。睹园林、万花如绣。海棠经雨胭脂透。柳展宫眉，翠拂行人首。
>
> 向郊原踏青，恣歌携手。醉醺醺、尚寻芳酒。问牧童、遥指孤村道：杏花深处，那里人家有。

这位写出"红杏枝头春意闹"的"红杏尚书"还曾词结姻缘。话说有一天，宋祁宴罢回府，路过繁台街，正巧迎面遇上皇家的车队，宋祁连忙让到一边。这时只听车内有人轻轻叫了一声"小宋"，或是"宋郎"，待宋祁抬头时，只见车帘轻放，一个妙龄宫女对他粲然一笑。车队过去了，而美人一笑却令宋祁心旌摇荡，久久不能平静。宋祁难以忘怀，便写了这首《鹧鸪天·画毂雕鞍狭路逢》，表达自己不得再见美人的怅然之情。词曰：

> 画毂雕鞍狭路逢。一声肠断绣帘中。身无彩凤双飞翼，心有灵犀一点通。
>
> 金作屋，玉为笼。车如流水马游龙。刘郎已恨蓬山远，更隔蓬山几万重。

词中"身无彩凤双飞翼，心有灵犀一点通"一句，化用了唐朝诗人李商隐的诗句，却与词意境浑然一体。新词一出，便迅捷在京师传唱开去，后来传到了宋仁宗的耳朵里。皇帝亲自过问，还召宋祁上殿说起这件事，宋祁诚惶诚恐，羞愧难当。仁宗笑着打趣说："蓬山并不远呀。"说完，就把那个宫女赏赐给了他。宋祁因佳曲而得一段姻缘，令时人艳羡不已。

宋代张耒，位列苏门四学士（秦观、黄庭坚、张耒、晁补之），是辞世最晚而受唐音影响最深的一人。

有思恋妻子的《风流子·木叶亭皋下》词曰：

木叶亭皋下,重阳近,又是捣衣秋。奈愁入庾肠,老侵潘鬓,谩簪黄菊,花也应羞。楚天晚,白苹烟尽处,红蓼水边头。芳草有情,夕阳无语,雁横南浦,人倚西楼。

玉容知安否?香笺共锦字,两处悠悠。空恨碧云离合,青鸟沉浮。向风前懊恼,芳心一点,寸眉两叶,禁甚闲愁?情到不堪言处,分付东流。

伊人也许在风前月下,芳心懊恼,眉头紧皱,怎么也无法停止这相思之愁。情到深处,无从诉说,不如交付给东去的江流。

"柳眉遮旧影,梅额上新妆",生动描画出了柳眉之长,眉之低愁,梅花状的额黄新妆也难排解离情羁肠。宋人朱南杰《东新桥值雪》曰:

间关入帝乡,飞雪断羁肠。天地皆明白,山川忽老苍。
柳眉遮旧影,梅额上新妆。客里急先务,湖边问短航。

宋人无名氏《摊破浣溪沙·山花子·相恨相思一个人》曰:

相恨相思一个人。柳眉桃脸自然春。别离情思,寂寞向谁论。
映地残霞红照水,断魂芳草碧连云。水边楼上,回首倚黄昏。

第八部

8

长 安 问 眉

　　中国古代的传统眉语中，有男子画眉和男权化的亚传统，其文化流传耐人寻味。

　　"洞房昨夜停红烛，画眉深浅入时无？"张敞画眉是传统文化中最典雅的中国故事之一。在历史的另一面，张敞画眉逐渐演化成了一个与女性无关，剥离了审美的男性话语标准表达。它是古代读书人为了博取功名，向高官大士叩问仕途前程的拟女词。中国古代文人从不避讳用男女之情比喻兄弟友情和君臣关系，"蛾眉谁共画，凤曲不同闻"。文人士大夫借眉语比喻个人品格，抒写人生际遇。世事一场大梦，看取眉头鬓上。

36. 张敞画眉　眉说之始

张敞画眉，不仅仅是一个画眉故事，它是中国文化中的一个重要事件，一个元典性质的文化符号。围绕张敞画眉事件，历代的歌咏演绎，形成了一部画眉的文化阐释史，辐射到中国文化传统的各个方面，兴味万千。

张敞画眉的故事是中国传统文化最美好的传说之一。《汉书·张敞传》曰：

> ……（张敞）又为妇画眉，长安中传张京兆眉怃。有司以奏敞。上问之，对曰："臣闻闺房之内，夫妇之私，有过于画眉者。"上爱其能，弗备责也。

京畿第一行政长官张敞为妻子画眉，传得满城风雨，影响到他的官誉官声，以至于惊动皇上亲自过问。张敞对为妻画眉的辩解有一点很有意思，也很有策略，他不是直接辩解，而是围魏救赵，说闺阁情爱那么私密，天下人人欲罢不能，相比之下，为妻子画眉不过是寻常人情，何违天道，有什么不体面的呢？

唐明皇李隆基《好时光·宝髻偏宜宫样》曰：

> 宝髻偏宜宫样，莲脸嫩，体红香。眉黛不须张敞画，天教入鬓长。莫倚倾国貌，嫁取个，有情郎。彼此当年少，莫负好时光。

唐明皇贵为天子，又是梨园领袖，他在词曲中引用张敞画眉的汉代旧事，说明大唐皇帝和汉代天子一样，认为在家中给妻妾画眉，并无逾越礼制法度，与朝臣身份没有不相宜之处，恰恰相反，流传久远之后，张敞画眉这类行为反倒成为了士大夫睦亲爱人的表率。此外，张敞画眉成为典故，也说明民间画眉成风，由来已久，而且，这一传统一贯地是由宫中到城市到市井的流传交互，成为天下眉妆风尚。

张敞为妻子画眉的缘由，本质上是中国士大夫的闺阁文化使然，也有民间演绎的传说。传说新婚之夜，张敞看妻子眉间有伤痕，问其缘由，妻子述说，是小时候被一个调皮的男生扔的石头击伤所致。张敞瞬间想起自己小时候干过这事，于是愿一生为妻子画眉。这当然是一个杜撰的美好传说，但传说背后汉唐开化开明的时代风气却是真实的，有夫妻平等相互尊重的传统一脉。

宋代姜夔《牛渚》诗曰：

牛渚矶边渺渺秋，笛声吹月下中流。西风不识张京兆，画得蛾眉如许愁。

姜夔化用张敞画眉的典故，反其意而用之，以秋色和美人愁妆互喻，以凋朱为碧的西风和画眉的张敞互喻。姜夔的用典间接说明张敞画眉的传说人尽皆知。如果画眉也独立成一个行业的话，就像今天的美甲一样，张敞可以被奉为画眉界的祖师爷。

37. 眉作行卷　问入时否

在唐代，大凡参加进士考试的，有一个虽不成文，但却颇为实用的风行做法，那就是考生在试前往往凭着某位很有声望的人士引荐，博取主考官关注，从而顺利取得功名。也就是当时流行的所谓"行卷"，亦即考生用自身的作品先行通过有权势声望之人的揄扬提高其知名度的做法。朱庆馀就以七言绝句《近试上张籍水部》作为参加进士考试的"通榜"，得到水部员外郎张籍的赏识和回赠诗，增加中了进士的机会。诗曰：

洞房昨夜停红烛，待晓堂前拜舅姑。妆罢低声问夫婿，画眉深浅入时无？

据说张籍读后大为赞赏，也同样用美人来比拟考生这一委婉的手法，来回答考生朱庆馀：

越女新妆出镜心，自知明艳更沉吟。齐纨未足时人贵，一曲菱歌敌万金。

于是朱庆馀声名鹊起。朱庆馀还有一首《宫中词》也是这样的"行卷"诗。诗曰：

寂寂花时闭院门，美人相并立琼轩。含情欲说宫中事，鹦鹉前头不敢言。

一个有才华的读书人自比宫廷中寂寞待选内心惶惑不安的女子，这种压抑的心理多少有点不健康不阳光。

欧阳修《南歌子·凤髻金泥带》写一对青年夫妇的新婚生

活,生动描写新娘子的举止神态。词中写新娘上妆,细心打扮自己,为了博得夫婿的欢心,故意问眉毛画得是否合时,鸳鸯两个字该如何写。词曰道:

凤髻金泥带,龙纹玉掌梳。走来窗下笑相扶,爱道画眉深浅入时无?
弄笔偎人久,描花试手初。等闲妨了绣功夫,笑问鸳鸯两字怎生书?

"画眉深浅入时无",欧阳修借用朱庆馀的名句典故,用的是原典的字面本意,写眉间嬉戏。欧词是美好的,朱诗则生动地再现了古代文人求取功名,问道于权贵的卑微心理。

相较之下,白居易的《长相思·深画眉》多有艳词情色味道,但这也正是白词高出朱庆馀之辈的地方。其词曰:

深画眉,浅画眉。蝉鬓鬅鬙云满衣,阳台行雨回。
巫山高,巫山低。暮雨潇潇郎不归,空房独守时。

金朝的蔡圭(亦名蔡珪)"不知深浅随宜否"一问,问春山,问眉间眼波,不问前程,就深得白诗元味。蔡圭《画眉曲》诗曰:

楼外春山几点螺,楼头望处染双蛾。不知深浅随宜否,却倩菱花问眼波。

金朝另一位非凡的人物是元好问。他在《送秦中诸人引》一文中抒发了"近南山,寻牛田,营五亩之宅,聚书深读,时时酿酒为具,从宾客游,伸眉高谈,脱屣世事,览山川之胜概,考前世之遗迹,不负古人者"的隐居愿望。三五好友诗酒时聚,可以"伸眉高谈",自然畅快。文曰:

关中风土完厚,人质直而尚义,风声习气,歌谣慷慨,且有秦汉之旧。至于山川之胜,游观之富,天下莫与为比。故有四方之志者,多乐居焉。

予年二十许时，侍先人官略阳，以秋试留长安中八九月。时纨绮气未除，沉涵酒间。知有游观之美而不暇也。长大来，与秦人游益多，知秦中事益熟，每闻谈周、汉都邑，及蓝田、鄠、杜间风物，则喜色津津然动于颜间。二三君多秦人，与余游，道相合而意相得也。常约近南山，寻一牛田，营五亩之宅，如举子结夏课时，聚书深读，时时酿酒为具，从宾客游，伸眉高谈，脱屣世事，览山川之胜概，考前世之遗迹，庶几乎不负古人者。然予以家在嵩前，暑途千里，不若二三君之便于归也。清秋扬鞭，先我就道，矫首西望，长吁青云。

今夫世俗惬意事如美食、大官、高赀、华屋，皆众人所必争，而造物者之所甚靳，有不可得者。若夫闲居之乐，澹乎其无味，漠乎其无所得。盖其放于方之外者之所贪，人何所争，而造物者亦何靳耶？行矣诸君，明年春风，待我于辋川之上矣。

他又有一首诗单以《眉》为题，非为写眉，却又写眉。"石绿香煤"无意间记载了当时翠眉还有余风，因为有绿色的石黛。香煤，是用松香煤烟制作上等书画墨的方式制作的眉粉，里面辅加了香料。但这首诗诗题"眉"也是诗眼，但此眉不是目上之眉，而是眉上风。诗曰：

石绿香煤浅淡间，多情长带楚梅酸。小诗拟写春愁样，忆著分明下笔难。

38. 玉台飞镜　画眉人谁

画眉之语的典故的影响是多方面的。有意思的是,男性话语中的须眉,有时候是男性正直忠信的象征。

西汉刘向《战国策·燕策二》记载了这样一个事件。大意是说,苏代从齐国给燕王寄来书信说,自己出使在齐国,无论遭遇如何,难免被燕王身边的人怀疑和挑拨。为了给苏代吃一颗定心丸,燕王用了一个比喻:我对你的信任,就像脸上的眉毛一样,明明白白,清清楚楚。

苏代自齐献书于燕王曰:臣之行也,固知将有口事……王谓臣曰:吾必不听众口与谗言,吾信汝也,犹列眉也。

清代刘献廷《广阳杂记》卷三说:

三楚江山,灿如列眉指掌。

把青山比作列眉,也是形容山色清新明丽。后世则有了"郎若列眉"的成语。因而,好男儿,要眉目清楚干净。

《韩非子·观行》曰:

故镜无见疵之罪,道无明过之怨。目失镜,无以正须眉;身失道,无以知迷惑。

《淮南子·俶真训》:

今盆水在庭，清之终日，未能见眉睫，浊之不过一挠，而不能察方圆；人神易浊而难清，犹盆水之类也。

韩非子是说，人通过镜子正须眉。这和《旧唐书·魏徵传》中唐太宗的"三镜说"有异曲同工之妙——"以铜为镜，可以正衣冠；以古为镜，可以知兴替；以人为镜，可以明得失。朕尝宝此三镜，用防己过。今魏徵殂逝，遂亡一镜矣"。

杜牧的诗很有历史穿透感，《题木兰庙》这首诗既是咏史凭吊，又写出了女性心理。诗曰：

弯弓征战作男儿，梦里曾经与画眉。几度思归还把酒，拂云堆上祝明妃。

从唐人杨志坚《送妻》、常浩《寄远》和王昌龄《朝来曲》的寻常表达，也可以看出画眉既是女性符号，也是情语表达，包括男性用之于亲密两性关系的言说，诗文唱和中，也多有眉语。

杨志坚《送妻》写道：荆钗新髻，明镜画眉，人生穷达不由己，但夫妻贫贱不移，相爱相知相守，相濡以沫，惜福惜缘，十分动人。诗曰：

平生志业在琴诗，头上如今有二丝。渔父尚知溪谷暗，山妻不信出身迟。
荆钗任意撩新髻，明镜从他别画眉。今日便同行路客，相逢即是下山时。

女诗人常浩《寄远》趣味同此，但更淡远一些，反倒更像是真心实意地"平生志业在琴诗"。其诗曰：

年年二月时，十年期别期。春风不知信，轩盖独迟迟。
今日无端卷珠箔，始见庭花复零落。人心一往不复归，岁月来时未尝错。
可怜荧荧玉镜台，尘飞幂幂几时开。却念容华非昔好，画眉犹自待君来。

仍然是写闺情，写思妇，七绝圣手王昌龄的《朝来曲》要华美许多。诗中写道,太阳偏西时,归来的马车上的玉佩叮当作响,我(少妇)春情萌动,好像华美门户中盛开的花朵。打开梳妆台上的盘龙玉台镜,等待良人为我画眉。其诗曰:

月昃鸣珂动,花连绣户春。盘龙玉台镜,唯待画眉人。

诗仙诗圣自然也少不了写画眉人。李白《对酒》诗曰:

蒲萄酒,金叵罗,吴姬十五细马驮。
青黛画眉红锦靴,道字不正娇唱歌。
玳瑁筵中怀里醉,芙蓉帐底奈君何!

除了塑造了吴姬的可爱形象,有意思的是两个细节,一是说到用青黛画眉,其色青黑。二是少女穿着红锦靴,这是唐代时装。这两个细节表现了当时的着衣和画眉风尚。

杜甫《北征》是他一贯的诗史主题与风格,也是他诗史的代表诗作。诗中有多处对妻女的衣饰妆容的描写,即便是离乱之中,妻女即便是旧绣百结,短褐不袜,但仍然"学母无不为,晓妆随手抹"。母女都是要坚持妆扮收拾的,是爱美的。"移时施朱铅,狼藉画眉阔"以妻女妆容写出了兵荒马乱,细节之处,又贴合那个时代的眉妆特点——阔眉是当时时尚。这些细节处,更可看出诗圣之名不虚。诗中有数联写道:

况我堕胡尘,及归尽华发。经年至茅屋,妻子衣百结。
恸哭松声回,悲泉共幽咽。平生所娇儿,颜色白胜雪。
见耶背面啼,垢腻脚不袜。床前两小女,补绽才过膝。
海图坼波涛,旧绣移曲折。天吴及紫凤,颠倒在裋褐。
老夫情怀恶,呕泄卧数日。那无囊中帛,救汝寒凛栗。
粉黛亦解苞,衾裯稍罗列。瘦妻面复光,痴女头自栉。
学母无不为,晓妆随手抹。移时施朱铅,狼藉画眉阔。

清代诗人孙桐生是四川绵阳人,不算大家,但他的《家人生日》用典张敞画眉,却是回归了爱人闺阁画眉的本意,十分动人。

廿年春梦太悠扬,曲曲重弹陌上桑。愧我但成官傀儡,怜卿犹著嫁衣裳。画来眉妩怜京兆,守定斋期学太常。莫对碧桃怨萧瑟,安排三十六鸳鸯。

另有一首《家书》,仍用了画眉人的典故,也是亲切温暖。

不见盘中伯玉书,故园风景近何如。缄愁久盼双双燕,寄恨须凭六六鱼。织锦诗成应病后,画眉人去忆春初。最怜香冷芙蓉幕,好梦惊回一枕余。

39. 蛾眉有异　凤曲同闻

中国文人士大夫的诗文书写传统中,眉是一个中国古典文学母题,女性与眉相的互指互代则是一个形象学意义上的中国女性形象。文学中的眉语书写非常普遍,历代以下,逐渐成为日常表达和文化无意识表达。

南朝诗人谢朓在"竟陵八友"中诗名最著,是南齐诗人的冠冕。谢朓的五言新诗,是"永明体"的旗帜,是一代山水诗的代表。李白纪念谢朓说:"蓬莱文章建安骨,中间小谢又清发。"

谢朓的《七夕赋》曰:

朱光既夕,凉云始浮。……轼帝车而捐玦,凌天津而上翔。怅汉渚之夕涨,忻河广之既梁。临瑶席而宴语,绵含睇而蛾扬。嗟兰夜之难永,泣会促而怨长。

在这篇吟咏七夕相思典故的小赋中,谢朓想象织女和牛郎在银河宴聚时的微表情是"临瑶席而宴语,绵含睇而蛾扬"。即使长相思,一年才得一夕相会,织女毕竟是仙女,满眼深情款款,仍然神情高贵自若,微微仰着头,眉梢轻扬,玄风中仙气飘飘。

文人的文学传统之下,婚礼礼俗书写上的眉语是实景中的虚写,那些以眉语为男女情爱、兄弟同侪情谊、君臣关系,以及个人人生际遇之喻的则是虚景实写。

唐代殷济生活在代宗、德宗两朝，曾入北庭节度使幕府。北庭陷落前后，被吐蕃所俘。遗诗流传有十四首，多为吐蕃来犯前后所作，诗意伤感凄凉。殷济的事迹据其诗可以反向推知。因为自己的遭逢机遇，殷济的思妇诗写得情真意切，让人读来感同身受。其《秦闺怨·其二》一诗，先写新婚合欢之夜，低眉羞怯，细读却是婚后的新嫁娘独守空房，怀念渔阳征夫，忆及新婚欢爱。诗曰：

春至感心伤，低眉入洞房。征夫天外别，抛妾镇渔阳。有意连新月，无情理旧妆。长流双睑泪，独恨对芬芳。

唐代于濆批评当时诗人拘束于声律，使诗风变得轻浮，于是故作古风三十篇，以矫正时下诗坛的弊俗。《杂曲歌辞·古别离》二首就很有汉乐府民歌的味道，其辞曰：

入室少情意，出门多路岐。黄鹤有归日，荡子无还时。人谁无分命，妾身何太奇。君为东南风，妾作西北枝。青楼邻里妇，终年画长眉。自倚对良匹，笑妾空罗帏。郎本东家儿，妾本西家女。对门中道间，终谓无离阻。岂知中道间，遣作空闺主。自是爱封侯，非关备胡虏。知子去从军，何处无良人。

诗中说，自己和夫婿本是青梅竹马，东家儿娶了西家女，西家女嫁了东家儿。本来应该是幸福的一家，没想到婚后却要独守空房。边关并无胡人入侵，全是夫君想要建功立业，追求功名富贵。更可气的是，隔壁的青楼女子天天在窗前描画长眉，自恃有情人相伴，嘲笑我孤单一人。想想这男人可能早已忘记了我，哪里没有女人可以陪伴他呢。

白居易《井底引银瓶》写一位曾舍身为爱私奔却最终被抛弃的妇人的悲愤回忆，想起从前"眉如远山色"，还憧憬爱情和婚姻幸福的青春美好岁月。固然爱情易转移，婚姻需慎重，只是这诗的题名，暗含旧时代对妇女的不公不义，读之有腐臭味。其诗曰：

井底引银瓶，银瓶欲上丝绳绝。
石上磨玉簪，玉簪欲成中央折。
瓶沉簪折知奈何？似妾今朝与君别。忆昔在家为女时，人言举动有殊姿。
婵娟两鬓秋蝉翼，宛转双蛾远山色。笑随戏伴后园中，此时与君未相识。
妾弄青梅凭短墙，君骑白马傍垂杨。墙头马上遥相顾，一见知君即断肠。
知君断肠共君语，君指南山松柏树。感君松柏化为心，暗合双鬟逐君去。
到君家舍五六年，君家大人频有言。聘则为妻奔是妾，不堪主祀奉蘋蘩。
终知君家不可住，其奈出门无去处。岂无父母在高堂？亦有亲情满故乡。
潜来更不通消息，今日悲羞归不得。
为君一日恩，误妾百年身。
寄言痴小人家女，慎勿将身轻许人！

唐代诗人卢仝的《感秋别怨》诗，以共画蛾眉，来比喻知音难觅，知己难求。诗曰：

霜秋自断魂，楚调怨离分。魄散瑶台月，心随巫峡云。
蛾眉谁共画，凤曲不同闻。莫似湘妃泪，斑斑点翠裙。

中国古代文人从不避讳用男女之情比喻兄弟友情和君臣关系，"蛾眉谁共画，凤曲不同闻"就是以情侣同赏眉意以喻求知音。

40. 作尹广汉　画眉长安

　　文人士大夫借眉语作人生际遇之喻的典范，可推苏黄一观之。

　　世事一场大梦，看取眉头鬓上，人生的岁月都刻在我们脸上。不同于那首著名的中秋词《水调歌头》，同是写于中秋的这首《西江月》，情绪却显得非常落寞，应该是写于东坡被贬黄州之时。可见苏轼旷达超然背后悲情婉约的另一面，这也是人性的本然。苏轼《西江月·中秋和子由》感怀：

> 世事一场大梦，人生几度秋凉。夜来风叶已鸣廊。看取眉头鬓上。
> 酒贱常愁客少，月明多被云妨。中秋谁与共孤光。把酒凄然北望。

　　苏轼何等人物？不能简单以豪放与婉约来盖棺论定。一曲《江城子·孤山竹阁送述古》以歌妓的口气，向即将由杭州调知南都的僚友陈述古（即陈襄）表示惜别之意。其词曰：

> 翠蛾羞黛怯人看。掩霜纨，泪偷弹。且尽一尊，收泪唱《阳关》。漫道帝城天样远，天易见，见君难。
> 画堂新构近孤山。曲阑干，为谁安？飞絮落花，春色属明年。欲棹小舟寻旧事，无处问，水连天。

　　请再饮一杯酒，收起离别的泪，我歌一曲《阳关》。不要说帝城遥遥天一样远，天再远也易见，再见到你难上难！陈襄为杭州知州时，苏轼为通判，二人政治倾向基本相同，又是诗酒朋友。还是送述古，苏轼《菩萨蛮·西湖》词曰：

秋风湖上萧萧雨，使君欲去还留住。今日漫留君，明朝愁杀人。佳人千点泪，洒向长河水。不用敛双蛾，路人啼更多。

苏轼与陈襄泛舟西湖，宴于孤山竹阁。在这些宴会上都是有官妓歌舞侑觞的。这首《菩萨蛮》同《江城子》一样是东坡摹拟某官妓语气，代她向老友陈襄表示惜别之意。

与苏轼并称"苏黄"的黄庭坚，在《诉衷情·小桃灼灼柳鬖鬖》中以轻快的笔调，步步勾勒，写出了江南春天的秀丽风光，清新俊美，富有生活情趣。"山泼黛，水挼蓝，翠相挼"是山水与眉黛互喻，其词云：

小桃灼灼柳鬖鬖，春色满江南。雨晴风暖烟淡，天气正醺酣。
山泼黛，水挼蓝，翠相挼。歌楼酒旆，故故招人，权典青衫。

《南柯子·万里沧江月》这首词运用了典型的宋代山水田园意境，表达了诗人的离情和对人世间变幻的思考。"金雁斜妆颊，青螺浅画眉"仍然是山水与眉语互喻，其词曰：

万里沧江月，波清说向谁。顶门须更下金槌。只恐风惊草动、又生疑。
金雁斜妆颊，青螺浅画眉。庖丁有底下刀迟。直要人牛无际、是休时。

《诉衷情·旋揎玉指著红靴》是黄庭坚的一贯风格，山水与眉在闲愁之间，天然自有殊态。词曰：

旋揎玉指著红靴。宛宛斗弯讹。天然自有殊态，供愁黛、不须多。
分远岫，压横波。妙难过。自欹枕处，独倚阑时，不奈擎何。

第八部　长安问眉

黄庭坚《蓦山溪·赠衡阳妓陈湘》又名《上阳春》，"赠衡阳妓陈湘"又作"别意"。这是一首赠别的词。这类赠妓诗，大概也只能是在风气开放的宋代，才能直接命名在诗题中。诗中以远山秋波，比喻陈湘的眉清目秀。"山明水秀"与"眉黛""秋波"相应，言其眉如山之明，眼如水之秀。把美人的眼比作秋波，眉比作远山，是我国古代诗文中所习见的。王观《卜算子》的"水是眼波横，山是眉峰聚"即为一范例。《蓦山溪·赠衡阳妓陈湘》其词曰：

> 鸳鸯翡翠，小小思珍偶。眉黛敛秋波，尽湖南、山明水秀。娉娉嫋嫋，恰近十三余，春未透，花枝瘦，正是愁时候。
> 寻花载酒，肯落谁人后。只恐远归来，绿成阴、青梅如豆。心期得处，每自不由人，长亭柳，君知否，千里犹回首？

《劝交代张和父酒》是一首劝勉之诗，直说仕途艰难，不是劝退，更在于安抚和劝进。无论承受的压力多大，前途危机重重，多么辛酸，"画眉"只为"近长安"，入仕长安是文人士大夫的终极理想，一切努力都是值得的。诗曰：

> 风流五日张京兆，今日诸孙困小官。作尹大都如广汉，画眉仍复近长安。
> 三人成虎事多有，众口铄金君自宽。酒兴情亲俱不浅，贱生何取謦交欢。

这首诗表面上简单用了张敞画眉的典故，实则诗意比较复杂，是化典新用，不好解，意思明白，却又无须解。

第九部

9

画　眉　男　女

　　中国古代社会和性属分层的眉语及其文化流传也十分丰富。夫妇画眉，新婚眉妆，男子的眉思，男男之眉，女冠之眉的传说，蔚为大观，言之不尽。

　　古代那些温情的中国画眉故事值得品一品。东方的画眉人是最诗情画意的男子。沈复给芸娘画上男妆，一同游湖。双眉画未成，新婚妆容中的蛾眉参意是一个风俗文化现象。即便是分手，也愿娘子重梳蝉鬓，美扫蛾眉。高级的情感没有性别藩篱，古代文人士大夫用男男眉语来表达友情。齐姬燕女别画秋山，满炉心香，何待眉谱。山川孤馆，女冠眉藏，顾盼之间是隐秘的爱情。

41. 易髻为辫　芸作眉郎

　　汉唐和两宋，是中国男性讲究体面、追求审美的高峰。张敞之后，"画眉人"曾经普遍性地用来代指帮妻子画眉的人，特指夫婿。若论"画眉人"这个名词的出现，则至少可追溯至历仕北齐、北周和隋三朝的诗人薛道衡。薛道衡《豫章行》有"空忆常时角枕处，无复前日画眉人"句，诗曰：

> 江南地远接闽瓯，山东英妙屡经游。前瞻叠障千重阻，却带惊湍万里流。
> 枫叶朝飞向京洛，文鱼夜过历吴洲。君行远度茱萸岭，妾住长依明月楼。
> 楼中愁思不开颜，始复临窗望早春。鸳鸯水上萍初合，鸣鹤园中花并新。
> 空忆常时角枕处，无复前日画眉人。照骨金环谁用许，见胆明镜自生尘。
> 荡子从来好留滞，况复关山远迢递。当学织女嫁牵牛，莫作姮娥叛夫婿。
> 偏讶思君无限极，欲罢欲忘还复忆。愿作王母三青鸟，飞去飞来传消息。
> 丰城双剑昔曾离，经年累月复相随。不畏将军成久别，只恐封侯心更移。

　　宋代词人张元干《清平乐·乱山深处》词写怀远人，盼归。等到春天，"画眉人"将会和春天一道归来，词曰：

> 乱山深处，雪拥溪桥路。晓日乍明催客去，惊起玉鸦翻树。
> 翠衾香暖檀灰。一枝想见疏梅。凭仗东风说与，画眉人共春回。

　　张元干另有几首写眉。一阕《虞美人》写伤春相思愁眉，词曰：

开残桃李春方到,谁送东风早。杖藜幽径踏余花,却对绿阴青子、问年华。

迢迢云水横清浅,不遣愁眉展。数竿修竹自横斜,犹有小窗朱户、似侬家。

一阕《怨王孙》写"浅黛眉尖",芳意恼乱人多。词曰:

小院春昼,晴窗霞透。把雨燕脂,倚风翠袖。芳意恼乱人多,暖金荷。

多情不分群葩后,伤春瘦。浅黛眉尖秀,红潮醉脸,半掩花底重门,怨黄昏。

一阕《清平乐》眼波开愁眉,情相逢。词曰:

明珠翠羽,小绾同心缕。好去吴松江上路,寄与双鱼尺素。兰桡飞取归来,愁眉待得伊开。相见嫣然一笑,眼波先入郎怀。

翻遍中国历史,真正让人羡慕而醉心向往的为爱人画眉的故事,大概也只有沈复和芸娘的温粥共啜,变眉异装共游园了。

沈复的《浮生六记》写南方富庶之地夫妻的家居生活与爱情点滴,真切动人,把日常人情写得深情款款,是大家爱读的书。

沈复是一个喜爱为妻子画眉的多情男子,夫妻俩青梅竹马,耳鬓相磨,亲同形影,把粗茶淡饭的日常过得神仙一般。沈复把爱情和相处的日常都写在《浮生六记·闺房记乐》中。沈复是一个懂女人的男子,他在书中说:察眼意,懂眉语。生为丈夫,不懂眉语,何以懂女人?所以,他为了带妻子去游湖,帮妻子女扮男装,易髻为辫,添扫蛾眉,也是很自然的事了。

沈复的妻子陈芸被称为"中国人心目中最好的女人"。陈芸名字中有一"芸"字，长大后大家称之为"芸娘"，她习字学文，文雅温婉，让人一望而满心静气，生儿育女，与沈复相互陪伴，是极美好极幸福的担当。

沈复在《浮生六记》三次写到眉，都是写他的妻子。沈公子对芸姑娘一见倾心，再见痴情。再见那一段非常有名，沈复在一场婚礼的亲友中看，满屋鲜衣美人中，芸姑娘独独通体素淡。芸身材高挑，不胖不瘦刚刚好——瘦是瘦的，但瘦不露骨。又有"眉弯目秀，顾盼神飞"的灵秀。虽然芸双齿微露，在旧时代不合大家闺秀的礼仪，有几分娇憨呆萌，沈复毫不在意，反倒觉得更加可爱。

> 时但见满室鲜衣，芸独通体素淡，仅新其鞋而已。见其绣制精巧，询为己作，始知其慧心不仅在笔墨也。其形削肩长项，瘦不露骨，眉弯目秀，顾盼神飞，唯两齿微露，似非佳相。一种缠绵之态，令人之意也消。

现在的女子多喜欢横眉，独立，有英气，也是流行。越来越多喜欢古风的女子不一样，专爱长发弯眉，取意古风，如芸一样，爱簪花弄草，看起来性情和顺，偶尔也小酌一二杯，实则是一个为爱疯狂的女子，是另一种传统女性。

《浮生六记》中最有爱的细节是二人订婚后不久，发生在那年冬天的"温粥事件"。当时两人虽已订婚，但均未成年，不过十三四岁的年纪，也有表姐弟身份的另一重情谊，日常以姐弟相称。芸小小年纪，就偏私自己的未婚夫，偷偷以暖粥喂养，其娇羞憨直，惹人怜爱：

> 是夜送亲城外，返已漏三下，腹饥索饵，婢妪以枣脯进，余嫌其甜。芸暗牵余袖，随至其室，见藏有暖粥并小菜焉，余欣然举箸。忽闻芸堂兄玉衡呼曰："淑妹速来！"芸急闭门曰："已疲

乏，将卧矣。"玉衡挤身而入，见余将吃粥，乃笑睨芸曰："顷我索粥，汝曰'尽矣'，乃藏此专待汝婿耶？"芸大窘避去，上下哗笑之。余亦负气，挈老仆先归。自吃粥被嘲，再往，芸即避匿，余知其恐贻人笑也。

芸娘病重要远行就医，临行别前，夫妻俩一起吃粥，芸娘调笑安抚夫君，终成生离死别。粥成了两人爱情浮沉和一生命运的象征。

将交五鼓，暖粥共啜之。芸强颜笑曰："昔一粥而聚，今一粥而散，若作传奇，可名《吃粥记》矣。

沈复和芸娘在沧浪亭附近居住过，搬离后，不舍这边的景致，又专门租赁小院搬了回来。一天，沈复游园尽兴而归，回家对芸娘夸赞不已。芸娘羡慕不已，随口说道：

"惜妾非男子，不能往。"余曰："冠我冠，衣我衣，亦化女为男之法也。"于是易髻为辫，添扫蛾眉；加余冠，微露两鬓，尚可掩饰；服余衣，长一寸又半；于腰间折而缝之，外加马褂。……芸揽镜自照，狂笑不已。余强挽之，悄然径去，遍游庙中，无识出为女子者。或问何人，以表弟对，拱手而已。最后至一处，有少妇幼女坐于所设宝座后，乃杨姓司事者之眷属也。芸忽趋彼通款曲，身一侧，而不觉一按少妇之肩，旁有婢媪怒而起曰："何物狂生，不法乃尔！"余试为措词掩饰，芸见势恶，即脱帽翘足示之曰："我亦女子耳。"相与愕然，转怒为欢，留茶点，唤肩舆送归。

可见沈复和芸娘都不是礼教束缚之人，沈复为了让爱妻自在游园，为她装扮，为她画眉，芸娘游园中也自在随性，以至忘记了自己的男装打扮，和女眷亲昵起来，被斥骂为狂生放荡。

脱帽和脱鞋的动作场景，是何等动人。

　　第三处写眉，是夫妻俩的一次闲聊，每每会心处，如有神明——其癖好与余同，且能察眼意，懂眉语，一举一动，示之以色，无不头头是道。以至于说到今生爱不够，来生再续。

> 余尝曰："惜卿雌而伏，苟能化女为男，相与访名山，搜胜迹，遨游天下，不亦快哉！"
> 芸曰："此何难，俟妾鬓斑之后，虽不能远游五岳，而近地之虎阜、灵岩，南至西湖，北至平山，尽可偕游。"
> 余曰："恐卿鬓斑之日，步履已艰。"
> 芸曰："今世不能，期以来世。"
> 余曰："来世卿当作男，我为女子相从。"
> 芸曰："必得不昧今生，方觉有情趣。"
> 余笑曰："幼时一粥，犹谈不了，若来世不昧今生，合卺之夕，细谈隔世，更无合眼时矣。"
> 芸曰："世传月下老人专司人间婚姻事，今生夫妇已承牵合，来世姻缘亦须仰借神力，盍绘一像祀之？"

　　这次聊天意犹未尽，夫妻俩又安排上了祷月为盟，求来生之缘。其间还颇有波折，先是香烛果品准备已当，忽然天色阴晦，芸娘心情很受打击，却执意要以当夜明月为誓，作吉凶之象，好在等到后半夜，终于守得天心云开月明，求祷礼成，遂了心愿。

42. 托意眉黛　申心于朱

新婚妆容中的眉语是一个风俗文化现象，在文人士大夫书写雅化后，呈现出更多元的绚丽光谱。

结婚日是人生大喜之日，新嫁娘盛装出嫁，眉妆是点睛之笔，画眉成为婚礼妆的一部分，尤其是在文学描写中，成为一个惯例表达。

南北朝梁刘缓《左右新婚诗》：

小史如初日，得妇类行云。琴声妾曾听，桃子婿经分。
蛾眉参意画，绣被共笼薰。偏增使君妒，无趣遣相闻。

"小史"指小官，即下层官吏。在这首新婚诗里，小史新婚，得娶美女，自然十分庆幸。没想到新娘子不仅天生丽质，还善于画眉打扮，十分美艳生动。这让前来贺喜的小史的上级——使君越发嫉妒。在类似题材的汉乐府中，使君总是地位尊崇，却德行有亏的形象。他总是对属下的妻子有非分之想，往往反被下属的妻子取笑——"使君一何愚！使君自有妇，罗敷自有夫。"嘲讽使君和自己的夫君相比，就像乌鸡和凤凰一样，天差地别。这是民间的浪漫主义。

南北朝民歌《读曲歌》写成婚之日，必要盛装打扮，精心描好双眉，才正式隆重地拜见夫婿。歌曲唱道：

芳萱初生时，知是无忧草，双眉画未成，那能就郎抱。

女为悦己者容，当然，不仅仅是女性。男男女女为悦己者容，画眉亦如此，如果说画眉是美与爱的表达，眉毛是语言文字，妆成的眉部是作品，那么，"托意""申心"就是眉语的总语法。不同的具体画眉之法，则是语法总则下丰富多变的词法炼字法。画眉的眉黛在变化，历代眉妆也在演化。画眉的手法，古代女子不仅用黛画眉，而且还用黛点眉。

中国古代文人的有些"雅趣"，在今天看来，多少有些"油腻"。比如，封建文人士大夫曾拈出一个"四大雅事"，或者干脆叫"四大风流"，即偷香、窃玉、画眉、细腰。这些词前三个听起来确实香艳，实则鱼龙混杂，并非一体。这"四大风流"具体指"韩寿偷香、相如窃玉、张敞画眉、沈约瘦腰"。

"四大风流"的前三个典故，的确都是男女欢爱你侬我侬之美事，但"沈约瘦腰"不关情事。"沈约瘦腰"出自《南史·沈约传》，亦见《梁书·沈约传》。《南史·沈约传》云，"初，约久处端揆，有志台司，论者咸谓为宜，而帝终不用。乃求外出，又不见许。与徐勉素善，遂以书陈情于勉"，言己老病，"百日数旬革带常应移孔，以手握臂，率计月小半分"。欲谢事，求归老之秩。

本意是说，沈约想告老辞职，于是借自己病老的事由，一次给徐勉写了封信，说自己年老多病，近百多天来皮带常紧，每月估计腰肢要缩小半分。

把"沈约细腰"列入"四大风流"是不是完全冤枉了沈约呢？也不尽然。沈约生活的时代正是魏晋风流的时代。诚然托病辞官，以腰细证病，这是沈约的本意。但史书还记载有"肌腰清癯，时语沈郎腰瘦"，"一时以风流见称"。可见，时人见沈约，不知道他为官三朝，早已厌倦宦海，只看到他细腰风流，以他的尊贵地位，更加印证和助推了当时清瘦秀拔的男性形体审美趣味。南唐后主李煜曾写过一句"沈腰潘鬓消磨"，"沈腰"

即指南朝大家沈约。明代诗人夏完淳也有"酒杯千古思陶令，腰带三围恨沈郎"之诗句。这些都是"沈腰"趣味的余波远流。

就是这样老去腰细的沈约在《少年新婚为之咏》中有"我情已郁纡，何用表崎岖。托意眉间黛，申心口上朱"之句。描眉是为托意，表达情意；唇彩是为心口。化妆是因为我们有爱，对生活有期待。诗曰：

山阴柳家女，莫言出田墅。丰容好姿颜，便僻工言语。
腰肢既软弱，衣服亦华楚。红轮映早寒，画扇迎初暑。
锦履并花纹，绣带同心苣。罗襦金薄厕，云鬟花钗举。
我情已郁纡，何用表崎岖。托意眉间黛，申心口上朱。
莫争三春价，坐丧千金躯。盈尺青铜镜，径寸合浦珠。
无因达往意，欲寄双飞凫。裾开见玉趾，衫薄映凝肤。
羞言赵飞燕，笑杀秦罗敷。自顾虽悴薄，冠盖耀城隅。
高门列驺驾，广路从骊驹。何惭鹿卢剑，讵减府中趋。
还家问乡里，讵堪持作夫。

如果说屈原在《楚辞·大招》描写的是他记忆和想象中的故国风华，特别是国家典礼上舞姬们的多彩多变的眉妆，代表一种国家记忆和民族集体无意识；王勃在《府杂曲·鼓吹曲辞·临高台》写大唐长安的繁华，城市中眉妆成风；那么沈约《少年新婚为之咏》则是写一般士族地主阶层女子的婚俗礼仪，眉妆是其中的小小花朵，一个掠影，"托意眉黛，申心于朱"是美好新婚祝愿的一部分。

这首诗还透露出我们对美女的评判标准，比如微胖在当时可能被认为最美，此外，腰身要柔，皮肤要白净光洁，头发要柔顺，就连脚指头都要白白亮亮的。最后当然是要穿上锦衣华服，朝气蓬勃，喜气洋洋。这样的女子，纵然她家隔着山岳河海，我也不会说道路遥远崎岖。看新嫁娘的容貌和装扮，可知我们千百年来,纵使沧海桑田,审美总有些是不变的。

有结婚,就有离婚,自古好聚难有好散,但中华文化源远流长,两汉唐宋的离婚文书中可以看出古人多礼。正如席慕蓉的那句诗所说:即便是不得不分离,也要好好地说一声再见,也要在心里存着感谢。我们未必做得到,汉唐时代有一些古先人做到了,还是古人多礼。

敦煌石窟不仅保留了大量艺术瑰宝、佛像经卷,还保留了许多唐朝人的生活内容,比如《放妻书》,即那个时代的离婚文书。这些文书真实坦诚,即便是离婚,也充满了温情。

其一例,两口子婚后数年后,夫妻不睦,亲戚近邻全都得罪了,家败了,夫妻如同手握干沙,永远没有希望合到一块去,不如离婚分手,各奔前程,于是立约放妻。这些都是寻常如实记录,有意思的是,为了表示离婚后绝无反悔,这里用了一个非常文学化的场景想象。——分手后,要是在街上遇见了,谁要是旧情复燃,向对方挤眉弄眼,再行勾引,那谁就不得好死。

放妻书曰:

> 盖闻夫妇之礼,是宿世之因。累劫共修,今得缘会。一从结契,要尽百年。如水如鱼,同欢终日。生男满十,并受公卿。生女柔容,温和内外。六亲欢美,远近似父子之恩,九族邕怡,四时如不曾更改。奉上有谦恭之道,恤下无党无偏。家饶不尽之财,妯娌称长延之乐。何乃结为夫妇,不悦数年,六亲聚而咸怨,邻里见而含恨。酥乳之合,尚恐异流,猫鼠同窠,安能得久。二人违隔,大小不安。更若流连,家业破散,颠铛损却,至见宿活不残。擎锅策瓮,便招困弊之苦。男饥耕种,衣结百穿。女寒绩麻,怨心在内。夫若举口,妇便生嗔。妇欲发言,夫则拾棒。相憎终日,甚时得见。饭饱衣全,意隔累年,五亲何得团会。干沙握合,永无此期。羊虎同心,一向陈话美词。心不和

合，当头取办。夫觅上封，千世同欢。妇娉毫宋，鸳鸯为伴。所要活业，任意分将。奴婢驱驰，几□不勒。两供取稳，各自分离。更无□期，一言致定。今诸两家父母、六亲眷属，故勒手书，千万永别。忽悠不照验约，倚巷曲街，点眼弄眉，思寻旧事，便招解脱之罪。为留后凭，谨立。

其二例，一个叫李甲的男子的放妻书中写离婚原因，也是寻常实录。无非是前世冤家，今世夫妻，你骂一句，我就要还十句，天天吵得不可开交。就像猫和老鼠、狗和狼共处一室一样煎熬。有趣的是，婚姻生活都过成这样了，但男子还是深深地祝福女子将来一定要幸福。——"愿妻娘子相离之后，重梳蝉鬓，美扫蛾眉，巧逞窈窕之姿，选聘高官之主，弄影庭前，美效琴瑟合韵之态。解怨释结，更莫相憎。一别两宽，各生欢喜。"

43. 春深京兆　眉醉桃花

男人也有自己的眉语表达，说明高级的情感是没有性别边界的。

男人之间的友情甚或胜过爱情，可以抚慰一生的风风雨雨。刘禹锡和白居易、元稹——元、白、刘的友情就令人唏嘘，令人艳羡，可谓，平生终夜，来梦展眉。

刘禹锡《同乐天和微之深春》共二十首，是刘禹锡和白居易、元稹在春天游玩时所作，同用家、花、车、斜四韵，写高门大户富贵家。同题之七曰：

何处深春好，春深京兆家。人眉新柳叶，马色醉桃花。

马色醉桃花，是说有一种名马叫桃花马，艳丽如桃花。这首诗写的是京兆贵戚家的富贵气象，画堂风暖春深，冠盖歌舞楼喧，全是豪车美女。柳叶长眉是美人们的共同之处。同题二十首中，另有一首写少妇风流，一时风尚，美人情态，和本诗映照，相得益彰：

何处深春好，春深少妇家。能偷新禁曲，自剪入时花。
追逐同游伴，平章贵价车。从来不堕马，故遣髻鬟斜。

从这首诗的诗题可以看出，三人年轻时是一同游山玩水的好朋友。公元831年，即大和五年七月，元稹先去世，白居易写了两首诗纪念元稹，把诗寄给了刘禹锡。刘禹锡感念在怀，又写了《乐天见示伤微之、敦诗、晦叔三君子皆有深分因成是诗以寄》追思。有才的男人之间，到底是年轻时一起落过难，一起喝过酒，一起天街看过美女的交情不一般。这三人的关系，放在今天会更有娱乐性。当然，"元白"并称更多一点。"元白"二人前后一年中进士，一起被皇帝任命为校书郎，一起上班，一起喝小酒，逛青楼，看月亮，聊人生，谈理想，有诗为证：

花下鞍马游，雪中杯酒欢。……春风日高睡，秋月夜深看。不为同登科，不为同署官。所合在方寸，心源无异端。

这样一起逍遥沉浮三十年。

《酬和元九东川路诗十二首·嘉陵夜有怀》：

露湿墙花春意深，西廊月上半床阴。怜君独卧无言语，唯我知君此夜心。

《酬和元九东川路诗十二首·江岸梨花》：

梨花有思缘和叶，一树江头恼杀君。最似孀闺少年妇，白妆素袖碧纱裙。

《梁州梦》：

梦君同绕曲江头，也向慈恩院院游。亭吏呼人排去马，所惊身在古梁州。

上面随便举几首诗就够肉麻了吧。再看看《初与元九别后，忽梦见之，及寤，而书适至，兼寄桐花诗。怅然感怀，因以此寄》，是的，没错，这是一首诗的题名。诗曰：

永寿寺中语，新昌坊北分。归来数行泪，悲事不悲君。
悠悠蓝田路，自去无消息。计君食宿程，已过商山北。
昨夜云四散，千里同月色。晓来梦见君，应是君相忆。
梦中握君手，问君意何如。君言苦相忆，无人可寄书。
觉来未及说，叩门声冬冬。言是商州使，送君书一封。

> 枕上忽惊起,颠倒著衣裳。开缄见手札,一纸十三行。
> 上论迁谪心,下说离别肠。心肠都未尽,不暇叙炎凉。
> 云作此书夜,夜宿商州东。独对孤灯坐,阳城山馆中。
> 夜深作书毕,山月向西斜。月下何所有,一树紫桐花。
> 桐花半落时,复道正相思。殷勤书背后,兼寄桐花诗。
> 桐花诗八韵,思绪一何深。以我今朝意,忆君此夜心。
> 一章三遍读,一句十回吟。珍重八十字,字字化为金。

两个人腻得胜似男女之情,据说两人有"白首期同归""愿为云与雨,会合天之垂"之誓,相互唱和的诗词上千首。"君埋泉下泥销骨,我寄人间雪满头",此情让人动容。所以,世人只有一个疑问:元白何以心心相印?

大概是"元白"感情太深,好事者就把刘禹锡和柳宗元合称"刘柳",因为刘禹锡用了二十年时间完成《柳河东全集》,不负"以播易柳"之情。当年天涯同沦落之时,刘禹锡被流放到今天远在越南的播州,柳宗元冒着死罪,向皇帝表明,愿意用自己流放的相对近一些的柳州代替他。

白居易善写眉。《长恨歌》中描写杨贵妃:芙蓉如面柳如眉。又有《杨柳枝》词:

> 人言柳叶似愁眉,更有愁肠似柳丝。柳丝挽断肠牵断,彼此应无续得期。

柳叶柳丝组成群喻,写尽眉间心头愁怨。

元稹是一个多情的人,他对自己早亡的结发妻子韦丛饱含深情,留下了万古流传的悼亡诗。款款深情都是对妻子的追忆。能让爱人展眉一笑,是人生何等快事。可佳人已逝,再也不能报答你的深情。

元稹的《离思》五首,首首名篇,其一诗曰:

> 自爱残妆晓镜中,环钗漫篸绿丝丛。须臾日射胭脂颊,一朵红苏旋欲融。

《离思》其二诗曰：

山泉散漫绕阶流，万树桃花映小楼。闲读道书慵未起，水晶帘下看梳头。

《离思》其三诗曰：

红罗著压逐时新，吉了花纱嫩麹尘。第一莫嫌材地弱，些些纰缦最宜人。

《离思》其四诗曰：

曾经沧海难为水，除却巫山不是云。取次花丛懒回顾，半缘修道半缘君。

《离思》其五诗曰：

寻常百种花齐发，偏摘梨花与白人。今日江头两三树，可怜和叶度残春。

这一组五首诗都是元稹悼念妻子韦丛的，前四首都是写"闺阁画眉"日常，题眼是"水晶帘下看梳头"，最后一首跳脱出回忆，抒情作结。

同样以"乐境写悲哀"，苏轼《江城子》词云："夜来幽梦忽还乡，小轩窗，正梳妆。"同样表现对亡妻死生不渝的深长思念，同样打破并浓缩了时空界限。所不同的是，苏词托之以梦，入而即出，"相顾无言，惟有泪千行"；元诗则沉浸一往情深的回忆，仿佛在银幕"定格"，痴看而竟不知所以了。

元稹以一首《遣悲怀》写相思夜夜孤枕难眠，"惟将终夜长开眼，报答平生未展眉"，诗曰：

闲坐悲君亦自悲，百年都是几多时。邓攸无子寻知命，潘岳悼亡犹费词。
同穴窅冥何所望，他生缘会更难期。惟将终夜长开眼，报答平生未展眉。

宋代范仲淹《御街行·秋日怀旧》词曰：

> 纷纷坠叶飘香砌。夜寂静，寒声碎。真珠帘卷玉楼空，天淡银河垂地。年年今夜，月华如练，长是人千里。
>
> 愁肠已断无由醉，酒未到，先成泪。残灯明灭枕头敧，谙尽孤眠滋味。都来此事，眉间心上，无计相回避。

"谙尽孤眠滋味"，失眠已成常态。"都来此事"，从来的种种事，全都无法放下，无法回避。愁情乃人体中的"气"，行于体内体外，不是心头萦绕，就是眉头攒聚。李清照的名句"一种相思，两处闲愁。此情无计可消除，才下眉头，却上心头"，愁思两间流转又瘀滞不得出，入情入理。

清代纳兰性德《临江仙·寒柳》由寒柳起，形神兼备地写人，展现出生死不渝的爱情，格调清幽凄恻，感情诚挚深沉。词曰：

> 飞絮飞花何处是，层冰积雪摧残，疏疏一树五更寒。爱他明月好，憔悴也相关。
>
> 最是繁丝摇落后，转教人忆春山。湔裙梦断续应难。西风多少恨，吹不散眉弯。

春山，春日之山山色如黛，故借喻女子之眉，或代指女子。"柳丝"和"春山"，都暗喻女子的眉毛，这里指代亡妻。吹不散的眉弯，永不停歇的西风，"惟将终夜长开眼，报答平生未展眉"。

44. 别画秋山　情深不寿

南朝齐梁时萧统虽然只活了短短的三十一岁,但主持编撰了中国现存最早的诗文总集《文选》,史称《昭明文选》,对文学和史学进行了区分。萧统在《文选》中主张"事出于沉思,义归乎翰藻",它是我国第一部按文体区分规模宏大的文学总集。

有意思的是,萧统著有一篇《铜博山香炉赋》,这篇小赋并不是萧统流传最广的作品,但近年来却声名鹊起。只因为这篇赋提到了博山炉,博山炉是玩香炉人心目中的圣器。萧统《铜博山香炉赋》曰:

禀至精之纯质,产灵岳之幽深,经般倕之妙旨,运公输之巧心。有蕙带而岩隐,亦霓裳而升仙。写嵩山之巃嵸,象邓林之芊眠。方夏鼎之环异,类山经之傲诡。制一器而备众质,谅兹物之为侈。于时青女司寒,红光騺奏景,吐圆舒于东岳,匿丹曦于西岭。翠帷已低,兰膏未屏,爨松柏之火,焚兰麝之芳。荧荧内耀,芬芬外扬。似庆云之呈色,若景星之舒光。齐姬合欢而流盼,燕女巧笑而蛾扬。超公闻之见锡,粤文若之留香。信名嘉而器美,永服玩于华堂。

"齐姬合欢而流盼,燕女巧笑而蛾扬","齐姬"和"燕女"是南北美女的共指,同时构成互文,是说天下的美女都一样,粉面含春,目光溢彩流盼,笑意盈盈而眉梢轻挑上扬。

萧统《铜博山香炉赋》看似赋香炉,实则熔咏物、佛学、情思于一炉，有些淡远悬藐而已。

南朝乐府民歌中也用博山炉来写爱情的，真是奇思妙想。有一曲《读曲歌》唱道："欢作沉水香，侬作博山炉。"让我投入你的怀抱，让我在你的怀里燃烧，释放香氛。《读曲歌》流行于元嘉年间，读曲，是轻声浅唱的意思。《读曲歌》里传唱最广的大概这一曲吧——"打杀长鸣鸡，弹去乌臼鸟，愿得连冥不复曙，一年都一晓。"真是大胆热烈。南北朝梁陈时期的徐陵曾模仿此作写了一首《乌栖曲》："绣帐罗帷隐灯烛，一夜千年犹不足。唯憎无赖汝南鸡，天河未落犹争啼。"唐代金昌绪的《春怨》："打起黄莺儿，莫叫枝上啼。啼时惊妾梦，不得到辽西。"被认为是同题续作中的最佳。

萧统是一个大情种。史载江苏无锡的顾山北麓，有一座古刹，称作香山观音禅寺，寺左是文选楼。南朝是佛教兴盛的时代，萧统代父皇到香山观音禅寺礼佛，同时在这里编撰《文选》。在佛堂草庵之间，皇太子萧统遇到尼姑慧如，当时她正与人谈论佛家经典，精妙美艳神奇地聚合在她身上。生在以佛教为国教的时代，萧统的佛学造诣也很高，萧统追随慧如，到她的草庵拜访，两个人相谈佛经、谈典籍，惺惺相惜、相见恨晚，互相引为知己。因为身份悬殊，他们最终还是分别了。分别之际，慧如将一颗红豆装在锦囊中，送给了萧统。分别不久之后，慧如相思无望郁郁而亡。几年后，萧统终于能够来到两个人曾经邂逅的草庵前，种下了慧如送给他的那粒红豆，将草庵命名为"红豆庵"。情深不寿，又不幸生在帝王家，三十一岁的萧统也早早辞世。

据《顾山县志》记载，顾山的这棵红豆古树，生生发发，已经经历有一千四百多年的岁月了。大家都知道，李龟年是梨园弟子，是大音乐家，善歌吹，长于作曲，史称"大唐乐圣"。安史之乱后，李龟年流落江南，身世沉浮，家国飘零，不由得心生感慨："青春事汉主，白首入秦城。遍识才人字，多知旧曲名。风流随故事，语笑合新声。独有垂杨树，偏伤日暮情。"（李端《赠李龟年》）等到获赠王维《相思》一诗，李龟年谱上曲，多次在各种宴会上演唱《相思》曲，情深处，座中人无不潸然泪下，泫然而泣。《相思》红豆曲也从此广为传唱。

情深不寿，"西风多少恨，吹不散眉弯"，句出前文提到的纳兰性德《临江仙·寒柳》。这首词以寒柳寓悼亡之情，以此来表达自己对于妻子那份深厚的情感和爱。《浪淘沙·眉谱待全删》也是一首悼亡诗，词曰：

眉谱待全删，别画秋山。朝云渐入有无间。莫笑生涯浑似梦，好梦原难。
红咮啄花残，独自凭阑。月斜风起袷衣单。消受春风都一例，若个偏寒？

"眉谱待全删"，虚景实景，全都抹掉，如同对妻子的思念。

《玉连环影·何处几叶萧萧雨》在纳兰的词中算是清淡。词曰：

何处几叶萧萧雨。湿尽檐花，花底人无语。
掩屏山，玉炉寒。谁见两眉愁聚倚阑干。

《浣溪沙·雨歇梧桐泪乍收》情景悲凉，如其人，如其景。词曰：

雨歇梧桐泪乍收，遣怀翻自忆从头。摘花销恨旧风流。
帘影碧桃人已去，屧痕苍藓径空留。两眉何处月如钩？

《采桑子·土花曾染湘娥黛》"土花"突兀而起，自比湘妃出尘，又如土花零落成尘。词曰：

土花曾染湘娥黛，铅泪难消。清韵谁敲，不是犀椎是凤翘。
只应长伴端溪紫，割取秋潮。鹦鹉偷教，方响前头见玉萧。

《南乡子·烟暖雨初收》写人面桃花，眉上渡不过烟波一样的愁思。词曰：

> 烟暖雨初收，落尽繁花小院幽。摘得一双红豆子，低头，说著分携泪暗流。人去似春休，卮酒曾将酹石尤。别自有人桃叶渡，扁舟，一种烟波各自愁。

纳兰性德《东风第一枝·桃花》，以画写人，以晕眉青眼喻美人。词曰：

> 薄劣东风，凄其夜雨，晓来依旧庭院。多情前度崔郎，应叹去年人面。湘帘乍卷，早迷了、画梁栖燕。最娇人、清晓莺啼，飞去一枝犹颤。
> 背山郭、黄昏开遍。想孤影、夕阳一片。是谁移向亭皋，伴取晕眉青眼。五更风雨，莫减却、春光一线。傍荔墙、牵惹游丝，昨夜绛楼难辨。

纳兰性德的父亲明珠，是当时权倾朝野的宰辅，但出身的高贵似乎与纳兰孤高冷冽的性格毫无关系。纳兰性德《金缕曲·赠梁汾》直抒胸臆：

> 德也狂生耳！偶然间、缁尘京国，乌衣门第。有酒惟浇赵州土，谁会成生此意？不信道、遂成知己。青眼高歌俱未老，向尊前、拭尽英雄泪。君不见，月如水。
> 共君此夜须沉醉。且由他、蛾眉谣诼，古今同忌。身世悠悠何足问，冷笑置之而已！寻思起、从头翻悔。一日心期千劫在，后身缘、恐结他生里。然诺重，君须记！

45. 山川孤馆　女冠眉藏

女冠就是女道士，在古代女道士和歌妓一样，她们也是一个孤独而独特的群体。她们有机会接受一定的文学教育，她们中的佼佼者，大多依附于封建社会的官僚和贵族阶层。像晚年的薛涛和《红楼梦》里后期的惜春，她们自然是有能力和机会自我表达，但一般的女道士独立自我表达的机会十分有限。历代与女冠交往唱和的文人士大夫却没少歌咏记录，反映两相之间的交集与悲喜离合。女冠与眉语，形成一种孤寒料峭的另类浓情风格。

韦庄在五十九岁中进士以前，流离失所，生活经历使他较多接触民间，因而，韦庄的词明白如话，词意直婉，较少雕琢削刻之痕，与"花间派"的温庭筠等文人词有较大差异。敦煌曲子词里有几首同咏一事的联章体，韦庄的两首《女冠子》，《女冠子·四月十七》与《女冠子·昨夜夜半》就是学习民间词风格和体裁的联章体，前后相关，一题两作。

夏承焘、盛弢青《唐宋词选》说，这两首词的主人公身份不同，"前一首说'别君时'，是从女的方面写；后一首说'依旧桃花面'，是从男的方面写"，这在联章体诗词中是很少见的。近代刘永济《唐五代两宋词简析》点评说：此二首乃追念其宠姬之词。前首是回忆临别时情事，后首则梦中相见之情事也。明言"四月十七"者，乃宠姬被夺之日，不能忘也。刘评所见，格调在夏、盛之下。但无论是哪一家言，均可见两首词，既是一体，又互为阴阳表里，形成内在情感叙事的张力结构。

《女冠子·四月十七》这首词《草堂诗余别集》题作"闺情"，吟咏闺中少女的痴情。上片回忆与郎君相别，下片抒发别后的眷恋。全词真挚动人，是历来传诵的名篇。

《女冠子·四月十七》词曰：

> 四月十七，正是去年今日。别君时。忍泪佯低面，含羞半敛眉。
> 不知魂已断，空有梦相随。除却天边月，没人知。

"忍泪佯低面，含羞半敛眉"，刻画少女别情，摹写细节纯用白描。离别之际，少女克制忍泪又担心被郎君察觉半隐半现"半敛眉"的情态毕现。

"不知魂已断，空有梦相随。"去年离别到目下的相思，不过电光石火的刹那，惝恍凄婉，而不自知心魂已断。"不知"二字写出了一个涉世未深的少女的情眈难出，虚中寓实，蕴藉含蓄，"不知"一往而情深，比用"知"更深更悲。"空有梦相随"，写得凄楚低回。人难随，何处寻郎君？梦相随亦何济于事，所以前面冠以"空有"二字，语意甚悲。末两句"除却天边月，没人知"。既然魂断梦随都无法排遣相思之苦，那就只能"我寄愁心与明月"了。结尾两句是萦系在少女心灵深处的感情集中的爆发，极言其相思之苦。

《女冠子·昨夜夜半》词曰：

> 昨夜夜半，枕上分明梦见。语多时。依旧桃花面，频低柳叶眉。
> 半羞还半喜，欲去又依依。觉来知是梦，不胜悲。

"依旧桃花面，频低柳叶眉"是其中的名句，重在反映容貌，与前一首"忍泪佯低面，含羞半敛眉"意在刻画情态，互为补充，少女的形象至此形神俱现。

虽然女冠和歌妓、清客在唐代都是士大夫的座上宾，她们是同一个群体，比如薛涛，就同时兼有这三种身份，因而，写女冠情事的诗人很多，但是，能比肩韦庄的大概也只有韩偓了。

韩偓是晚唐大诗人，七绝写得尤其出色，纪事与述怀结合无痕，用典工切，有沉郁顿挫之风，善于将感慨苍凉的意境寓于清丽芊绵的词章，悲而能婉，柔中带刚。韩偓《已凉》写旅人灯下相思，一双眉弯：

愁多却讶天凉早，思倦翻嫌夜漏迟。何处山川孤馆里，向灯弯尽一双眉。

《复偶见三绝》出自韩偓以艳情闻名的《香奁集》，这组诗反映了唐代士大夫与女冠（女道士）的私相恋爱的现象。唐代很多贵族女性在遭遇生活变故时，出家做道士，是一种不得已的生存方式。有女校书之誉的薛涛出身官宦家庭，可惜父亲早逝，十六岁入了乐籍，先为平康坊妓，晚年做了道姑，就是一例。这些女道士文化修养较高，对贵族的世俗生活又十分了解，对情感有较高的渴求和期望，也往往被伤害。韩偓的《香奁集》以香艳闻名，正如序文所述："柳巷青楼，未尝糠秕；金闺绣户，始预风流"，记叙的是韩偓颠沛大半生后，晚年在泉州、南安难得一段优渥奢华的安定闲适生活。这些诗篇放在今天来看，算是很清新，可谓清流一脉，并非全然轻佻。

《复偶见三绝》其一诗曰：

雾为襟袖玉为冠，半似羞人半忍寒。别易会难长自叹，转身应把泪珠弹。

第一首写女冠们地下恋情的艰辛。"别易会难"是常态，前路也总是寒雾笼罩一般永远看不清。这类不能公开的私下恋情，维持和发展都十分艰难。爱而不可得的苦恼，和没有未来的孤绝，没有阳光下的释怀，苦闷往往压过短暂而不坚牢的欢乐。

比较有意思的是，恋爱中的女冠和世俗女子在妆容打扮上的追求并无二致，"桃花脸薄难藏泪，柳叶眉长易觉愁"，都喜欢描画长眉。

《复偶见三绝》其二诗曰：

桃花脸薄难藏泪，柳叶眉长易觉愁。密迹未成当面笑，几回抬眼又低头。

第二首后一联无比心酸：好不容易偶遇一次，情人相见，连相视一笑都不能，怕人发现。抬头低眉，低眉抬头，就这样纠结揪心挨过，真是相见不如不见。

《复偶见三绝》其三诗曰：

半身映竹轻闻语，一手揭帘微转头。此意别人应未觉，不胜情绪两风流。

第三首诗"半身映竹轻闻语"再现了这样一对特殊身份的秘密情人，在人群中，在宴会上，借助身体语言和微表情的弦外音，传情达意，交换隐秘的情思。

在某个寺庙道观的客厅筵席之上，看起来座上都是些有身份的规矩人。大家都在亲切交谈或专心听讲时，他早已离魂出窍，飞到竹帘后的半隐半现的人儿心上，因为这时他已关注到，那人"一手掀帘"，连"微转头"的动作，也分明有所示意。

这次在大庭广众中的"偶见"，注定不能长久，她来了，又翩若惊鸿地走了。他内心情感汹涌，又要警觉周围的反应。"此意别人应未觉"，这是自己的宽慰了，想来不至于引起别人的察觉。两个人电光石火的一瞥，情义交通，居然心许目成，交换了相思之情，两下心旌荡漾，神明相照，"不胜情绪两风流"！这首七绝寥寥数语描写，可谓曲尽人情，情意的传达如同回风落雪秘响旁通。

第十部

10

扫 眉 才 子

扫眉才子,即古代女性的画眉故事,其文化流传是中国独有的。

扫眉人是画眉人,是天下的女子。扫眉才子是古往今来天下的才女。自古女子世世代代才情眉语常空付深情。秋风紫气,蛾眉出群,有万里桥边管领春风的女校书薛涛,易求无价宝难得有心郎的鱼玄机,美姿容神情潇散的李冶,眉不施黛装不求饰的马皇后,轻鬟学浮云双蛾拟初月的沈满愿,才下眉头却上心头的李易安,双蛾似初月相待画眉人的徐昭华,还有写猫书《衔蝉小录》的少女猫奴孙荪意。珠瑕眉缺,花满蓝桥路,愿得画眉郎。

46. 扫眉才子　管领春风

扫眉人，指画眉的女子，指天下女性。

要说扫眉才子，古往今来首先想到的是唐代女诗人薛涛，因为扫眉才子之名，从薛涛始。

薛涛是唐代四大女诗人之一，也是蜀中四大才女之一。薛涛是身在乐籍依附权贵的歌妓，又是内心高洁、才华横溢的奇女子。唐代诗人王建一生经历坎坷丰富，见过"扬州池边小妇，长干市里商人"。其《赠小尼师》诗云："新剃青头发，生来未扫眉。"可知扫眉是女性行为，未扫眉，情窦未开也。扫眉才子，指有才华的女子。

王建歌咏薛涛的《寄蜀中薛涛校书》诗云：

万里桥边女校书，枇杷花里闭门居。扫眉才子于今少，管领春风总不如。

历代都有女诗人的眉上之作。薛涛《谒巫山庙》诗中写道，巫山庙前种了如此多的柳树，柳枝在空中翻飞舞动，柳叶好像要与女子的眉毛争个短长，可惜已无人欣赏，唯有独自惆怅寂寞。诗曰：

乱猿啼处访高唐，路入烟霞草木香。山色未能忘宋玉，水声犹是哭襄王。
朝朝夜夜阳台下，为雨为云楚国亡。惆怅庙前多少柳，春来空斗画眉长。

唐代著名的女诗人还有李冶、鱼玄机和刘采春。这四大女诗人最让人感慨的是她们的身份虽卑微低下，内心却热烈高洁。薛涛出身官宦家庭，十六岁入了乐籍为伎，晚年又做了道士。李冶也出身官宦，六岁时吟咏蔷薇诗，"经时未架却，心绪乱纵横"，因"架却"谐音"嫁却"，她父亲认为此诗不祥。小小年纪就知道待嫁女子心绪乱，长大后恐为失行妇人，于是她十一岁被父母送到玉真观出家为女道士。刘采春是中唐时的一位女伶，与丈夫都是戏剧演员，擅长表演流行的参军戏，女儿后来也做了歌妓。鱼玄机经温庭筠介绍，嫁给状元郎李亿为妾，两情缱绻，但不为正妻所容，凄凉出家做了女道士，后至中年死于非命。

李冶有一首《八至》写透了夫妻情薄的悲凉。诗曰：

至近至远东西，至深至浅清溪。至高至明日月，至亲至疏夫妻。

《唐才子传》说李冶"美姿容，神情潇散"，是神仙一样的才女。又有《相思怨》诗曰：

人道海水深，不抵相思半。海水尚有涯，相思渺无畔。
携琴上高楼，楼虚月华满。弹著相思曲，弦肠一时断。

"易求无价宝，难得有心郎。"鱼玄机《赠邻女》诗写爱情，写倾慕，诗曰：

羞日遮罗袖，愁春懒起妆。易求无价宝，难得有心郎。
枕上潜垂泪，花间暗断肠。自能窥宋玉，何必恨王昌？

刘采春的《啰唝曲》流传甚广，《啰唝曲》词牌的五言体又名"望夫歌"，七言体又名"江南曲""江南意"等。有一曲广为唱诵，构思出人意外，又清新自然，曲中唱道：

不喜秦淮水，生憎江上船。载儿夫婿去，经岁又经年。

扫眉才子多以诗文才艺出众出尘而闻名，要放在当今女性意识大觉醒的时代，多少差点"大女主"的气度和襟抱。汉代马皇后贵为天下母，她的扫眉诗则是另一种风格。

汉明帝刘庄的皇后，东汉著名将领马援之女，史称"马皇后""马明德"。元代志怪小说集《诚斋杂记》记录了她的眉妆细节：

> 明德马皇后，眉不施黛，独眉角小缺，补之以缥。

《东观汉记》卷六《外戚列传·明德马皇后》记载：

> 后长七尺二寸，青白色，方口美发，为四起大髻，但以发成，尚有余，绕髻三匝。眉不施黛，独左眉角小缺，补之如粟。常称疾而终身得意。

马皇后不爱绫罗绸缎，常穿粗葛布衣，眉上也不描画眉粉眉黛。马皇后眉角受伤有小缺，就在眉缺的一小块地方描画上淡青色的眉形。这个细节很有意思，马皇后身材修长，皮肤白亮，一头浓密的秀发，平时不施粉黛，却又精心修饰自己眉妆上的小瑕疵，说明马皇后不是不爱美，是对自己的美貌有充分的自信。细节中的一个细节，马皇后身长七尺二寸，换算过来，约1.75米的身高，个子是真的很高。

马皇后代表的皇家母仪天下的人伦典范，寻常人家的女儿也有不一样的画眉故事。明人笔记小说《珍珠船》记载：

> 鲜家妇生一女，姿色殊异，后入宫，上问曰：何以眉缺。对曰：宝剑宁无缺，明珠尚有瑕。命之曰鲜明珠。

说是鲜家有个女儿，极致美貌，选美入宫后，皇上问她：你的眉毛怎么有断缺？鲜家女儿回答说：宝剑不能有缺，明珠怎么会没有瑕疵？皇上为之折服，赐给鲜家女儿名字，名叫鲜明珠。鲜明珠的"珠瑕眉缺"之语，堪称高阶版的罗敷问答。

47. 千金蝉鬓　百万蛾眉

"千金蝉鬓，百万蛾眉。"写出如此豪情诗篇的是南朝才女沈满愿。沈满愿，吴兴武康人，出身官宦之家，左光禄大夫沈约之孙女。

陆昶《历代名媛诗词》说：沈满愿长于诗，所著甚富，词气浑洒，不为笔所拘局。

《咏步摇花》是沈满愿的诗作之一。诗中把当时佩戴珠宝首饰的美丽女子走路时的风姿描绘得淋漓尽致。大意是说，头饰步摇上缀以美丽的珍珠、翡翠，饰以用薄金片和玛瑙精制的荷花，花叶相间，栩栩如生。把它插在云髻前的两额间，枝弯珠垂，轻拂绣领，稍一挪动步子则珠摇玉动。

珠华萦翡翠，宝叶间金琼。剪荷不似制，为花如自生。
低枝拂绣领，微步动瑶瑛。但令云髻插，蛾眉本易成。

沈满愿《王昭君叹二首》诗曰：

早信丹青巧，重货洛阳师。千金买蝉鬓，百万写蛾眉。
今朝犹汉地，明旦入胡关。高堂歌吹远，游子梦中还。

和沈满愿同时代的南朝女诗人刘令娴是一名个性张扬的女子。刘令娴出身于官宦之家，乃齐大司马刘绘之女，文学大家刘孝绰的三妹，世称"刘三娘"。史载，其夫徐悱宦游在外，夫妇二人寄诗赠答,感情真挚。徐悱想念妻子,就写了一首《赠内》送给妻子,在信中表达了对她的想念,更是不吝辞藻夸她漂亮。诗曰:

> 日暮想青阳,蹑履出椒房。网虫生锦荐,游尘掩玉床。
> 不见可怜影,空余黼帐香。彼美情多乐,挟瑟坐高堂。
> 岂忘离忧者,向隅独心伤。聊因一书札,以代回九肠。

刘令娴回赠丈夫以《答外诗》,存世的有两首,回应夫君说,感叹夫君的蜜意浓情,你是情人眼里出西施,我虽也很美,但世上比我美的女子还多,不要只爱我的美貌,要爱我的内心。另一首诗则表达了自己从爱上丈夫到嫁人这一路上的心路历程。诗曰:

> 东家挺奇丽,南国擅容辉。夜月方神女,朝霞喻洛妃。
> 还看镜中色,比艳似知非。摛词徒妙好,连类顿乖违。
> 智夫虽已丽,倾城未敢希。

> 花庭丽景斜,兰牖轻风度。落日更新妆,开帘对春树。
> 鸣鹂叶中响,戏蝶枝边鹜。调琴本要欢,心愁不成趣。
> 良会诚非远,佳期今不遇。欲知幽怨多,春闺深且暮。

刘令娴的《听百舌》诗表达了对丈夫的思念,也十分形象动人。诗曰:

> 庭树旦新晴,临镜出雕楹。风吹桃李气,过传春鸟声。
> 净写出阳笛,全作洛滨笙。注意欢留听,误令妆不成。

刘令娴和自己的丈夫很有感情。徐悱在晋安郡任上去世后,发丧回到京师,刘令娴奉命而作《祭夫徐敬业文》,辞意凄婉,情真意切,在祭文中对夫君的赞美和思念连绵不绝。文中写到"昔奉齐眉，异于当代"，诚然，徐刘夫妇情义交投，能诗文唱和，情志上能平等交流，实属难得。文中如"一见无期，百身何赎""百年何几，泉穴方同"等句，不加雕饰，出自肺腑。

刘令娴是贵族女性，生在南北朝礼法崩坏的时代，当时宫体艳情诗流行，她也有大胆开放的诗文，有人望文生义，想当然认为刘令娴生活放荡，真是不解风情。刘令娴引起争议的这首诗就是她的《光宅寺》：

长廊欣目送，广殿悦逢迎。何当曲房里，幽隐无人声。

诗中描绘一幅暧昧的画面：黄昏时分，一位容貌娇艳的才女来到光宅寺烧香拜佛。长廊深处，一位英俊的青年和尚对其目送眉接，秋波频传，女子春心荡漾难以自拔，尾随和尚来到幽深禅房……如果不了解那个时代的文学风气，这画面的确难免让人浮想联翩。其实，只要读者稍微耐心一点，读到她的《和班婕妤》，就知道她内心是一个强大的女子，并非一般的闺阁脂粉之爱可以激荡。《和班婕妤》诗曰：

日落应门闭，愁思百端生。况复昭阳近，风传歌吹声。
宠移终不恨，谗枉太无情。只言争分理，非妒舞腰轻。

《名媛汇诗》中记有一则逸事：刘令娴的哥哥孝绰罢官不出，写了一首诗题于门上："闭门罢庆吊，高卧谢公卿。"刘令娴续了一首以应答："落花扫仍合，聚兰摘复生。"格调高雅，不负其盛名。

隋末唐初的陈子良有一首《新成安乐宫》，借安乐宫修建落成，歌咏秦穆公的女儿公主弄玉，这首诗把善于吹箫的弄玉描写得风情万种，用柳叶飞来眉上，桃红花落，动态地描画柳眉桃脸，特别生动。诗曰：

春色照兰宫，秦女旦窗中。柳叶来眉上，桃花落脸红。
拂尘开扇匣，卷帐却薰笼。衫薄偏憎日，裙轻更畏风。

48. 秋风紫气　蛾眉出群

唐代女诗人徐惠是唐太宗李世民的妃嫔，年少时便才华出众，因而被招入宫中，史称"落笔成文，轻染云笺皆锦绣"。一首《秋风函谷应诏》诗曰：

秋风起函谷，劲气动河山。偃松千岭上，杂雨二陵间。低云愁广隰，落日惨重关。此时飘紫气，应验真人还。

全诗秀拔有古风，不似一般女子的柔弱。《诗女史传》等古籍都有徐慧"娇语解围"的记载：有一天，唐太宗下诏让徐惠去见驾。她过了很久还没到，唐太宗非常生气。徐惠姗姗来迟，献了首诗："朝来临镜台，妆罢暂徘徊。千金始一笑，一召讵能来？"唐太宗听后怒气全消了。

徐惠《赋得北方有佳人》诗中一句"柳叶眉间发，桃花脸上生"，把柳眉和桃脸动态化描写，别样生动。想来，徐慧对镜装扮，一定画了一对柳眉。全诗曰：

由来称独立，本自号倾城。柳叶眉间发，桃花脸上生。腕摇金钏响，步转玉环鸣。纤腰宜宝袜，红衫艳织成。悬知一顾重，别觉舞腰轻。

徐慧对政务也有个人的见解，可惜只活了短短二十四岁，而且据说有为太宗殉情的意愿，哀慕成疾，不肯服药养病，最终悲伤郁郁而死，死后被追封为贤妃。贤妃和太宗的爱情故事有几分玄宗和贵妃长恨歌的味道，只不过贤妃和太宗以诗文为媒，贵妃和玄宗以霓裳羽衣歌舞连理比翼。

唐代女诗人刘媛作了二首《相和歌辞·长门怨》，第二首也有说是诗人罗隐所作。诗中描写了一个"学画蛾眉独出群""以眉制胜"的女子：

雨滴梧桐秋夜长，愁心和雨到昭阳。泪痕不学君恩断，拭却千行更万行。
学画蛾眉独出群，当时人道便承恩。经年不见君王面，花落黄昏空掩门。

唐代诗人张安石著有《涪江集》，其生平不详，应该是蜀地人，或是在蜀地涪江流域长期生活过，可惜已经失佚。全唐诗收录尚有两首，其一《玉女词》曰：

绮荐银屏空积尘，柳眉桃脸暗销春。不须更学阳台女，为雨为云趁恼人。

此处柳眉桃脸已成俗语套话，妙在后一联，本来情重，偏说是阳台上看天的女子烦云恼雨。有"打起黄莺儿，莫教枝上啼"之意，又有"你在桥上看风景，桥上的人在看你"之趣，诗风也是离思艳情一路。趣味风格是另一路，有《苦别》诗曰：

向前不信别离苦，而今自到别离处。两行粉泪红阑干，一朵芙蕖带残露。

说到底，相恨相思一个人，柳眉桃脸自然春。相思令人老，相思也令人不老。宋代无名氏《摊破浣溪沙》曰：

相恨相思一个人，柳眉桃脸自然春。别离情思，寂寞向谁论。
映地残霞红照水，断魂芳草碧连云。水边楼上，回首倚黄昏。

宋人廖行之《将归新城乡舍邀赋诗赠行》诗云：

请君吟诗送我归，我归虽作半月期。马头黄埃且百里，村店白酒占双旗。
只今柳丝东城路，万缕方作青青垂。归来应未及飞絮，自取春色开修眉。

末联"归来应未及飞絮,自取春色开修眉",真是妙绝。春来展颜不是春来,是我归我还,我自取春色,我自开怀开我心颜。廖行之是南宋初诗人,融通生活热爱与理学之思。他另有一阕《鹧鸪天·飞尽林花绿叶丝》词曰:

> 飞尽林花绿叶丝。十分春色在荼蘼。多情几日风朝雨,留恋东风未许归。
> 天意好,与君期。如今且醉□蛾眉。明年上国春风里,赏遍名花得意时。

宋代词人赵子发是皇家世孙,词风华丽,有一首《虞美人》云:

> 飞云流水来无信。花发年年恨。小桃如脸柳如眉。记得那人模样、旧家时。
> 楼高映步拖金缕。香湿黄昏雨。如今不见欲凭书。门外水平波暖、一双鱼。

妙在反其道而行之,不是眉如柳,脸如桃花,而是小桃如脸,柳如眉,可谓桃色照人。

49. 才下眉头　却上心头

要说扫眉才子写尽眉上语,怎么能不说李清照。李清照《一剪梅·红藕香残玉簟秋》词曰:

红藕香残玉簟秋。轻解罗裳,独上兰舟。云中谁寄锦书来?雁字回时,月满西楼。

花自飘零水自流。一种相思,两处闲愁。此情无计可消除,才下眉头,却上心头。

《浣溪沙·闺情》曰:

绣面芙蓉一笑开,斜飞宝鸭衬香腮,眼波才动被人猜。

一面风情深有韵,半笺娇恨寄幽怀,月移花影约重来。

李清照还有个相当有名的外号,叫"李三瘦"。因为她在词里,写过三句带"瘦"字的经典名句:一句是"新来瘦,非干病酒,不是悲秋",一句是"知否,知否,应是绿肥红瘦",另一句就是"莫道不销魂,帘卷西风,人比黄花瘦"。这三句词,有的是说花瘦,有的是说人瘦,还有的是说花已经很瘦了,可是人比花更瘦!

魏夫人的文学创作在宋代颇负盛名,朱熹甚至将她与李清照并提。宋人曾说"本朝妇人能文,只有李易安与魏夫人"。魏夫人,名玩,字玉汝,北宋女词人。乃曾布之妻,魏泰之姊,封鲁国夫人。

魏夫人《江城子·春恨》词曰：

> 别郎容易见郎难。几何般。懒临鸾。憔悴容仪，陡觉缕衣宽。门外红梅将谢也，谁信道、不曾看。
>
> 晓妆楼上望长安。怯轻寒。莫凭阑。嫌怕东风，吹恨上眉端。为报归期须及早，休误妾、一春闲。

同为南宋女词家的朱淑真，别号是"幽栖居士"，为北宋多情才女，与李清照齐名，有《断肠集》存世。后人给朱淑真的诗集作序，说她"嫁为市井民妻"，但根据考证，她的丈夫应该不是普通市民，而是一个小官吏。朱淑真不满的，并不是丈夫无财无势，而是才学不能相称，心灵无法沟通。婚后不久，她便因失望而发出了这样的抱怨："鸥鹭鸳鸯作一池，须知羽翼不相依。东君不与花为主，何以休生连理枝？""但愿暂成人缱绻，不妨常任月朦胧"，"娇痴不怕人猜，和衣睡倒人怀"，表达大胆。《画眉》诗曰：

> 晓来偶意画愁眉，种种新妆试略施。堪笑时人争彷佛，满城将谓是时宜。

《忆秦娥·正月初六日夜月》写正月新年，"闹蛾雪柳"，新妆新年。词曰：

> 弯弯曲，新年新月钩寒玉。钩寒玉，凤鞋儿小，翠眉儿蹙。
> 闹蛾雪柳添妆束，烛龙火树争驰逐。争驰逐，元宵三五，不如初六。

《秋日偶成》以学画眉与爱的初体验互喻，爱一个人，就要给他写很多的情诗。诗曰：

> 初合双鬟学画眉，未知心事属他谁。待将满抱中秋月，分付萧郎万首诗。

《菩萨蛮·山灵水榭秋方半》写失却的旧爱与从前，双眉间的忧伤全是经年的热爱。词曰：

山亭水榭秋方半，凤帷寂寞无人伴。愁闷一番新，双蛾只旧颦。起来临绣户，时有疏萤度。多谢月相怜，今宵不忍圆。

《菩萨蛮·咏梅》

湿云不渡溪桥冷，蛾寒初破东风影。溪下水声长，一枝和月香。人怜花似旧，花不知人瘦。独自倚阑干，夜深花正寒。

邻家闺蜜约我踏春，春色难消相思意，春愁无边。《约游春不去》二首曰：

邻姬约我踏春游，强拂愁眉下小楼。去户欲行还自省，也知憔悴见人羞。

少年意思懒能酬，爱好心情一向休。若到旧家游冶处，只应满眼是春愁。

《黄花》诗曰：

土花能白又能红，晚节犹能爱此工。宁可抱香枝上老，不随黄叶舞秋风。

《圈儿词》曰：

相思欲寄无从寄，画个圈儿替。话在圈儿外，心在圈儿里。单圈儿是我，双圈儿是你。你心中有我，我心中有你。月缺了会圆，月圆了会缺。整圆儿是团圆，半圈儿是别离。我密密加圈，你须密密知我意。还有数不尽的相思情，我一路圈儿圈到底。

《西楼寄情》是朱淑真的一首七绝，诗曰：

静看飞蝇触晓窗，宿酲未醒倦梳妆。强调朱粉西楼上，愁里春山画不长。

元代赵孟𫖯与管道昇夫妇二人共同爱好作画，恩爱非常。岁月流逝，人到中年的管道昇容貌褪去，赵孟𫖯有了纳妾的想法，便通过写诗的方式来表达自己纳妾的想法。管道昇看到后回敬了一首诗，以真情打动丈夫，并表达了自己坚定的态度。此诗就是管道昇的《我侬词》：

> 尔侬我侬，忒煞情多，情多处，热似火。把一块泥，捻一个尔，塑一个我，将咱两个，一齐打破，用水调和。再捻一个尔，再塑一个我。我泥中有尔，尔泥中有我。我与尔生同一个衾，死同一个椁！

元代李东有写的轶事小说《古杭杂记》中记载了一个痴情的女子因为思念夫君，就写了情歌寄给在京城游学未归的丈夫，其词情深意切，时人都误以为是欧阳修所作，广为流传。《古杭杂记》载："太学服膺斋上舍郑文，秀州人。其妻寄以《忆秦娥》……此词为同舍见者传播，酒楼妓馆皆歌之，以为欧阳永叔词，非也。"

这是一阕《忆秦娥·花深深》：

> 花深深，一勾罗袜行花阴。行花阴，闲将柳带，试结同心。日边消息空沉沉，画眉楼上愁登临。愁登临，海棠开后，望到如今。

这位幸运的士子名叫郑文，写歌词给他的是他的妻子孙氏。清代大儒朱彝尊感念这首词的深情，化用孙氏之语，和了一首《鸳湖棹歌》。诗曰：

> 龙香小柄琵琶弯，切玉玲珑约指环。试按花深深一曲，海棠开后望郎还。

50. 贺画眉郎　花满蓝桥

清朝顺治年间，最有名的才女当属吴绡，其画兰竹有生趣，亦兼善琴，工小楷。吴绡十七岁时嫁给常熟才子许瑶，才子佳人，一时欢爱。贺画眉郎，花满蓝桥。一曲《贺新郎》词曰：

花满蓝桥路。画眉郎，春情似海，屏开金雀。锦绣香车珠翠拥，一派银筝画鼓。看鸾凤、绕身飞舞。橡烛花红光似画，彩缠绤铺、旋旋移莲步。烟篆起，博山雾。

人间天上相逢处。隐罗帷、千回万转，未容轻许。漏点不禁良夜短，月落嫦娥厮妒。回玉枕、鸳鸯交语。两两同心双结取。笑楚台，当日巫山雨。常比翼，白头誓。

江南果然是升平温柔之乡，开放自由。没想到在封建时代，一个女子在新婚次日，竟然如此大胆地自写闺房之乐，开古代女子自咏洞房花烛的风气之先。这首词一时风靡苏杭。可惜，许瑶考中进士，入仕异地为官，对婚姻失去了新鲜感，在外另纳新宠，不再回家，弃原配吴绡于故里。吴绡情无所依，诵经修行，孤寂度过余生。吴绡的诗文生动展现了一个有才情女子的无爱生活。其《如梦令·灯与前宵一样》词曰：

灯与前宵一样，月与前宵一样。斗帐绣罗衾，也与前宵一样。两样，两样，不见五更天亮。

《杨柳枝词》中有两句伤心语,"春来树树烟条绿,欲认何枝是旧枝""东君不惜离人苦,又向前年折处生",正写在伤心处。词曰:

> 宫柳初开一抹眉,武昌城下乍逢时。春来树树烟条绿,欲认何枝是旧枝。
> 寒食东风已满城,小枝纤弱拂啼莺。东君不惜离人苦,又向前年折处生。

"开到蔷薇花事了,双蛾翠叠愁难扫。"看似寻常,并不寻常。一季花事花似海,花开花落,堆堆叠叠。《菩萨蛮·闺情》词曰:

> 开到蔷薇花事了,双蛾翠叠愁难扫。楼外是天涯,红尘去路赊。
> 不禁春梦乱,消息经年断。绣带几围宽,熏炉愁夜阑。

《黄莺儿·淡竹叶》词曰:

> 嫩碧长阶前,似新篁、叶叶烟。黛痕细折天生茜,铜花也欠鲜。
> 石花也未妍,青螺一点枝头颤。翠为钿,玉台妆罢,宜贴两眉边。

《一丛花·又一体》词曰:

> 画梁春昼燕来时。桃李一枝枝。愁肠似柳千丝乱,只几日、瘦了腰肢。午梦乍回,湘帘不卷,一晌是谁知。
> 兰膏红豆记相思。拈著皱双眉。鹊声报尽都无准,妒粉蝶、对舞迟迟。鸾镜尘生,鸳衾香冷,红泪滴燕脂。

《减字木兰花》词曰:

> 梦残莺溜,渡头桃叶春波皱。何处香风,掷果轻车蓦地逢。
> 珠喉戛玉,红豆抛来眉黛蹙。画栋飞尘,犹共余香恋锦茵。

《玉楼春》词曰:

> 九十风光愁里度。莺声燕影春将暮。玉楼一望柳如烟,门外可怜千里路。
> 梦中何事频频语。梦觉莫知云去处。旁人虚自妒蛾眉,对镜不禁愁黛聚。

《画堂春·萱花》词曰：

一枝花发北堂幽，无聊长日悠悠。轻风浓日画阑头，绿嫩红柔。
粉蝶不知人意，纷纷来往绸缪。双眉常自曲如钩，莫说忘忧。

《满江红·述怀》词曰：

陵谷纷纭，鱼龙混、一江春涨。回首处、平生孤介，弱躯多恙。
盼望云霄凡骨重，寸心常锁双尖上。闭深闺、栖处似鹡鸰，齐眉饷。

行乐事，全抛漾。琴书好，休题唱。但梦吟残罢，闲愁酝酿。痴想蓬莱弱水隔，难求缩地壶公杖。叹风风雨雨度余年，凄凉状。

《瑞鹧鸪·出歌妓》词上片对歌妓的描摹更为细腻：

筵前檀板试新声，娇喉啭处听春莺。短发齐眉，似束腰肢小，
更喜双眸片月清。

清代女诗人笔下的眉形，常以弯、长、细为美。徐昭华就是一个代表。《月下赠商云衣和韵》说："羡尔双蛾似初月，不须相待画眉人。"《道朱夫人喜时其外新领乡荐》诗说："怪底蛾眉画更长，双螺不藉墨痕香。"

胡慎容，山阴人。《窥采齐姊晓妆》诗曰：

鬟涵秋水黛长描，对影评来若个娇。

孙荪意，浙江仁和人，嫁贡生高第，夫妇间颇多唱和，八岁即能吟咏，其《画眉曲》曰：

徘徊染黛晕修蛾，枕痕印颊红双涡……
十眉图子今谁授，写得遥山一痕秀。

孙荪意还是少女时，辑成写猫的类书《衔蝉小录》，纵观古代社会猫形百态，涵盖诗文、故事、图画、器物。今天的猫奴可以捧之一读。

第十一部

11

红　尘　蛾　眉

平康坊歌妓眉语，是大唐盛世的金粉香氛，是古代中国女性群体的宿命悲歌。古代通俗文学中女性的画眉故事，多以她们的生命书写为底本。

历代官妓歌伎、青楼红粉、青山女观中，留名于世的多身世沉浮、情感波澜。这些修眉女子受过良好文学和音乐歌舞训练，身份低贱，却又联结歌楼舞榭与权贵府衙庙堂车马，结交的对象上到皇帝、文人士大夫，下到卑田院乞儿，再到匪帮山贼，乃至北方蛮夷，上演无数的悲欢离合。她们不只出卖肉体，不一定容貌出众，但才情出尘，说不尽的眉上故事。她们是红尘中的女子，《金瓶梅》则写尽了市井尘下女人的眼意眉情。

51. 长安花开　平康坊中

中国历史上的官妓歌伎是一种独特的文化事实,两汉直到宋末,这些受过良好文学和音乐歌舞训练的女子,身为下贱,却又联结歌楼舞榭与权贵府衙庙堂车马,与名流士大夫交集往来,上演情情爱爱的悲欢离合。

苏小小、薛涛、李师师、柳如是、董小宛、陈圆圆、梁红玉、马湘兰、杜秋娘、鱼玄机,被称为"十大名妓",名妓中大多是名伎,而非单纯的出卖肉体,她们大多才情出尘,并不一定容貌出众。中国古代文人与青楼文化密切相关,读书人和官员常携妓出游。名妓如薛涛、李师师、柳如是、董小宛、陈圆圆等,莫不与名士密切相关。唐代应举士子结束考试后,多奔向平康坊,白居易《江南喜逢萧九彻因话长安旧游戏赠五十韵》是这一风气最典型的代表。诗曰:

> 忆昔嬉游伴,多陪欢宴场。寓居同永乐,幽会共平康。

十大名妓中,才名最高的是薛涛,薛涛的人生经历也很有代表性。薛涛与卓文君、花蕊夫人、黄娥并称为"蜀中四大才女";和鱼玄机、李冶、刘采春并称为"唐代四大女诗人"。公元785年,四川节度使韦皋设宴,召请薛涛在酒宴上赋诗,薛涛写下一首《谒巫山庙》:

乱猿啼处访高唐，路入烟霞草木香。山色未能忘宋玉，水声犹是哭襄王。朝朝夜夜阳台下，为雨为云楚国亡。惆怅庙前多少柳，春来空斗画眉长。

薛涛的文名太盛，出身于官宦人间，又有女校书之名，结交的又全是名士高官，她的故事多发生在成都，因而，虽也是出自平康坊，但算是另一格。

赵鸾鸾也是唐代平康名妓的代表，有诗才，全唐诗收录了她的诗五首七绝。

其一《檀口》：

衔杯微动樱桃颗，咳唾轻飘茉莉香。曾见白家樊素口，瓠犀颗颗缀榴芳。

其二《柳眉》：

弯弯柳叶愁边戏，湛湛菱花照处频。妩媚不烦螺子黛，春山画出自精神。

其三《云鬟》：

扰扰香云湿未干，鸦领蝉翼腻光寒。侧边斜插黄金凤，妆罢夫君带笑看。

其四《纤指》：

纤纤软玉削春葱，长在香罗翠袖中。昨日琵琶弦索上，分明满甲染猩红。

蜀太妃徐氏，又称花蕊夫人，是前蜀开国皇帝王建的宠妃，后主王衍的母亲，贵极人母。放下皇后和太后的身份不谈，更不论性别，花蕊夫人在五代诗人中，也是一流诗才。五代时，成都道教影响宏大，后主王衍荒嬉无度，也没有什么政治理想，常陪母亲和姨母游青城山，命宫女衣裳多画云霞，又令宫女穿着宽松的道袍，簪莲花冠，浓妆艳抹，叫作"醉妆"，他跟随在后，夹着檀板吟唱小调，全无国君的样子。花蕊夫人徐妃有一首《题金华宫》，写游青城山金华宫道观，碧烟风松，皇家出游，写得华丽鲜冷，又颇有道心。诗曰：

> 碧烟红雾漾人衣，宿雾苍苔石径危。风巧解吹松上曲，蝶娇频采脸边脂。
> 同寻僻境思携手，暗指遥山学画眉。好把身心清净处，角冠霞帔事希夷。

花蕊夫人之得名，乃是因为美貌，"花不足以拟其色，蕊差堪状其容"。也有记载说，花蕊夫人非特指徐人妃，而是和蛾眉、谢娘、罗敷等等一样，代指美女。

赵鸾鸾的诗名和趣味完全不能和薛涛相比，但也正因为如此，她的诗更真切地反映了平康坊女妓的普遍状态。

那么，何谓"平康坊"？平康坊，实际上就是唐都长安一个听歌喝酒的烟花柳巷。

唐朝严格进行坊市分离，平康坊正是坊区的一个极具代表性的地方。它处于长安城北的黄金地带，居于名利场的中心，是长安的红灯区，时人称此处为"风流薮泽"之地。

五代王仁裕《开元天宝遗事》载：

> 长安有平康坊者，妓女所居之地。京都侠少，萃集于此。兼每年新进士以红笺名纸，游谒其中，时人谓此坊为风流薮泽。

平康坊诸妓隶籍教坊，从小受到比较严格的歌舞、诗词、乐器等训练，供奉和服务对象主要是喜好吟诗弄文的皇室官僚贵族士大夫，经常要应召供奉和侍宴。有些聪明好学的歌妓颇有学识，不仅谈吐文雅，会吟诗作赋，还善于周旋于各色官绅名士之间。才、貌、情兼备的妓女，成为众才子追逐的对象甚至是其中一部分人追求仕途向上的附带动力。平康坊内外演绎出无数"才子佳人"缠绵缱绻的故事。

能歌善舞婀娜多姿的歌妓们艳照长安，平康坊来往人流如织，但凡有了银子的文人才子都在平康坊里流连。来往平康坊的宾客，主要有以下几种：

一是京都豪族贵戚的子弟；

二是外地来京的文士举子；

三是新科进士中还没有授任官职者。

昔日龌龊不足夸，今朝放荡思无涯。春风得意马蹄疾，一日看尽长安花。

  孟郊的诗里这样写。他口中的花指的就是平康坊里如花一般娇艳的歌妓。可以说平康妓所在之处就是一个官员文人的小型信息传播中心。举选人可以借助平康妓之口将自己的才干传播出去。同时，平康坊也为地方驻京官员、地方进京官员、官僚子弟提供了社交平台，举选人可以在此结交权贵，结识其他举选人，获得情报，进而有利于人脉的扩展、仕途的发展。由此可以看出，这一切间接地促进了平康妓的发展，进一步拓宽其客源。而文人对平康妓的赞赏，也有助于歌妓名气的提升。

  但被豢养的压抑，也让许多妓女试图逃跑。大多数歌妓可以通过嫁人改变自己的命运，但特殊的身份使得歌妓们难以在青春年华时找到真心想娶她们的人。白居易《琵琶行》中的琵琶女，虽然年轻时"名属教坊第一部"，但年纪大了以后只能嫁做商人妇。歌妓如果嫁人不得或所嫁非人，年老色衰后陷于冻馁困境，便只能出家为尼姑或女冠，一个人度过人生的最后时光。

52. 宣和遗事　唱师师令

北宋汴京名歌妓李师师，色艺双绝，在青楼中首屈一指。一般认为，李师师的眉妆多画远山长眉，是宋代风气。

关于李师师的各种传说和演义非常多，几乎穷尽了文人士大夫和市井百姓对名妓的想象。据传，李师师曾深受宋徽宗喜爱，得到过宋朝著名词人周邦彦的垂青，《水浒传》中演绎出李师师与燕青交好，互生情愫。师师艳名四海，难免被野史传奇杜撰借用。从相对可靠的史料汇总来看，北宋著名词人张先、晏几道、秦观、周邦彦以及宋徽宗赵佶等人可能和李师师有过交往。

张先曾专为李师师创作新词牌《师师令》，并附一词可唱：

> 香钿宝珥。拂菱花如水。学妆皆道称时宜，粉色有、天然春意。蜀彩衣长胜未起。纵乱云垂地。
>
> 都城池苑夸桃李。问东风何似。不须回扇障清歌，唇一点、小于珠子。正是残英和月坠。寄此情千里。

李师师对名动一时的才子秦观曾一度迷恋，二人相互爱慕。秦观作《一丛花》词赠李师师：

> 年来今夜见师师。双颊酒红滋。疏帘半卷微灯外，露华上、烟袅凉飔。簪髻乱抛，偎人不起，弹泪唱新词。
>
> 佳期谁料久参差。愁绪暗萦丝。相应妙舞清歌夜，又还对、秋色嗟咨。惟有画楼，当时明月，两处照相思。

秦观之后，和李师师交往最密切的文人当数周邦彦了。《大宋宣和遗事》记载，初见李师师时，周邦彦便有相见恨晚之感，一首《玉兰儿》记录了他对李师师的印象：

铅华淡泞新妆束，好风韵，天然异俗。彼此知名，虽然初见，情分先熟。
炉烟淡淡云屏曲，睡半醒，生香透肉。赖得相逢，若还虚度，生世不足。

宋人陈鹄《耆旧续闻》中记载："美成至角伎李师师家，为赋《洛阳春》。"美成，是周邦彦的字，其词云：

眉共春山争秀，可怜长皱。莫将清泪湿花枝，恐花也如人瘦。
清润玉箫闲久，知音稀有。欲知日日倚栏愁，但问取亭前柳。

词人晏几道有《生查子·远山眉黛长》词写李师师之仪容，词曰：

远山眉黛长，细柳腰肢袅。妆罢立春风，一笑千金少。
归去凤城时，说与青楼道。看遍颍川花，不似师师好。

宋人刘学箕是宋光宗朝词人，生平未仕，但游历颇广，曾"游襄汉，经蜀都，寄湖浙，历览名山大川，取友于天下"，拟李师师为题，一阕《贺新郎·午睡莺惊起》咏怀，"幽恨积，黛眉翠"是惯例表达，但也间接说明翠眉眉式的持续流行。这首词全名是《贺新郎·午睡莺惊起（代黄端夫·白牡丹，京师妓李师师也。画者曲尽其妙，输棋者赋之）》，可知本为游戏咏史抒怀之作，其《贺新郎》词曰：

午睡莺惊起。鬓云偏、髟松未整，凤钗斜坠。宿酒残妆无意绪，春恨春愁如水。谁共说、厌厌情味。手展流苏腰肢瘦，叹黄金、两钿香消臂。心事远，仗谁寄。

帘栊渐是槐风细。对梧桐、清阴满院，夏初天气。回首春空梨花梦，屈指从头暗记。叹薄倖、抛人容易。目断孤鸿沈双鲤，恨萧郎、不寄相思字。幽恨积，黛眉翠。

清代陈维崧有两首咏古词写李师师,其一《师师令·汴京访李师师故巷》,叙事性很强,咏史换作斜阳惆怅。词曰:

> 宣和天子,爱微行坊市。有人潜隐小屏红,低唱道、香橙纤指。夜半无人莺语脆,正绿窗风细。
> 如今往事消沉矣,怅暮云千里。含情试问旧倡楼,奈门巷、条条相似。头白居人随意指,道斜阳边是。

这首词中有"香橙纤指"一句,典出周邦彦早年名篇《少年游》:

> 并刀如水,吴盐胜雪,纤手破新橙。锦幄初温,兽烟不断,相对坐调笙。
> 低声问:向谁行宿?城上已三更。马滑霜浓,不如休去,直是少人行!

这首词浓而不腻,艳而不俗,"并刀如水,吴盐胜雪,纤手破新橙"是传世之名句。在传说过程中,就有人把这首词附会为周邦彦专门为李师师而作,实际上早年两人并无交集。

陈维崧写李师师咏古词的另一篇《木兰花慢·汴梁城内有李师师巷经过感赋》,东京旧迹故地重游,神交赵宋繁华,樊楼笑语依稀犹在。词曰:

> 是东京旧迹,愁漠漠、雨丝丝。怅赵宋繁华,樊楼笑语,总被风吹。凄其。剩勾栏在,照绿窗曾挂月如规。今日颓垣废井,当年舞榭歌基。
> 师师。雪貌玉为肌。玩月赏花时。惹君王夜幸,香橙暗擘,腻笋潜携。谁知。小屏风从,有周郎低唱断肠词。一代春娇寂寞,半城夜火参差。

宋代方回《俳体戏书二首》说是戏书,实在道出了文人士大夫的千秋旧梦,不过是科场仕途和春闺歌楼。诗曰:

> 世变茫茫不可期,珊瑚作箠捣黄糜。八千里有假附子,二十年无生荔枝。司马梦迷苏小小,屏山诗痛李师师。只应骨朽心犹在,倒海难湔万古悲。

明代杨基《登宋宫故基》诗同此，诗曰：

上皇宫殿碧参差，嗟我来登见废基。尽道河边金线柳，腰肢犹似李师师。

明代李梦阳《观灯行》写正月十五观灯，宋徽宗偶遇李师师，以及国家兴衰往事，是还原李师师"宣和遗事"的完整版本之一。诗曰：

宋家累叶全盛帝，宽大实皆称令主。百姓牛马遍阡陌，太仓米粟忧红腐。宣和以来遂多事，呜呼烂费如沙土。海石江花涌国门，离宫别殿谁能数。群臣谀佞秪自讦，天下骚然始怨苦。正月十四十五间，有敕大驾观鳌山。万金为一灯，万灯为一山。用尽工匠力，不破君王颜。此时上御宣德门，乐动帘开见至尊。奔星忽经于御榻，明月初上堆金盆。倾城呼噪声动地，可怜今夜鳌山戏。窈冥幻巧百怪聚，金蛾翠管堪垂泪。借问幸臣谁，云是李师师。外有蔡京与蔡攸，夹楼锦幄罗公侯，丞相之幄当前头。奚儿腰带控紫骝，如花少女擎彩毬。但闻楼上唤楼下，黄帕笼盘赐玉羞。月高鸣鞭至尊起，幄中环佩如流水。争道齐驱辇路窄，寺桥窈窕尘埃白。火树龙灯又一时，千光万焰天为赤。常言宴安成祸基，从来乐极还生悲。君看二帝蒙尘日，数月东京荒蒺藜。

53. 脸浓花发　苏家小小

平康坊官妓的命运归宿很有代表性，不过三大类：出逃、年老色衰嫁人、出家。即便出家，也并不能过上清净修行的生活，这一类前歌妓有感于她们的身世沉浮、情感波澜，晚年也尽力和文人圈保持一定的联系，若能有所依附，生活也多一些保障，她们和文人士大夫的交往中，也会留下一些歌咏的诗词。

明代冯梦龙《警世通言·杜十娘怒沉百宝箱》写道：

> 话中单表万历二十年间，日本国关白作乱，侵犯朝鲜。朝鲜国王上表告急，天朝发兵泛海往救。有户部官奏准：目今兵兴之际，粮饷未充，暂开纳粟入监之例。原来纳粟入监的，有几般便宜：好读书，好科举，好中，结末来又有个小小前程结果。以此宦家公子、富室子弟，到不愿做秀才，都去援例做太学生。自开了这例，两京太学生各添至千人之外。内中有一人，姓李名甲，字干先，浙江绍兴府人氏。父亲李布政所生三儿，惟甲居长，自幼读书在庠，未得登科，援例入于北雍。因在京坐监，与同乡柳遇春监生同游教坊司院内，与一个名姬相遇。那名姬姓杜名媺，排行第十，院中都称为杜十娘，生得：

> 浑身雅艳，遍体娇香，两弯眉画远山青，一对眼明秋水润。脸如莲萼，分明卓氏文君；唇似樱桃，何减白家樊素。可怜一片无瑕玉，误落风尘花柳中。

那杜十娘自十三岁破瓜，今一十九岁，七年之内，不知历过了多少公子王孙。一个个情迷意荡，破家荡产而不惜。院中传出四句口号来，道是：

坐中若有杜十娘，斗筲之量饮千觞。

院中若识杜老媺，千家粉面都如鬼。

却说李公子风流年少，未逢美色，自遇了杜十娘，喜出望外，把花柳情怀，一担儿挑在他身上。那公子俊俏庞儿，温存性儿，又是撒漫的手儿，帮衬的勤儿，与十娘一双两好，情投意合。十娘因见鸨儿贪财无义，久有从良之志，又见李公子忠厚志诚，甚有心向他。奈李公子惧怕老爷，不敢应承。虽则如此，两下情好愈密，朝欢暮乐，终日相守，如夫妇一般。海誓山盟，各无他志。

这一段描写，颇有玩味。首先，这李甲李大公子本来就不是啥好男儿，不过是一个不学无术、徒有其表的花花公子，科举考不上，家里给他捐了个官。其二，这杜十娘也不是懵懂无知的纯情少女。虽然与李甲相遇时才十九岁，但在教坊司已有六年，阅人无数。见到李甲人长得英俊，家世又好，像是个好的归宿，于是寄望在李甲身上。怒沉百宝箱的情节表现了以杜十娘为代表的妓女的自我解放的梦想破灭，但士大夫阶层和妓女之间有着不可跨越的鸿沟，这是悲剧的底层本质。

如前说，部分歌妓年老未嫁，出家为尼为道士，不得不继续依附于士大夫。唐代吴融为本是歌妓的还俗尼姑写了一首《还俗尼》，诗曰：

柳眉梅额倩妆新，笑脱袈裟得旧身。三峡却为行雨客，九天曾是散花人。空门付与悠悠梦，宝帐迎回暗暗春。寄语江南徐孝克，一生长短托清尘。

和吴融《还俗尼》相映成趣的是唐人张祜的《观楚州韦舍人新筑河堤兼建两闸门》，诗中有曰：

宴宾容易小筵成,隼击秋原助放情。红袖退行鞍上语,白眉迂步马前迎。

张祜有一首《题苏小小墓》:

漠漠穷尘地,萧萧古树林。脸浓花自发,眉恨柳长深。
夜月人何待,春风鸟为吟。不知谁共穴,徒愿结同心。

题咏苏小小墓的很多,"脸浓花发,眉恨柳长"的描写是虚写写意。苏小小的实际容貌不可考,关于苏小小的美貌描写都是想象,反映的是历代文人士大夫心中的美女原型形象,一种集体想象。苏小小动人之处在性情。她才情过人,少女时与情郎一见钟情,却并不张扬。南朝民歌中写道:"妾乘油壁车,郎跨青骢马。何处结同心,西陵松柏下。"被无情见弃,仍然有一颗温暖的心,资助赶考的读书人鲍仁。因为一生住在西湖,花和柳成为苏小小的生活伴侣,也是历代大家纪念她时笔下的惯常风物。——"苏小门前花满枝,苏公堤上女当垆","苏家弱柳犹含媚,岳墓乔松亦抱忠","若解多情寻小小,绿杨深处是苏家。苏家小女旧知名,杨柳风前别有情"。

柳如眉还被创作成为一个词牌。五代魏承班《渔歌子·柳如眉》写少年男女的情爱如彩云易散。前六字颇有妙趣,"柳如眉,云似发",写柳,写云,以景喻人,却又人景叠加,美人如在眼前。词曰:

柳如眉,云似发,鲛绡雾縠笼香雪。梦魂惊,钟漏歇,窗外晓莺残月。
几多情,无处说,落花飞絮清明节。少年郎,容易别,一去音书断绝。

宋代诗人许棐的《画眉曲》也写出了这种"满"与"空"的寂寥惆怅,诗曰:

日印花枝欲满窗,旋磨鸾镜试新妆。恩情只似春宵短,眉黛空如柳叶长。

又有《后庭花·一春不识西湖面》写翠眉。词曰:

一春不识西湖面。翠羞红倦。雨窗和泪摇湘管。意长笺短。
知心惟有雕梁燕。自来相伴。东风不管琵琶怨。落花吹遍。

《琴调相思引·组绣盈箱锦满机》写远山如眉，无需眉间画远山。词曰：

组绣盈箱锦满机，倩谁缝作护花衣。恐花飞去，无复上芳枝。
已恨远山迷望眼，不须更画远山眉。正无聊赖，雨外一鸠啼。

《谒金门·微雨后》写月半弯如眉，人瘦月瘦眉瘦。词曰：

微雨后。染得杏腮红透。春色好时人却瘦。镜寒妆不就。
柳外一莺啼昼。约略情怀中酒。困起半弯眉印袖。髻松簪玉溜。

《画堂春·一绡香暖看灯衣》"桃艳妆成醉脸，柳娇移上歌眉"尽写画堂酒酣香浓，词曰：

一绡香暖看灯衣。领珠襟翠争辉。金球斜弹雪梅枝。著带都宜。
桃艳妆成醉脸，柳娇移上歌眉。一轮蟾玉堕花西。携手同归。

54. 秦淮八艳　寒柳眉儿

天下美人多矣，历代名妓青史留名，不仅仅是因为她们的艳名，更重要的是她们的人生经历。她们独特的情感遭遇，嵌入了微观历史，甚至大历史的某个节点。

"秦淮八艳"指的是明末清初江南地区南京秦淮河畔的八位才艺名伎，分别是顾横波、董小宛、卞玉京、李香君、寇白门、马湘兰、柳如是、陈圆圆。

十里秦淮是南京繁华所在，一水相隔河两岸，一边是南方地区会试的总考场江南贡院，另一畔则是南部教坊名伎聚集之地，著名的有旧院、珠市。和平康坊有三分相似。

柳如是乃在八艳中颇有代表性。

柳如是，明清易代之际的著名歌妓才女，因读宋朝辛弃疾《贺新郎》中"我见青山多妩媚，料青山见我应如是"，故自号如是。由于家贫，从小就被掠卖到吴江为婢，后被迫成为歌妓，改名为柳隐，在乱世风尘中往来于江浙、金陵之间。后嫁明朝大才子钱谦益为妾，钱谦益降清后，柳如是悲愤自杀。世人赞誉柳如是为"秦淮八艳"之首、"风骨嶒峻柳如是"、"艳过六朝，情深班蔡"、"其志操之高洁，其举动之慷慨，其言辞之委婉而激烈，非真爱国者不能"。史学大师陈寅恪把柳如是誉为"女侠名姝""文宗国士"，"侠气、才气和骨气，在柳如是身上三者合一"。陈寅恪认为，对于"才学智侠"俱全的柳如是这样一位民间奇女子,其身世之所以不彰,正是因为"当时迂腐者"和"后世轻薄者"的讳饰诋诬与虚妄揣测,导致人事全非,声名湮没。因此,陈寅恪发出了"明清痛史新兼旧,好事何人共讨论"的感叹,立志"推寻衰柳枯兰意,刻画残山剩水情",以《柳如是别传》而"痛哭古人,留赠来者"。

《金明池·咏寒柳》是柳如是的长调代表作,词中化用古人词意、错综用典,足见其学问博洽。所谓的咏柳在很大程度上是在抒发柳如是自己的身世之感,这寒柳飞絮似乎就是词人的化身。《金明池·咏寒柳》词曰:

有恨寒潮,无情残照,正是萧萧南浦。更吹起,霜条孤影,还记得,旧时飞絮。况晚来,烟浪斜阳,见行客,特地瘦腰如舞。总一种凄凉,十分憔悴,尚有燕台佳句。

春日酿成秋日雨。念畴昔风流,暗伤如许。纵饶有,绕堤画舸,冷落尽,水云犹故。忆从前,一点东风,几隔着重帘,眉儿愁苦。待约个梅魂,黄昏月淡,与伊深怜低语。

柳如是善画男妆,曾女扮男装与陈子龙同游,参加宴会,也曾扮成儒生,主动追求钱谦益。

柳如是《江城子·忆梦》词曰:

梦中本是伤心路。芙蓉泪,樱桃语。满帘花片,都受人心误。遮莫今宵风雨话,要他来,来得么。

安排无限销魂事。砑红笺,青绫被。留他无计,去便随他去。算来还有许多时,人近也,愁回处。

柳如是著有《男洛神赋》,一般认为是她和陈子龙相好时,送给情郎的戏作。也有论者认为,《男洛神赋》并非游戏之作,实柳如是自述其身世归宿之微意,应视为誓愿之文、伤心之语。也有说是因为她的情人陈子龙曾称她为"洛神",柳如是回赠了这篇《男洛神赋》给陈子龙，一语成谶，后来陈子龙起兵反清失败，投水自杀。《男洛神赋》收尾写道：

> ……协玄响于湘娥，匹鲍瓜于织女。斯盘桓以丧忧，雕疏而取志。微扬蛾之为怨，案长眉之瞻色。非彷佛者之所尽，岂漠通者之可测。自鲜缭绕之才，足以穷此烂漾之熊矣。

王国维曾题诗："幅巾道服自权奇，兄弟相呼竟不疑。莫怪女儿太唐突，蓟门朝士几须眉？"王国维认为，在国破家亡之际，包括时任南明礼部尚书钱谦益在内的那些屈膝变节的士大夫们，在气节和操守方面远不如柳如是这个"低贱"的妓女。但进一步追问，女子又如何要站在前排，以个人死节来承受国族破灭、王朝更替的道德伦理的冠冕？

明末清初诗人吴伟业的《圆圆曲》写吴三桂为陈圆圆叛变降清的历史事件，其中最有名的一句是天下人皆知的"冲冠一怒为红颜"，另一句"一代红妆照汗青"的曲笔与暗讽则少为人知。《圆圆曲》七律诗曰：

鼎湖当日弃人间，破敌收京下玉关。恸哭六军俱缟素，冲冠一怒为红颜。
红颜流落非吾恋，逆贼天亡自荒宴。电扫黄巾定黑山，哭罢君亲再相见。
相见初经田窦家，侯门歌舞出如花。许将戚里箜篌伎，等取将军油壁车。
家本姑苏浣花里，圆圆小字娇罗绮。梦向夫差苑里游，宫娥拥入君王起。
前身合是采莲人，门前一片横塘水。横塘双桨去如飞，何处豪家强载归。
此际岂知非薄命，此时唯有泪沾衣。薰天意气连宫掖，明眸皓齿无人惜。
夺归永巷闭良家，教就新声倾坐客。坐客飞觞红日暮，一曲哀弦向谁诉？
白皙通侯最少年，拣取花枝屡回顾。早携娇鸟出樊笼，待得银河几时渡？
恨杀军书抵死催，苦留后约将人误。相约恩深相见难，一朝蚁贼满长安。
可怜思妇楼头柳，认作天边粉絮看。遍索绿珠围内第，强呼绛树出雕阑。
若非壮士全师胜，争得蛾眉匹马还？蛾眉马上传呼进，云鬟不整惊魂定。
蜡炬迎来在战场，啼妆满面残红印。专征萧鼓向秦川，金牛道上车千乘。
斜谷云深起画楼，散关月落开妆镜。传来消息满江乡，乌桕红经十度霜。

教曲伎师怜尚在，浣纱女伴忆同行。旧巢共是衔泥燕，飞上枝头变凤凰。
长向尊前悲老大，有人夫婿擅侯王。当时只受声名累，贵戚名豪竞延致。
一斛明珠万斛愁，关山漂泊腰肢细。错怨狂风飏落花，无边春色来天地。
尝闻倾国与倾城，翻使周郎受重名。妻子岂应关大计，英雄无奈是多情。
全家白骨成灰土，一代红妆照汗青。君不见，馆娃初起鸳鸯宿，越女如花看不足。
香径尘生鸟自啼，屧廊人去苔空绿。换羽移宫万里愁，珠歌翠舞古梁州。
为君别唱吴宫曲，汉水东南日夜流。

吴伟业的《杂感》一诗更简洁地表达了这种史观，值得人深思的是，当我们把女性与国族放在对立的位置，放在非此即彼的二选一的天平上时，也就把女性抛进了历史的虚无之中，唯男性是历史的主宰。诗曰：

武安席上见双鬟，血泪青蛾陷贼还。只为君亲来故国，不因女子下雄关？
取兵辽海哥舒翰，得妇江南谢阿蛮。快马健儿无限恨，天教红粉定燕山。

秦淮八艳多遭逢时代离乱，李香君又是其中裹挟进历史旋涡深处的一个。余桥的《板桥杂记》记述："李香身躯短小，肤理玉色，慧俊婉转，调笑无双，被称为'香扇坠'。"可知李香君身材娇小玲珑，皮肤雪白如玉，聪慧伶俐，是一位语言幽默的江南美少女。李香君歌喉圆润，但不轻易与人歌唱；丝竹琵琶、音律诗词亦无一不通，特别擅长弹唱《琵琶记》。孔尚任的《桃花扇》传世后，李香君遂闻名于世。《桃花扇》中有个情节，李香君送别侯方域至桃叶渡，以弹琵琶词相送，并说："夫走后，妾不复弹。"二人海誓山盟，洒泪而别，香君从此不再抚琴。千金名琴易得，万古知音难觅，有伯牙、钟子期的高山流水之意。清代孙荪意一阕《高阳台·题李香君小影》写道：

曼脸匀红，修蛾晕碧，内家妆束轻盈。长板桥头，最怜歌管逢迎。无端鼙鼓惊鸳梦，怅仓皇云鬓飘零。黯消凝。旧院春风，芳草还生。

桃花扇子携罗袖，问天涯何处，寄与多情。廿四楼空，白门明月凄清。江山半壁成何事，但苍茫一片芜城。莫伤心。金粉南朝，犹剩娉婷。

董小宛在秦淮八艳中最令人感慨。董小宛才情出众，还是一位"意所欲得与意所未及，必控弦追箭以赴之"的性烈情深的女子。她敢于主动追求名家公子冒辟疆，终于在十八岁时得嫁复社名士冒辟疆为妾。但入冒府仅一年，清军攻破江南，董小宛跟随冒家开始了艰辛的避难逃亡生涯。逃难生涯中，董小宛耳闻目睹了"扬州十日""嘉定三屠""江阴大辟""嘉兴剃发"等人间惨案。几年颠沛流离，加之贫病交加，一代名妓，二十八岁就香消玉殒了。

董小宛《书闷》小诗写到读书生闷的闲情，是她短暂一生中难得的，和冒辟疆相爱相守的美好日子。诗曰：

独坐红窗闷检书，双眉终日未能舒。芳容销减何人觉，空费朝朝油壁车。

顾横波，名顾媚，号横波，字眉生，所居也名为眉楼。其个性豪爽不羁，有男儿风，在秦淮八艳中与柳如是较像，时人尝以曰"眉兄"呼之，颇似柳如是之自称为"弟"。

顾横波诗画双佳，她的《虞美人》写得十分动人。词曰：

春明一别鱼书悄，红泪沾襟小。却怜好梦渡江来。正是离人无那、倚妆台。
朱栏碧树江南路，心事都如雾。几时载月向秦淮。收拾诗囊画轴、称心怀。

最能窥见顾横波内心深处沉吟的是《咏醉杨妃菊》一诗，所有的艳妆轻狂与沉醉，不过都是内心自我的不甘不肯，不能自弃，只能躲在盛装浓烈的躯壳和梦中。诗曰：

一枝篱下晚含香，不肯随时作淡妆。自是太真酣宴罢，半偏云鬓学轻狂。
舞衣初著紫罗裳，别擅风流作艳妆。长夜傲霜悬槛畔，恍疑沈醉倚三郎。

卞玉京在秦淮八艳中不是艳名最盛的一个，但她绝对是大多数歌妓命运的代表。早年名压青楼风月，后来与名士吴伟业交集情牵，半世纠缠。末了，世间最是女儿痴情，负心男子。懦弱的吴伟业辜负了她的深情。不得已，卞玉京嫁给权贵，仍然所托非人，最后自求出家做了女道士，依附于名医生活，孤寂清冷死于无锡惠山。这是吴伟业去惠山吊唁她时的自愧所叹——

……但洗铅华不洗愁，形影空谭照离别。……枉抛心力付蛾眉，身去相随复何有？……良常高馆隔云山，记得斑骓嫁阿环。薄命只应同入道，伤心少妇出萧关。紫台一去魂何在，青鸟孤飞信不还。莫唱当时渡江曲，桃根桃叶向谁攀？

寇白门是秦淮八艳之中最沉痛凄惨的一位。寇家是著名的世娼之家，寇白门成名很早，能诗善画，歌舞双绝，早早地结交上声势显赫，看起来又温情多礼的保国公朱国弼，从良出嫁的婚礼也非常隆重。但婚后，很快被朱国弼冷落。等到朱国弼被清廷软禁时，在旧院姊妹帮助下，寇白门筹集了两万两银子将朱国弼赎释，说当初你用银子为我赎身，今天我用银子赎回你。当寇白门说出那句"当可了结"时，内心该是多么绝望。"南明国老招新宠，寇氏娼门沐盛恩"像一句谶语，后世读来全是反讽的心酸。200年后，民国的传奇女子张爱玲最后一次寻访到移情别恋的胡兰成，把所有的财产都给了他，并从此诀别。张爱玲此时的心情应和寇白门彼时的心境同频共振。

马湘兰是八艳中的例外，她貌不出众，"姿首如常人"，秉性灵秀，能诗善画，尤擅画兰竹，"神情开涤，濯濯如春柳早莺，吐辞流盼，巧伺人意"。马湘兰与士子王穉登感情纠葛了一辈子，机缘不成。在寒来暑往中，各自过去了三十多年。王穉登七十大寿时，马湘兰集资买船载歌妓数十人，前往苏州置酒祝寿，"宴饮累月，歌舞达旦"。回到金陵后马湘兰一病不起，临终前强撑沐浴，然后以礼佛的姿态端坐而逝。

马湘兰《奉和诸社长小园看牡丹枉赠之作·春风帘幕赛花神》可以为秦淮八艳香尘往事作结。诗曰：

> 春风帘幕赛花神，别后相思入梦频。楼阁新成花欲语，梦中谁是画眉人。

纵观中国眉史，某种意义上可以说，中国的眉式主流是以汉唐以来官妓歌伎的妆容眉式为潮流，她们的眉妆通过文人士大夫的歌咏，形成了中国古代独特的眉语话语。到明末清初，从前身份低贱却又能得到一定的歌舞丝竹、琴棋书画训练的官妓系统衰败了，文人士大夫和青楼红馆的交集的余风长在，但不再如唐宋两朝那样是文人雅事。重读《卖油郎独占花魁》这样的话本，固然感叹早期城市资本主义的兴起，让小工商业者攻入曾经士大夫独擅其美的教坊歌楼、梨园酒肆，有机会和文人士大夫并座争艳，甚至夺魁独占。但另一方面，当富有的工商业者、城市暴发户、因军功实现阶级跃升者，甚或地主阶层成为买春的主力军，书写表达的能力和艺术技能不再是青楼美业的职业培训所必需。歌妓终于彻底沦落为单纯出卖肉身的妓女。她们的眉妆成为肉身的一部分，不再影响文人士大夫和少数知识女性的女性表达，眉语也开始迅速走向衰落。

55. 金瓶梅中　眼意眉情

历代歌伎官妓、青楼红粉、青山女观,她们是红尘中的女子,但真要说到红粉尘下,《金瓶梅》写尽市井尘下女人的眼意眉情,可作一观。

《红楼梦》描写的是贵族女性的生活,主角是水做的女儿,同时也是金玉满堂世代公卿家的女儿。《金瓶梅》被认为是市井版的《红楼梦》,其中是尘下的女儿。两书中的眉语反映出不同阶层的女性灵与肉的不同和相通。

《金瓶梅》诗曰:

眼意眉情卒未休,姻缘相凑遇风流。

正是全书宗旨的概括。就具体的眉相描写来说,《金瓶梅》因为是通俗话本小说,对各色女性的眉形眉色描写多有套话,缺乏实写。仅就眉相的现实重现来说,《金瓶梅》不如唐宋以来的一些风俗世情类的笔记杂书,这些书籍里偶尔有对时尚妆容等闺阁世俗的记录。《金瓶梅》写眉,甚至可能还不如和青楼歌姬多有交集的文人士大夫的诗词来得写实。比如,《金瓶梅》"淫书见淫",写西门庆和李瓶儿背着花子虚偷情,一番翻云覆雨后,旁白一首艳词——

被翻红浪,灵犀一点透酥胸;帐挽银钩,眉黛两弯垂玉脸。

以此句作结，眉黛，只是香艳女体的虚指泛称。

潘金莲的外貌描写也充满感官的刺激，浓浓的肉欲，新月眉、樱桃口、琼瑶鼻、银盆脸、杨柳腰，软肚、小脚、奶胸、白腿，从眉、眼、口、鼻、腮、脸、身、手、腰、肚、脚、胸乃至胴体等各个部位，全方位地展示了潘金莲的形体美。但一经仔细咀嚼，就会发现，每一样单独拎出来，都像是二十世纪人体美学工程的流水线产品标准款。

尤其典型的一个元素是金、瓶、梅等主要女性无一不是裹了小脚，描述话语也似异实一。中国古代男性对小脚的迷恋，说到底，来自于性幻想与性虐待两相交织的潜意识。清末的辜鸿铭是位"（三寸金）莲迷"，他说："中国女子裹足之妙，正与洋妇高跟鞋一样作用，显得臀部肥满，大增美观。"重读《金瓶梅》这些细节，会产生一些审美的分裂。

再看《金瓶梅》中众女的眉相：潘金莲一会儿是"翠弯弯的新月的眉儿"，一会儿是"柳叶眉衬着两朵桃花""眉似初春柳叶"；孟玉楼是"月画烟描"淡长眉；李瓶儿是"眉眉靥生""细湾湾两道眉儿"的细长眉；庞春梅大概是却月眉，因为她"花钿巧帖眉尖"，有眉尖；其他的诸如远山眉、八字眉，以及男性的庞眉种种，无一不是传统眉妆眉语，仍然是套话虚写。

《金瓶梅》的人物外貌描写高度程式化和套话化，这是话本在市井流传的需要。《金瓶梅》高妙动人的地方不在此，而在于容貌、神情、身体形态、衣饰、姿势、风度，在于人物的语言对话，以及肢体语言与神态微表情配合，通过人物的行动对整个世情的立体丰满的呈现。

再看潘金莲的外貌描写，金莲是众妇人中身份下贱，但长相最标致的一个。《金瓶梅》第一回，在张大户家潘金莲就出落得——

脸衬桃花，眉弯新月，尤细尤弯。

《金瓶梅》第二回，观不尽这妇人容貌。且看她怎生打扮？
但见：

黑鬒鬒赛鸦鸰的鬓儿，翠弯弯的新月的眉儿，香喷喷樱桃口儿，直隆隆琼瑶鼻儿，粉浓浓红艳腮儿，娇滴滴银盆脸儿，轻袅袅花朵身儿，玉纤纤葱枝手儿，一捻捻杨柳腰儿，软浓浓粉白肚儿，窄星星尖翘脚儿，肉奶奶胸儿，白生生腿儿。……头上戴着黑油油头发髻髽，一迳里堃出香云，周围小簪儿齐插。斜戴一朵并头花，排草梳儿后押。难描画，柳叶眉衬着两朵桃花。玲珑坠儿最堪夸，露来酥玉胸无价。毛青布大袖衫儿，又短衬湘裙碾绢纱。通花汗巾儿袖口儿边搭剌。香袋儿身边低挂。抹胸儿重重纽扣香喉下。往下看尖翘翘金莲小脚，云头巧缉山鸦。鞋儿白绫高底，步香尘偏衬登踏。红纱膝裤扣莺花，行坐处风吹裙胯。口儿里常喷出异香兰麝，樱桃口笑脸生花。人见了魂飞魄丧，卖弄杀俏冤家。

第九回，吴月娘在座上仔细观看，这妇人年纪不上二十五六，生的这样标致。但见：

眉似初春柳叶，常含着雨恨云愁；脸如三月桃花，暗带着风情月意。纤腰袅娜，拘束的燕懒莺慵；檀口轻盈，勾引得蜂狂蝶乱。玉貌妖娆花解语，芳容窈窕玉生香。

潘金莲弯眉、斜视、见外人嬉笑等外貌和动作特征，皆暗含她轻佻、淫荡的性格特点和惨死刀下的命运结局。

第三次是吴神仙看相，她"只顾嬉笑，不肯过来"，吴神仙相道：

> 此位娘子，发浓鬓重，光斜视以多淫；脸媚眉弯，身不摇而自颤。面上黑痣，必主刑夫；唇中短促，终须寿夭。

"脸媚眉弯""发浓鬓重"照应前面西门庆看到的"黑鬒鬒赛鸦鸰的鬓儿，翠弯弯的新月的眉儿"，又增加了斜视、身摇、唇短等外貌和姿态特征，并预言她"终须寿夭"。

第十回，西门庆与潘金莲嬉戏，旁白诗曰：

> 纱帐香飘兰麝，蛾眉惯把箫吹。雪莹玉体透房帏，禁不住魂飞魄碎。

也用蛾眉代喻金莲。潘金莲的相貌与命运暗示呼应了小说色空、劝惩的佛道主题。

李瓶儿是西门庆最宠爱的小妾，她之前是大名府梁中书的姬妾，见过大富贵。第十三回"李瓶姐墙头密约，迎春儿隙底私窥"写西门庆第一次撞见李瓶儿：

> 他浑家李瓶儿，夏月间戴着银丝鬏髻，金镶紫瑛坠子，藕丝对衿衫，白纱挑线镶边裙，裙边露一对红鸳凤嘴尖尖趫趫小脚，立在二门里台基上。那西门庆三不知走进门，两下撞了个满怀。这西门庆留心已久，虽故庄上见了一面，不曾细玩。今日对面见了，见他生的甚是白净，五短身才，瓜子面儿，细弯弯两道眉儿，不觉魂飞天外，忙向前深深作揖。

第二十回又写道：

> 妇人身穿大红五彩通袖罗袍，下着金枝线叶沙绿百花裙，腰里束着碧玉女带，腕上笼着金压袖。胸前项牌缨落，裙边环佩玎珰，头上珠翠堆盈，鬓畔宝钗半卸，粉面宜贴翠花钿，湘裙越显红鸳小。正是：恍似姮娥离月殿，犹如神女到筵前。

吴神仙给李瓶儿相面，说了判词：

皮肤香细,乃富室之女娘;容貌端庄,乃素门之德妇。只是多了眼光如醉,主桑中之约;眉眉属生,月下之期难定。观卧蚕明润而紫色,必产贵儿;体白肩圆,必受夫之宠爱。常遭疾厄,只因根上昏沉;频遇喜祥,盖谓福星明润。

庞春梅的肖像描写,最大的特征就是小脚和画细长眉。因为小脚,所以行动处,胸前摇响玉丁当;描画了细长眉,腻粉妆成脖颈,花钿巧帖眉尖。《金瓶梅》第八十九回:

定睛仔细看时,却是春梅。但比昔时出落得长大身材,面如满月,打扮的粉妆玉琢,头上戴着冠儿,珠翠堆满,凤钗半卸,上穿大红妆花袄,下着翠兰缕金宽襕裙子,带着丁当禁步,比昔不同许多。但见:宝髻巍峨,凤钗半卸。胡珠环耳边低挂,金挑凤鬟后双拖。红绣袄偏衬玉香肌,翠纹裙下映金莲小。行动处,胸前摇响玉丁当;坐下时,一阵麝兰香喷鼻。腻粉妆成脖颈,花钿巧帖眉尖。举止惊人,貌比幽花殊丽;姿容闲雅,性如兰蕙温柔。若非绮阁生成,定是兰房长就。俨若紫府琼姬离碧汉,宛如蕊宫仙子下尘寰。

《金瓶梅》第七回,有孟玉楼的肖像描写:

不多时,只闻环佩叮咚,兰麝馥郁,薛嫂忙掀开帘子,妇人(孟三儿)出来。西门庆睁眼观那妇人,但见:月画烟描,粉妆玉琢。俊庞儿不肥不瘦,俏身材难减难增。素额逗几点微麻,天然美丽;缃裙露一双小脚,周正堪怜。行过处花香细生,坐下时淹然百媚。

《金瓶梅》第二十二回,有宋蕙莲的肖像描写:

>这个妇人小金莲两岁，今年二十四岁，生的白净，身子儿不肥不瘦，模样儿不短不长，比金莲脚还小些儿。性明敏，善机变，会妆饰，就是嘲汉子的班头，坏家风的领袖。……初来时，同众媳妇上灶，还没甚么妆饰。后过了个月有余，因看见玉楼、金莲打扮，他便把鬏髻垫的高高的，头发梳的虚笼笼的，水鬓描的长长的，在上边递茶递水，被西门庆睃在眼里。

《金瓶梅》第三十七回，有描写韩道国的妻子王六儿的外貌：

>王六儿引着女儿爱姐出来拜见。这西门庆且不看他女儿，不转睛只看妇人。见他上穿着紫绫袄儿玄色缎金比甲，玉色裙子下边显着趫趫的两只脚儿。生的长挑身材，紫膛色瓜子脸，描的水鬓长长的。正是：未知就里何如，先看他妆色油样。但见：淹淹润润，不搽脂粉，自然体态妖烧；袅袅娉娉，懒染铅华，生定精神秀丽。两弯眉画远山，一对眼如秋水。檀口轻开，勾引得蜂狂蝶乱；纤腰拘束，暗带着月意风情。若非偷期崔氏女，定然闻瑟卓文君。

同一回中，写韩道国女儿的外貌：

>乌云叠鬓、粉黛盈腮，意态幽花秀丽，肌肤嫩玉生香。

《金瓶梅》第五十九回郑爱月儿的肖像描写：

>坐了半日，忽听帘栊响处，郑爱月儿出来，不戴鬏髻，头上挽着一窝丝杭州缵，梳的黑黪鳑光油油的乌云，云鬓堆鸦，犹若轻烟密雾。上着白藕丝对衿仙裳，下穿紫绡翠纹裙，脚下露红鸳凤嘴鞋，前摇宝玉玲珑，越显那芙蓉粉面。正是：若非道子观音画，定然延寿美人图。爱月儿走到下面，望上不端不正与西门庆道了万福，就用洒金扇儿掩着粉脸坐在旁边。

《金瓶梅》第六十九回昭宣府林太太的肖像描写：

文嫂一面走出来，向西门庆说："太太请老爹房内拜见哩。"于是忙掀门帘，西门庆进入房中，但见帘幙垂红，毡毬铺地，麝兰香霭，气暖如春。绣榻则斗帐云横，锦屏则轩辕月映。妇人头上戴着金丝翠叶冠儿，身穿白绫宽绸袄儿，沉香色遍地金妆花缎子鹤氅，大红宫锦宽襴裙子，老鹳白绫高底鞋儿。就是个绮阁中好色的娇娘，深闺内施毯的菩萨。有诗为证：云浓脂腻黛痕长，莲步轻移兰麝香。醉后情深归绣帐，始知太太不寻常。

《金瓶梅》第七十八回，有何永寿的妻子蓝氏的肖像描写。蓝氏花容月貌，端庄素雅，身材匀称，丹凤眼，杨柳细腰。蓝氏是宫廷蓝太监的侄女，养尊处优。京城来的，气质上要胜过潘金莲之流。

西门庆悄悄在西厢房，放下帘来偷瞧，见这蓝氏年约不上二十岁，生的长挑身材，打扮的如粉妆玉琢，头上珠翠堆满，凤翅双插，身穿大红通袖五彩妆花四兽麒麟袍儿，系着金镶碧玉带，下衬着花锦蓝裙，两边禁步叮咚，麝兰扑鼻。但见：仪容娇媚，体态轻盈。姿性儿百伶百俐，身段儿不短不长。细弯弯两道蛾眉，直侵入鬓；滴流流一双凤眼，来往觑人。娇声儿似啭日流莺，嫩腰儿似弄风杨柳。端的是绮罗队里生来，却厌豪华气象，珠翠丛中长大，那堪雅淡梳妆。开遍海棠花，也不问夜来多少；标残杨柳絮，竟不知春意如何。轻移莲步，有蕊珠仙子之风流；款蹙湘裙，似水月观音之态度。正是：比花花解语，比玉玉生香。这西门庆不见则已，一则魂飞天外，魄丧九霄……

《金瓶梅》中描写皇帝（宋徽宗）长相高贵，天生"尧眉舜目"：

> 这皇帝生得尧眉舜目，禹背汤肩，才俊过人，口工诗韵，善写墨君竹，能挥薛稷书，通三教之书，晓九流之典。朝欢暮乐，依稀似剑阁孟商王；爱色贪花，仿佛如金陵陈后主。当下驾坐宝位，静鞭响罢，文武百官秉简当胸，向丹墀五拜三叩头，进上表章。

第十一回的"翠黛"：

> 六街箫鼓正喧阗，初月今朝一线添。睡去乌衣惊玉剪，斗来宵烛浑朱帘。香绡染处红余白，翠黛攒来苦味甜。阿姐当年曾似此，纵他戏汝不须嫌。

《金瓶梅》第十四回诗中的"翠黛蛾眉"：

> 眼意心期未即休，不堪拈弄玉搔头。春回笑脸花含媚，黛蹙蛾眉柳带愁。粉晕桃腮思伉俪，寒生兰室盼绸缪。何如得遂相如意，不让文君咏白头。

同一回中，写众妇人酒酣时"眉黛低横，秋波斜视"：

> 当下李瓶儿上坐，西门庆关席，吴月娘在炕上跐着炉壶儿。孟玉楼、潘金莲两边打横。五人坐定，把酒来斟，也不用小钟儿，都是大银衢花钟子，你一杯，我一盏。常言：风流茶说合，酒是色媒人。吃来吃去，吃的妇人眉黛低横，秋波斜视。正是：两朵桃花上脸来，眉眼施开真色相。

第二十回的"淡眉"套话：

> 淡画眉儿斜插梳，不忻拈弄倩工夫。云窗雾阁深深许，蕙性兰心款款呼。相怜爱，倩人扶，神仙标格世间无。从今罢却相思调，美满恩情锦不如。

第十二部

12

结　社　作　眉

古代结社的那些女子诗团，她们的眉语是一种群体话语。

她们的眉语表达，她们的画眉故事，虽然仍很挣扎，但已然开启了一种纯粹女性意识的自我表达。有大观园中海棠诗社金陵十二钗的雅集，有富庶江南地区的"蕉园五子"——徐灿、柴静仪、朱柔则、林以宁、钱凤纶的诗会，有"性灵"派大宗师袁枚的随园女弟子们，以及宋元以来俗文学中的眉语表达，代表一部分城市平民女性和上层社会的女性趣味。万谱归一，最后，以近代眉影进入古典眉妆的最后阶段。

56. 海棠诗社　水作女儿

"天然一段风骚,全在眉梢;平生万种情思,悉堆眼角。"曹雪芹给贾宝玉的这句批语,暗合"眉为七情之虹"的中国眉文化传统。从五官可以看出一个人的颜值和命运,但要看一个人的感情世界,尽在眉上风情。

《红楼梦》中,贾探春、林黛玉、薛宝钗、史湘云等几位大家闺秀在大观园闲居无聊,起了一个"海棠诗社",隔三岔五聚在一起饮酒吟诗,十分风雅热闹。文学来自现实,当时闺阁诗社已经成为时尚,见之不鲜。

贾宝玉认为男人和女儿一比,都是浊物,"山川日月之灵秀,只钟于女儿,须眉男子,不过是渣滓浊沫而已"。

《红楼梦》中写贾宝玉的外貌:

> 面若中秋之月,色如春晓之花,鬓若刀裁,眉如墨画,面如桃瓣,目若秋波。虽怒时而若笑,即瞋视而有情。

> 面如敷粉,唇若施脂;转盼多情,语言常笑。天然一段风骚,全在眉梢;平生万种情思,悉堆眼角。

《红楼梦》第三回写林黛玉的神仙容貌时,最经典的描写必然少不了眉目两照——

> 两弯似蹙非蹙罥烟眉，一双似泣非泣含露目。态生两靥之愁，娇袭一身之病。泪光点点，娇喘微微。闲静时如姣花照水，行动处似弱柳扶风。心较比干多一窍，病如西子胜三分。

林黛玉的眉毛是一种细弯的形状，"罥烟眉"不是一般人以为的"倒八字眉"。"罥"表示"缠绕、牵挂"，"罥烟眉"眉色好看，像一缕轻烟。它好似挂在山腰的青烟，写出了眉的色彩。这是一种浅淡的眉形，很符合黛玉赢弱的身体状态，也非常适合她多愁善感的性格。黛玉的眉还有"颦颦如蹙"的特点，颦和蹙都是在表现"皱"，就是她凸显黛玉的愁。黛玉是一个多愁善感的女孩，在她难过的时候眉毛会不自觉地皱，会让人整个人有一种可怜的感觉，但是却有"病如西子胜三分"的美丽。

"眉不画而翠"，眉色天然清秀，说的是薛宝钗，《红楼梦》第八回：

> 宝玉掀帘一迈步进去，先就看见薛宝钗坐在炕上作针线，头上挽着漆黑油光的鬏儿，蜜合色棉袄，玫瑰紫二色金银鼠比肩褂，葱黄绫棉裙，一色半新不旧，看去不觉奢华。唇不点而红，眉不画而翠，脸若银盆，眼如水杏。罕言寡语，人谓藏愚；安分随时，自云守拙。

薛宝钗的容貌是美的，与林黛玉一样，胜在自然。她的发色"漆黑油光"，满是健康的颜色。打扮自然不做作，"半新不旧"的家居常服，也和谐得体。最让人印象深刻的还是她的长相，红唇翠眉（眉毛黑）又健康，又自然。而肤色白皙仿佛月色，杏眼如水透着温柔。

薛宝钗是另一种美，唇不点而红，眉不画而翠，眼若水杏，脸若银盆。她的眉毛是非常有古典气质的秋波眉，和现在的柳叶眉非常相似，相比于柳叶眉锋利的眉峰，秋波眉的眉峰较平缓柔和，这种眉毛适合宝钗端庄大方的容貌，也很符合她聪明能干的性格。

"举案齐眉"既是夫妻相互尊重幸福婚姻的象征，也是夫妻貌合神离、内心疏离的曲笔，一曲《终身误》说尽了宝钗的命运：

都道是金玉良姻，俺只念木石前盟。
空对着，山中高士晶莹雪；终不忘，世外仙姝寂寞林。
叹人间，美中不足今方信。纵然是齐眉举案，到底意难平。

贾探春"有天高的本领"，有天高的心气，是金陵十二钗正册之一，是灵动能干的一位，"俊眼修眉"是她的特征，探春唯一遗憾只在"我但凡是个男儿（可惜不是）"。探春一出场，就令人惊艳于她的"不俗"。庶女本无缘风流二字，贾探春身为荣国府贾政与赵姨娘所生的女儿，按说是不为世人所看好的，但在曹雪芹笔下，这个一身风流别致的三姑娘，却于字里行间里起舞翩翩。探春是黑暗腐朽统治阶层里清明有为的人物。她曾对众人说："我但凡是个男人，可以出的去，我必早走了，立一番事业，那时自有我一番道理，偏我是女孩儿家，一句多话，也没我乱说的。"纵有天高的本事，对自己的命运也无可奈何。《红楼梦》第三回：

削肩细腰，长挑身材，鸭蛋脸面，俊眼修眉，顾盼神飞，文彩精华，见之忘俗。

王熙凤"一双丹凤三角眼，两弯柳叶吊梢眉"，"吊梢眉"是柳叶眉的一种，配上她的丹凤三角眼，也是贴合凤辣子聪明能干泼辣的性格。用柳叶眉来形容女子的美恰如其分，可以展示女子窈窕婀娜和妩媚妖娆的美，但是王熙凤的眉毛多了一丝吊梢的风韵，那么她性格里精明强干的部分就凸显出来。王熙凤一个美若仙子的女子，可是她内心同样有着狠辣的一面，是一个既让人害怕又让人喜欢的性格复杂的女人。

《红楼梦》第七十八回，贾宝玉祭奠晴雯，写下《芙蓉女儿诔》，有曰：

眉黛烟青，昨犹我画；指环玉冷，今倩谁温？

"眉黛烟青，昨犹我画"，这是贾宝玉追述往日给晴雯画眉的美好情景。"自为红绡帐里，公子情深；始信黄土垄中，女儿命薄！"

57. 深院闲春　蕉园五子

金陵十二钗的海棠雅集，参与者作为上层贵族女子，她们都受过良好的教育，有绝佳的审美养成。良辰美景，美酒佳茗，诗文唱酬，真是"美眉之会"，一时眉上霁月风光无限。

《红楼梦》中的海棠诗社来自现实中的蕉园诗社。

清朝康熙年间，女诗人顾之琼主持成立蕉园诗社，开诗坛风气之先，历史上第一个女子诗社由此诞生。

在此之前，女诗人之间的唱和，只限于闺阁之间的交流，影响有限。顾之琼作为翰林夫人，干脆召集几位闺阁才女，成立了"蕉园诗社"，并发表《蕉园诗社启》，建立了中国历史上第一个真正意义上的女性文学社团。

诗社的骨干成员，除了"祭酒"顾之琼，前期有"蕉园五子"——徐灿、柴静仪、朱柔则、林以宁、钱凤纶，后期由林以宁发起重组，史称"蕉园七子"。

徐灿是一个敏感的知识女性，丈夫降清，恪守大家闺秀之礼而又富有气节的她既不认同丈夫的做法，又不能与之抗争，使其词作呈现出"幽咽"的特点。

徐灿《满江红·有感》这首词写于陈之遴降清别家后，从词中可以看出，陈之遴出仕新朝，徐灿是不愿意随丈夫上京的。词曰：

乱后国家，意中愁绪真难说。春将去、冰台初长，绮钱重叠。炉烬水沉犹倦起，小窗依约云和月。叹人生、争似水中莲，心同结。

离别泪，盈盈血。流不尽，波添咽。见鸿归阵阵，几增凄切。翠黛每从青镜减，黄金时向床头缺。问今春、曾梦到乡关，惊鸹鸰。

> 其情怆痛，其意深隐，震荡心魂。
>
> 朱柔则是康熙年间的女诗人，字顺成，号道珠，柴静仪长子沈用济之妻。工诗善画，尝作画卷，系以诗，寄给爱人沈用济，沈用济看罢诗画，即日归家。妻子相思，用诗画召唤离人回家，一时传为美谈。
>
> 钱凤纶，字云仪，是顾之琼的女儿，从小受母亲精心调教，擅长写诗绘画，著有《古香集》《散花滩集》。
>
> 《眉峰碧·春日与亚清弈》整篇词像一个一个特写镜头，岁月静好，年华无恙，富贵之家的闲逸生活，言在诗外。词曰：

深院闲春昼，小篆喷金兽。一杯清茗一枰棋，正杏雨香飞候。
鹦鹉新声溜，蓦地惊回首。无端输却玉搔头，倚屏笑撚花枝嗅。

> 同一时期，蕉社之外的女诗人也有一些写眉的别趣之作，比如，王慧的《壬寅春初家大人归自都门志喜二首》记录了康熙元年（1662）父亲归家的喜悦。通篇皆琐细语、寻常事，只是撷取了父亲久宦归家后的片刻短暂情境，整个画面却被温馨的光影所笼罩。诗中写道：

昨夜别泪丽江边，望断孤云怅各天。容易风霜归腊后，依然儿女话灯前。
解包笑索余铅黛，垂橐羞看剩俸钱。只痛不春北堂草，音容一隔遂穷泉。

> 清代女诗人张学仪的七律《晓起漫兴》诗曰：

帘开梁燕觅泥忙，冉冉薰风欲倦妆。苑柳垂绦笼绣户，风桃飞片点书床。
修眉不整因伤别，碧槛慵歌怯晓凉。不耐城东吹画角，听来浑欲断人肠。

张学仪的《三字令·惜春》女性气质率真天然，和传统男性诗人假拟的女性口吻有云泥之别。词曰：

莺语唤，晓妆残。卷帘看。山芍药，一枝丹。惜春繁，能几日，又阑珊。

添远恨，翠眉攒。泪珠弹。斜暗想，倚回阑。不如他，双燕子，两相安。

58. 随园暮春 美人梳头

袁枚是清代大儒,"性灵"派的大宗师,主张诗文审美创作应该抒写性灵,要写出诗人的个性,表现其个人生活遭际中的真情实感。

在《随园诗话》里,袁枚记录自己某次归省,众友人送别唱酬。邹太和学士的诗曰:"才子扫眉宜赤管,洞房停烛有金莲。"这里的"赤管"也就是"彤管"的意思。文士魏允迪的一首咏眉回赠诗曰:"争传才子擅文词,顷刻千言不构思。若使画眉须缓款,那容横扫笔尖儿?"这首诗是魏允迪感叹袁枚才思敏捷,落笔成诗,比女子画眉还快,于是戏作此诗,在送别时赠给他。其他几位送别的诗人则写下了"绿窗眉画早,银烛看朝天"寄寓相思从早到晚;"笙歌院落时衣锦,梅柳江村晓画眉"表盛装待归之意;"玉镜台前一笑时,石螺亲为画双眉",用闺阁亲密比喻男子情谊,这大概也只有中国文人士大夫的表达传统里才能接受如此亲昵没有边界感吧。

袁枚还有一个特别之处,一般诗文家很少专门提起,那就是他座下有不少优秀的女弟子。

袁枚当过六七年的地方官,也积蓄了几千两银子。对一般人来说,当然是够花了。但袁枚放下仕途之心后,开始迷恋造园子。袁枚在三十四岁当江宁县知县的时候,花三百两银子在城郊小仓山北面买下了一座荒废的庄园。这座荒废的庄园原来是江南织造曹雪芹的爷爷曹寅的，后来曹家被抄家，继任的江南织造隋赫德接手了这座庄园，改名为隋园。后来他也被抄家，这个园林就荒废了，直到它的新主人袁枚飘然到来，并把它改名为随园。院子不太贵，装修贵。挖池塘，造楼台，奇峰怪石，各种珍奇植物，器具，收藏陈设各个大诗人的书法作品等等，袁枚又喜欢美食，还专门开发了《随园食单》，别说三千两银子，再多的银子也不够他花。

于是，袁枚做起了私教，编了教材，教男子写八股文，教女弟子写诗作赋。袁枚教了许多女弟子，是要收学费的。当时男女不平等，女子无才便是德，没有受教育权。袁枚教授女子诗文，社会舆论认为是伤风败俗。但袁枚不这样想，他认为，女性文学素养的水平可以高于男性，他也的确教出了许多相当有文学才干的知名女弟子，有许多诗作传世。

从三十七岁告老还乡，在江宁小仓山下筑"随园"，吟咏其中，开始广收诗文弟子，袁枚一生女弟子有四十多位。

袁枚《随园诗话·原书补遗卷一·一九》写道："闺秀吾浙为盛。庚戌春，扫墓杭州，女弟子孙碧梧邀女士十三人，大会于湖楼，各以诗画为贽。余设二席以待之。"接着，袁枚介绍了其中一位女弟子徐裕馨，称其"画法南田，诗吟中晚"，并录了她的几首诗——

其一《即景》诗云：

读罢《黄庭》卷懒开，静中消息费推裁。吹灯欲禁花留影，刚卷珠帘月又来。

其二《暮秋》诗云：

寒蝶低飞月满枝，海棠红冷桂凋时。笑侬竟比黄花瘦，青女多情知未知？

其三《画眉》诗云：

柳梢枝上晓风柔，梦醒雕栏语未休。莫向碧纱窗畔唤，美人犹是未梳头。

其四《暮春》诗云:

残红片片卸檐前,树有余香蝶尚怜。士女不来芳草外,秋千犹系绿杨边。中庭风静游丝落,绣户帘垂紫燕穿。恰好送春诗未就,瑶台有妹赠云笺。

其五《夜雨》诗云:

夜雨小窗多少,春唤子规去了。起来收拾余花,又把五更风恼。

相比于那个时代的大部分女性,这些闺秀们无疑是幸运的,她们迈出了闺闱空间走向了更广阔的天地,可以拜师结友,挥洒才情,并流芳于世。这不仅得益于她们自身的天资、家庭氛围,也得益于她们的老师——袁枚。

袁枚编《随园女弟子诗选》,曾以席佩兰排第一,孙云凤排第二。《二闺秀诗》云:"扫眉才子少,吾得二贤难。鹭岭孙云凤,虞山席佩兰。"

在袁枚生活的时代,封建教育观阻断了女子受正规教育的途径,人们遵循着女性"内言不出于阃"的训诫。袁枚却提出"俗称女子不宜为诗,陋哉言乎",他认为,女子写诗不比男人差。在他广招随园弟子的同时,士人的妻子、女儿也逐渐接受袁枚的学术和思想熏陶,踏入了随园的诗学领地。

袁枚招收女弟子的行为在当时可以说是惊世骇俗之举,他不仅招收了女弟子、组织闺阁诗会,而且请人绘制画像,并刊刻了《随园女弟子诗选》,让女弟子们得以留名。前文提到的席佩兰的诗就被放在了《随园女弟子诗选》的首位。袁枚与弟子们亦师亦友,多次到闺秀家中看望弟子,并与女弟子通过书信进行诗学对话,为她们创造了立言的机会。今天人们才得以通过流传下来的文献与图像认识那一个个灵动鲜活的才女。

59. 玉楼春浓　娇红眉语

宋元以来俗文学中的眉语表达，作者多是男性无疑，但话本和戏曲的接受者——读者和观众——则有一部分城市平民女性和上层社会的女性，她们的阅读与观赏，形成了这些文本中眉语表达的二度创作。就像大家熟知的林黛玉听《牡丹亭》，读《西厢记》，受到通俗文学与文化精神的冲击与滋养，在贵族女性群里，这样的例子应该是普遍现象。

元明小说话本中多有依托宋人词，化用为套话。如宋人申纯一阕《玉楼春》就是一例。《玉楼春》词曰：

> 晓窗寂寂惊相遇。欲把芳心深意诉。低眉剑翠不胜春，娇转樱唇红半吐。
> 匆匆已约欢娱处。可恨无情连夜雨。枕孤衾冷不成眠，挑尽残灯天未曙。

《西厢记·第三本·第二折》有个细节别有趣味，若你只看到历代读者听众常常引用拈出的"望穿他盈盈秋水，蹙损他淡淡春山"一句，自然觉得优雅多情。但你联系上下文一看，就还原了作为通俗杂剧的底色。如下——

> （末云）小生读书人，怎跳得那花园过也？
> （红唱）【二煞】隔墙花又低，迎风户半拴，偷香手段今番按。怕墙高怎把龙门跳，嫌花密难将仙桂攀。放心去，休辞惮；你若不去呵，望穿他盈盈秋水，蹙损他淡淡春山。
> （末云）小生曾到那花园里，已经两遭，不见那好处；这一遭知他又怎么？
> （红云）如今不比往常。

从张生和红娘的这段完整对话可见,张生再次应约与相国家的小姐崔莺莺幽会,心里忐忑。因为崔莺莺此前就表现出内心摇摆,忽冷忽热,搞得张生进退失据,不知如何应付。张生借口自己是读书人,翻不过花园围墙,不表态是否赴约。其实这是个借口,更多的是张生的内心戏,心里怕是小姐捉弄他。红娘并未否认小姐前朝儿有试探犹豫,并造成实际上的尴尬的事实。红娘更多的是鼓励激将张生,告诉他,你想偷香窃玉,这墙就算不得高,又说,你不去,怎知小姐的好?张生小读书人的软弱再次暴露:我都如约去过两次了,这次怕不是又耍我?红娘有点不耐烦了,敷衍道:这回不一样了。

"望穿他盈盈秋水,蹙损他淡淡春山"是有出处的,其实也是惯常表达。比如,宋人阮阅《眼儿媚·楼上黄昏杏花寒》就有"盈盈秋水,淡淡春山"的表达,其词曰:

楼上黄昏杏花寒。斜月小栏干。一双燕子,两行征雁,画角声残。
绮窗人在东风里,洒泪对春闲。也应似旧,盈盈秋水,淡淡春山。

元代冯子振《鹦鹉曲·市朝归兴》表达了别一趣味:

山林朝市都曾住。忠孝两字报君父。利名场反覆如云,又要商量阴雨。
便天公有眼难开,袖手不如家去。更蛾眉强学时妆,是老子平生懒处。

从元代到清代,元有郑梅洞小说《娇红传》,明代有孟称舜改编的《娇红记》,清代有《王娇传》。这些不同版本的杂剧、话本、传奇,本事都来自北宋宣和间书生沈纯和舅舅家表妹王娇相爱而不得,最终双双殉情的实事。这些文本把一个爱情悲剧要么讲得古典悲切,要么讲成一个艳俗的爱情悲剧。无论哪种版本,《玉楼春》一词都被引用,作为书生沈纯向表妹王娇表白之词,而这是常见的一种改编手法。

孟称舜改编的《娇红记》讲述宋宣和年间,申纯随父寓居成都，少年有文名，宣和年间考试不第，到母舅眉州王通判家暂居，见表妹王娇娘绝美，思慕不已，屡以诗词感动之。娇娘起初正色无言，若不可犯，最终亦和诗以寄意。

虽然《娇红记》中并无露骨淫秽的内容，但因其写男女相悦、无媒而合，又双双为情殉身，且文笔香艳，一度被当作淫书。反观其中有多处写"眉"，也均为套话俗语，

第三出《会娇》唱道：

一个待眉传雁字过潇湘，一个待眼送鱼书到洛阳。

一个眉传，一个眼送，把一泓秋水中的郎情妾意都写尽了，倒是可知男女情爱，旧谱几经才士赋，新词只许美人听。遣情达意，也是眉上风语，一般人情。

《娇红记》中的眉语片段收列如下，可名为"娇红眉语"——

第四出《晚绣》曰：

【香罗带】绿窗人语绝，闲铺绣帖。

〔贴〕姐姐，你停针不语，却是为何？

〔旦〕我停针不语身倦怯，觑著那画眉帘外日儿斜也，刚绣的来一对锦蝴蝶。

〔贴〕姐姐既然身子困倦，向花园里散散心儿罢，只管绣些什么？

〔旦〕听，听声声巧鸟双弄舌，道则么有甚关情也，走向空庭把花自折。

〔贴〕不是飞红多口，姐姐，我觑你近新来啊。

【罗江怨】裙宽了三四褶，腰肢瘦怯，知您意儿因甚些？你生小的在香闺中受用十分别也，有甚闲情得向眉梢惹。我猜姐姐啊，敢则惜春光去渐赊，听春规啼不歇，一般般害的个伤情切。〔旦叹介〕

第六出《题花》情诉道：

【金梧桐】青春儿刚二八，不解伤情绪。则那傍晚妆台，独倚看花处。红愁绿惨深，都向眉峰聚。说不伤情，直恁伤情苦。这芳心一点应难数。想他倚床夜绣，颦眉凝睇，悄然长叹，是何衷情也？

第七出《和诗》中曲牌唱词：

【风马儿】独对纱窗人寂寞，打叠起翠钿窝，向中庭闲步看花朵。东风悄悄，无语怨情多。

【诉衷情】迷人春色透帘栊，长日雨丝中。又是一年花信，点点落残红。云淡淡，水溶溶，去匆匆。昨宵今夜，万怨千愁，都付东风。我昨遇申生翠栏之侧，题诗相赠，意欲答他几句；听得丫鬟声唤，蓦然惊散，思之一夜难眠。今早起来，对此伤心天气，可怎生消遣也。

【集贤宾】香销翠鼎闲绣阁，问春事如何？杏雨抛残花数朵，怅匆匆好景无多。流光渐过，恁情绪靓妆浓抹；眉暗锁，这腌臜病甚时轻可。

第九出《分烬》：

【浣溪沙】梦上秦楼烟树迷，醒来鏖损远山眉，一腔幽怨诉谁知。夜遇春寒愁欲起，晓窗暝色映花枝，罗衾滴尽泪胭脂。今日春寒恁陡，风物萧条，早起对镜，好无聊人也。

……

【懒针线】眼前人比楚天遥，愁入双眉懒自描。可怜杜度可怜宵。透珠帘绣户轻寒悄，独自把妆台斜靠。我想起他诗，暗里好伤情也。他长笺破尽吟芳草，我甚情儿腻粉轻匀点翠桃。愁多少，朝来朝去，铲不去暗种情苗。

……

【懒画眉】你一首新诗将泪雨飘，可敢也漏泄春光在柳条。俺将一分情当九分瞧。知他年小伤情早。〔见旦介〕姐姐，恰起理妆理？早则是鸾镜蛾眉对寂寥。

【刘泼帽】你无言独傍妆台晓，学春山淡写眉梢。

〔揖介〕谢姐姐新辞和出风流调。

〔旦羞，答拜介〕

〔生〕看他绝样娇娆，这花容更比前宵好。

……

【红纳袄】他曾傍妆台画出螺黛巧，他曾入鸳帏照见双凤小，他也曾陪笑靥特地把繁花爆，他也曾照朱颜闲将绣枕描。

第十出《拥炉》也处处见"眉语"：

【前腔】晚春时候，绣阁轻寒透。瘦花枝，伴人清昼。伤春病陡，人更比花枝消瘦。冷眉峰，分不出今春去秋。

〔菩萨蛮〕小庭花落无人扫，疏香满地东风老。

〔老〕燕语自双双，锦屏春昼长。

〔旦〕愁匀红粉泪，眉染春山翠。独坐对花枝，忆郎郎不知。小慧，今日春寒，比昨宵更甚，深闺独坐，好难消遣人也。

〔老〕姐姐，春风寒峭，不如到暖阁中拥火去。

……

【前腔】往常时见人兀自羞，见了他啊，蓦地心拖逗。白日黄昏，梦魂儿不离了人前后。知他竟怎生，两情投。想则是老天公注定了今生鸾凤俦。还则怕春风未老桃花面，等不的双镜台前人白头。伤情处，拥炉无语自悠悠。……〔生手执花枝上〕美人独坐颦蛾眉，未识心中却为谁。

第十二出《期阻》：

【步步娇】悄悄梨花空庭院，蓦遇多娇面。则见他幽香减翠钿。瘦敛愁眉，秋波暗转，同倚碧栏边。和我双双诉出心头怨。

第二十出《断袖》：

【前腔】颦眉无语对灯花，是谁家凤箫吹罢？银河耿耿月生华，影交加，花枝低亚。忽听惊飞何处，扑剌剌树头鸦。

【梧桐花】漏沉沉，更残罢。身立在淹淹冷露下，心头丕丕惊还怕。呀，小姐窗儿开著哩。

〔觑介〕看他红绡半襜，蝉鬓轻罗。眉横秀色，似云影春山。脸映蟾光，如玉沉秋水。举首对天，一若重有忧者。玉人儿隐敛着双鬟向窗纱，盈盈的眼尾侵波盼望杀。他可对嫦娥诉不尽衷肠话。

〔扶窗介〕〔旦惊喜介〕呀，申生你来了！

第二十三出《妓饮》：

【念奴娇序】佳人意美，见殷勤翠袖，几番高捧金杯。

〔丑〕申相公请干了再斟。

〔生〕小生醉也。

〔净〕你刚刚坐下，怎便说醉了？

〔生背介〕回首兰房凝望处，想灯下瘗损蛾眉。我在此饮酒，不知我小姐在那里做甚？堪惜身在红楼，魂飞香卜，停樽未饮已先醉。

第二十七出《絮鞋》：

【前腔】红绡紧蹙凤头妆，半扎悭悭三寸长。见了不由人春心不动也。……

〔贴上〕青螺秀黛巧妆梳，衣荙熏风透体酥。闲倚雕栏自惆怅，庭院深深啼鹧鸪。俺自昔申生去后，心下好生念他。他今因养病，重到我家。我每与他中庭相遇，语言调笑，两下更是关情。今趁此昼闲，到东轩上偷觑他去。

〔行介〕呀，这苔痕锁绿，书扉静掩，他又早不在了呵。

第二十八出《诟红》：

【捣练子】〔贴上〕春昼永，燕双飞，欲遣愁肠愁着眉。早是含愁身不觉，春情泄漏与人知。

……

【风入松】看年年花柳冷烟迷，恁韶光把人轻掷。千愁万恨在眉尖逼，待抛下甚时抛得。
〔生上潜听介〕〔贴〕长伴着春风翠帏，肠断也燕双栖。
〔生〕飞红姐，休要肠断，小生双栖何如？
〔贴〕呀，你怎生这等惯做贼。

……

【啄木儿】游芳草，接翅飞，浪扑金鞍随马蹄。叩香闺，暗里相随，还则怕阻绣帘欲投无计。轻狂似逐杨花起，闲寻翠钿投荒砌，望断花房魂梦迷。

……

【前腔】并不曾轻描翠眉，夜烧香芙蓉院底。又不曾拂掉绣衣，结同心荼蘼架西。

第二十九出《诘词》：

【渔家傲】看取这一幅香笺情思多，踏乱红英，春愁怎那。杨花落尽眉还锁，则两下里衷肠抛趱。咫尺兰堂，翻做了山高水阔，好教我几度沉吟眄杀他。

……

【桂枝香】悒悒闷坐，无言低躲。则见您淡扫眉峰，尚兀把翠烟轻锁。想伊心就里，想伊心就里，愁城千朵，难猜难破。没头鹅，万种伤情事，知伊为什么。

……

【大迓鼓】花前闲打眭，偶然拾取，一叶蕉罗。并不曾倚风偷把情词和，说甚的春心一点暗蹉跎。您皱掩双眉，却是为何？

290　　　　　　　　　　　　　　　眉上风止

第三十一出《要盟》：

【集贤宾】风花影里啼杜鹃，唤春闺怨恨无边。翠压春山双黛浅，几番儿记起从前。……

【梧桐树犯】花容未改前，不道郎情变。一夜霜风，忽地成秋苑。则那野花偏得东君恋，长向妆楼斗锦钿。俺自把床头绣衾余香卷，宝镜香奁，都变做了凄凉纨扇。

第三十三出《愧别》：

【前腔】泪泠泠，千行雨，一般般肠断无。听道一声去也，眼见的真个抛人去，万想千思留郎不住。似这等恶分离，苦间阻，蓝桥路。便安排好梦，好梦也无寻处。只落得恨压眉尖，把满天愁罴。

第三十八出《荣晤》：

【前腔】我与他别离一载。锁修眉何曾暂开。今日个双双对立在台阶侧，诉不出半字情怀。相看不言心暗猜，眼前如隔巫山外。

第四十六出《询红》：

【铧锹儿】他心中意里，只要一书生为配。青灯共守，举案齐眉。那侯门富豪子，知他怎的？料应是无智慧，多昧痴。这等腌臜气息，倒不如一世孤眠到底。

第四十七出《芳殒》：

【黄莺带一封】两眼泪如渍，听传呼，女命危。孩儿，孩儿！我连声叫唤他浑无气。

〔贴叫介〕小姐，小姐！

〔合〕我声声痛悲，你昏昏怎知。

〔末〕罢了，罢了，是我把你青春断送应难悔。看他蹙愁眉，泪成灰，两眼睁睁兀怨谁。

〔贴〕小姐连朝饮食不进,以致闷绝。把热水灌下去,或者还得苏醒。

〔灌旦〕〔旦醒介〕哎哟,爹爹,孩儿拜谢你了。

〔末〕儿快休说此话,你自挣扎呵,儿!

〔旦叹介〕罢了,爹爹,如今女孩儿呵。

第四十八出《双逝》:

【前腔】忙偎取,他额角上冷淋浸汗儿流似雨。软软摊摊,扶不起他憔悴躯。看双眉紧蹙,丝丝气也全无。都只为金闺幼妹,干断送了玉堂人物。

第四十九出《合冢》:

【南步步娇】一夜秋风黄花损,又把我娇滴滴小姐人儿殒。觑妆台生暗尘,走向灵帏,把芳心试问。小姐,小姐,你一星星耳朵儿可曾闻。

〔叹介〕则见您蹙着眉儿,还似舒不展生前恨。

进入二十世纪,女性的俗文学眉语表达进入新的历史时空。中国最早进入现代社会的北京、上海等地出现了许多报纸杂志,给女性文学创作与发表提供了空间。其中,上海有一本女性小说杂志就以《眉语》命名,专门刊载鸳鸯蝴蝶派的女性小说。1914年9月,《眉语》由眉语社编辑创刊于上海,至1916年3月,发行18期后停刊。《眉语》在文学史和文化史上的影响似乎不是很大,但它培育了中国小说史上第一批女性小说作者。这些女性小说作者既有接受传统教育的旧式女性文人,又有受到西方思想影响的新女性,两类女性书写者的这些小说均以言情为主,融入了时代内容,呈现出传统型和通俗型两种不同的审美风貌,而用女性话语彰显女性精神的"眉语"是她们的共同性。

60. 万谱归一　雪泥眉影

邈远的上古，谁第一次用大地野火的余烬描画双眉？

商周的春天，谁第一次看见柳如眉，眉如柳？

春秋和战国，谁怀念南方故国女子的秀眉，谁记得三秦子弟的横眉长目，落日楼头思妇的眉弯？

北朝敦煌的石窟中，供奉菩萨的女子和她供奉的菩萨画着同样曲折的八字眉和上挑的细长眉，洞窟壁画上的诸天女不知何时走进了顾恺之的《女史箴图》？

隋炀帝的龙船游行在大运河，长蛾眉的宫女、美人和菩萨，用西域传来的螺钿描画她们的故事。

蛾眉翠柳，唐都长安，西域的敦煌，从初唐、中唐、盛唐到晚唐，长眉、短眉、斜红、垂竖，章台路上，美人争时势，眉上各自宜。那些画着翠绿靛蓝红黑橙黄妆容的女子，大胆热烈的撞色透着自信，在霓裳羽衣舞中飞扬，为什么她们觉得自己那么美？

宋人是懂得美的，女子们的眉式和眉妆简化了，没有唐代那么多的样式，线条取代色块，玉环飞燕皆尘土，但长眉不朽，继续流行。她们，还有他们，把眉墨制成香丸，香墨弯弯画，燕脂淡淡匀。她们把眉黛印上春衫，印了罗襟，将眉痕印在信笺上，表达相思与思念，"小华笺、付与西飞去，印一双愁眉"。宋人的眉影，在诗词里，在书画里，在琴声中，在象牙板的节拍中，又温柔了谁的夜晚和清晨？

谁说元代的眉眼唇妆只有一种眉型：一种来自草原和大漠的细长、平齐的一字眉，就像故乡的天际线？岂是元朝眉妆难觅踪迹，去莫高窟看看元代的壁画像，不仅有一字细平眉，也有千手千眼大慈大悲的观音菩萨，细眉、弓眼、修鼻、樱唇，仪容慈悲，神情端庄。

明朝的化妆、服饰和家居物质文化把极简和精致推向高峰。明朝的女子是懂得画眉的，是中国眉妆历史的最后高峰。"半额翠蛾，扬效东施，柳叶苍，春山两座如屏障。刀剃了又长，线界了又长，萋萋芳草。秋波涨，试晨妆，巧施青黛，羞杀那张郎！"明代眉妆的主流延续了元朝细长的风格，隔代继承了汉唐遗风，"柳叶眉，杏核眼，樱桃小嘴一点点"，眉形稍有弯曲，偶有长眉、柳叶眉、却月眉及略呈八字形的弯眉。明代的皇后们，把自己的眉相放在画像中，温柔庄穆地看着我们。

有清以来，神州暗暗，天下疲弱，气韵孱弱从男子始，欣赏女子的纤弱病态美，眉妆日渐衰落，眉式单调，失去了深浅长短随意婉转的丰富变化。积习流风之下，眉妆地位下降，整体妆饰在女性生活中的地位更加重要了起来。清人男女爱描曲眉，眉头高，眉尾低，眉身修长纤细，女性需要低眉顺眼作楚楚娇怜状。

从唐寅的《吹箫仕女图》到仇英的《千秋绝艳图》，从《雍正十二美人图》到《孝贤纯皇后朝服像》，眉上的流光散灭，纤细的柳眉、樱桃薄唇，气息绵软纤弱。

不同时代的人们多少次在眉画细长粗阔之间摇摆不定，流行的趋势总会把女性的眉毛变成那个时代的样子。历代眉妆审美从质朴走向浮夸，从自然走向矫饰，最终又返璞归真。今天，是一个大女性的时代，女性日益赢得独立的社会地位，眉妆融合于其他的妆饰，眉笔从妆镜台前悄悄后退，静静地站在化妆包的百花园中,眉上的呢喃或喧哗已然成为女性自信与自我的表达。

以上,是中国眉史行迹的大略。

此外,若从审美精神来看,站在眉学的高度看中国眉史,画眉则始于上古,洎乎有清,中国传统审美精神一直贯穿中国眉史,是中国眉学的哲学内核。

清代在很多领域都是一个总结的时代。清代的闺阁达人和士子佳人对眉史进行了自觉的总结,其中,张芳菊撰写的《黛史》虽称"戏续",其实是一部被严重低估的眉史大作,堪称眉学宗经。

清人伍瑞隆在《胭脂纪事》的跋中写道:

> 髻鬟有品,妆台有记,洎乎《黛史》《眉谣》,抽秘骋妍,更无微不入。惟是膏唇丹饰尚少志述,金闺缺典应为之首屈一指。得此记事,香艳弥绝。仆本恨人,亦不禁眉飞色舞。

这段文字的大意是说,中国对闺阁之中妆台之上的记录由来有自,对镜化妆,盘发髻鬟,无不有品有记,可谓雅言佐史。这是自古以来的传统,一直延续到今天文人雅士写出《黛史》《十眉谣》。他们深谙闺阁文化,探微访幽,详尽地记载,揭示美业的秘密。虽如此,对丹唇华饰,对金闺香阁中的这些故事,人们与之志述还是很不够。我本来是一个爱之不足满腹遗恨的人啊,一听到这样缠绵悱恻的深情往事,也不禁眉飞色舞、感慨万千。

《黛史》对中国眉史的论述有六个方面:曰厚别、曰养丽、曰静娱、曰一仪、曰炼色、曰禅通,把眉学与美学完全融合在一起。现撮其大略,以飨读者。

其文以"厚别"为先。厚,是重视,讲究的意思;别,是区分于日常闲居。画眉是男女之间以礼相见的宾主之道,讲究的是画眉以自洁,眉目之上,明丽如朝日夕月,礼文缱绻,是之所谓"厚别"。

其二，"养丽"。雅步以安目，善睐以安眉，何则以养丽？中国古典绘画的大境界说，绘事后素，不示其巧。并非不求技巧，而是说至上的技巧要隐藏起来，巧尽如无用。画画是人间美好，画眉那是天上神仙事。画眉在眉目之间，倩盼明丽，以清空为眉上第一境。这就是中国眉学的为美之道。

其三，"静娱"。世间男女，各有清浊庄狎。难免有凡夫俗子一看到"美眉"，就联想到烟花青楼。南朝梁简文帝萧纲《咏内人昼眠诗》先写了一通美人睡午觉的香艳场景，然后郑重说：夫婿恒相伴，莫误是娼家。静娱，讲的也是这个道理。意思是说，人生最幸福快乐的事，就是夫妻日常的相爱相守。张敞贵为帝都长吏，不也给妻子日常画眉吗？卓文君落魄当垆卖酒，也不忘为司马相如眉画远山。春去秋来，四季轮回，在时光中不要淡忘为心爱的人好好打扮，美美的每天都给心爱的人养眼，给爱人一个好心情。所谓静娱，就是居家夫妻的眉道，是安安静静的平淡久远的欢愉。

其四，"一仪"。一仪，实为四仪，意思是说，通过画眉，女子从而表达自己的喜怒哀乐、沉默静躁的情绪全景，表达表现之外，画眉还有自我释放舒缓的作用。

其五，"炼色"。炼色的主体其实是驻颜。画眉人应该知道，画眉之道在眉之外，不是每个人都天生无瑕仙容，要向古今的美人广泛学习画眉之法，更要向明月青山学习画眉之道，这样才能超越时间，美丽永驻，与爱人恩情不绝。

其六，"禅通"。禅通是眉学的无上法门，反倒没有那么玄妙。简单地说，画眉和一切有为法一样，只要讲法，只要画眉讲求眉色眉形，那就落了下乘。画眉不要执着一法一规，感情这东西，有就是没有，没有也就是有，不在有无之间，知有之无，情超即禅。只是不知道谁家仙子得此禅通，悟透无上眉学？

后记

七情之虹，眉为人内魄神灵之表征，尽人情而尽人性，五彩斑斓，至情至性。这本小书，语焉不详，意味阑珊，强名之为中国眉史，糅合史传之学、俗文化研究、民俗学、文学批评、女性主义、城市史诸方法，取意华夏修眉之史、眉语之史、眉相之史、眉意之史，描画宫廷源流的、贵族的、士大夫的、城市平民的画眉风尚，以及对男性眉语传统的重溯与批判，尤其重要的是，试图全面呈现中国历代女性的眉语表达，以致敬中华千秋女儿。

回望中国三千年眉史，眉上风不止，乱花渐欲迷人眼，不过眉睫之间几度春秋。

先秦眉妆，这是眉妆的初代，很少人工修饰，直求质朴清新素雅之美。"蛾眉"的自然之喻就出现在这个时期。

汉代眉妆是眉妆史上第一个高潮期，眉型眉式眉色均走向多样化，魅惑大胆，充满实验性，长眉、八字眉、远山眉、啼妆、愁眉等不一而足。

六朝是自由的多彩眉色时代。魏晋南北朝时代，眉妆从宫闱豪门散播到民间，眉式上没有新意，前朝正统的蛾眉与长眉仍占据主流。眉色运用上十分大胆，翠眉盛行，兼有黑眉、黄眉等，这让眉妆从质朴走向了自由。

眉妆在隋唐大放异彩，是中国古代眉妆在整个妆容中地位最高的时代。

隋朝西域国际贸易打开，进口的昂贵螺子黛是宫廷权贵女性眉妆的标配，"黛螺"从此增列为眉毛的美称代指。

初唐眉妆崇尚长、阔，浓厚醒目；开元、天宝盛唐时期，眉妆一度摇摆，流行细、长、淡的眉型，如蛾眉、远山眉、青黛眉等；天宝至元和年间的中唐时期，是唐代眉妆的震荡期，八字眉重新流行；晚唐的眉妆反向摇摆，回到唐初的浓和阔，但复古中有变化，眉形粗阔浓厚，但非常短。晚唐重新界定了"蛾眉"的内涵。蛾眉从先秦以来，一直是取意眉毛如蚕蛾的细长触须，这一阶段则把眉毛比作蚕蛾的翅膀，蛾眉从细长眉变成了椭圆形的团眉。晚唐流行的"桂叶眉"也是这种眉形，有时被认为是同一款眉型。此外，晚唐的眉妆充满实验性和先锋性，类似血晕妆、柳眉的细分款等等，都是宫廷和长安中的常见时尚眉样。

宋元时期，眉妆地位下降，审美上回归质朴。不是男女不爱美了，是经济相对发达，物质丰富，男女妆饰的范围和手段都有了极大的拓展。美的表达对眉妆的依赖程度下降。宋元两代的宫廷、歌楼勾栏、市井酒肆和民间的女子眉妆走向复古，长蛾眉成为眉式基本款。也有例外，宋代后妃都偏爱唐代遗风的倒晕眉，取意其丰富的浓淡渐变和开阔的舒张感。元代是另一种风格，元代皇后的标准画像多取一字眉，眉型平直细长，尽显端庄之仪态。这是元代文化上向华夏归拢的表现。

明清眉妆在复古、保守、寡淡、细弱的道路上越走越远，楚楚低眉和纤纤玉足，成为明清两代封建末世专制下，女子委顺从命又极致矫饰雕琢的"性征表达"。明清眉妆的特点：眉头高，眉间较宽，眉身修长纤细，眉尾低顺。

近代晚期，中国从上至下，国门被西方打开，眉妆也从宫廷到民间，按阶层上下，渐次走向世界大同。进入现代以来，广告电影等新媒介兴起，眉妆也进入了明星和名流引领的时代。到了当代，一方面，眉妆爆炸性解放，真正实现了日作一眉，进入人人画眉的眉自由时代；另一方面，眉妆终极复古，再次回到"无眉时代"，有妆无眉。

  眉上风止。

参考文献

图书

1.《广阳杂记》,〔清〕刘献廷 撰,汪北平、夏志和 点校,中华书局,1957年。

2.《新校九卷本阳春白雪》,〔元〕杨朝英 选,隋树森 校注,中华书局,1957年。

3.《全上古三代秦汉三国六朝文》,〔清〕严可均 校辑,中华书局,1958年。

4.《后汉书集解》,〔清〕王先谦 撰,中华书局,1984年。

5.《全汉三国晋南北朝诗》,丁福保 编,中华书局,1959年。

6.《先秦汉魏晋南北朝诗》,逯钦立 辑校,中华书局,1983年。

7.《全唐诗》,〔清〕彭定求 等编,中华书局,1960年。

8.《太平广记》,〔宋〕李昉 等编,中华书局,1961年。

9.《汉书》,〔汉〕班固 著,〔唐〕颜师古 注,中华书局,1962年。

10.《古诗源》,〔清〕沈德潜 选,闻旭初 标点,中华书局,2017年。

11.《全元散曲》,隋树森 编,中华书局,1964年。

12.《后汉书》,〔南朝宋〕范晔 撰,〔唐〕李贤 等注,中华书局,2005年。

13.《全宋词》,唐圭璋 编,中华书局,1965年。

14.《北齐书》,〔唐〕李百药 撰,中华书局,1972年。

15.《新五代史》,〔宋〕欧阳修 撰,〔宋〕徐无党 注,中华书局,1974年。

16.《魏书》,〔北齐〕魏收 撰,中华书局,1974年。

17.《北史》,〔唐〕李延寿 撰,中华书局,1974年。

18.《宋书》,〔梁〕沈约 撰,中华书局,1974年。

19.《新唐书》,〔宋〕欧阳修、〔宋〕宋祁 撰,中华书局,1975年。

20.《南史》,〔唐〕李延寿 撰,中华书局,1975年。

21.《李太白全集》,〔唐〕李白 著,〔清〕王琦 注,李长路、赵威 点校,中华书局,1977年。

22.《白居易集》,〔唐〕白居易 撰,顾学颉校点,中华书局,1979年。

23.《乐府诗集》,〔宋〕郭茂倩 编,中华书局,1979年。

24.《苏轼诗集》,〔宋〕苏轼 著,〔清〕王文诰 辑注,孔凡礼 点校,中华书局,1982年。

25.《白香词谱笺》,〔清〕舒梦兰 辑,谢朝征 笺,顾学颉校订,中华书局,1982年。

26.《楚辞补注》,〔宋〕洪兴祖 撰,白化文 等点校,中华书局,1983年。

27.《五灯会元》,〔宋〕普济 著,苏渊雷 点校,中华书局,1984年。

28.《玉台新咏笺注》,〔南朝陈〕徐陵 编,〔清〕吴兆宜 注,程琰 删补,穆克宏 点校,中华书局,1985年。

29.《清词综补》,〔清〕丁绍仪 辑,中华书局,1986年。

30.《宋诗钞》,〔清〕吴之振 等选编,〔清〕管庭芬、蒋光煦 补编,中华书局,1986年。

31.《客座赘语》,〔明〕顾起元 撰,上海古籍出版社,2012年。

32.《全唐诗补编》,陈尚君 辑校,中华书局,1992年。

33.《翠微南征录北征录合集》,〔宋〕华岳 撰,马君骅 点校,黄山书社,2014年。

34.《茶香室丛钞》,〔清〕俞樾 撰,贞凡 等点校,中华书局,1995年。

35.《云麓漫钞》,〔宋〕赵彦卫 撰,傅根清 点校,中华书局,1996年。

36.《全辽金诗》,阎凤梧、康金声 主编,山西古籍出版社,1999年。

37.《唐才子传校笺.第五册》,傅璇琮 主编,陈尚君、陶敏 补正,中华书局,1995年。

38.《淮南子集释》,何宁 撰,中华书局,1998年。

39.《全唐五代词》,曾昭岷 等编撰,中华书局,1999年。

40.《寒山诗注》,项楚 著,中华书局,2000年。

41.《欧阳修全集》,〔宋〕欧阳修 著,李逸安 点校,中华书局,2001年。

42.《沈佺期宋之问集校注》,〔唐〕沈佺期、〔唐〕宋之问 撰,陶敏、易淑琼 校注,中华书局,2001年。

43.《绎史》,〔清〕马骕 撰,王利器 整理,中华书局,2002年。

44.《韦应物诗集系年校笺》,〔唐〕韦应物 著,孙望 编著,中华书局,2002年。

45.《海录碎事》,〔宋〕叶廷珪 撰,李之亮 校点,中华书局,2002年。

46.《陶渊明集笺注》,〔东晋〕陶渊明 撰,袁行霈 笺注,中华书局,2017年。

47.《黄庭坚诗集注》,〔宋〕黄庭坚 撰,〔宋〕任渊、史容、史季温 注,刘尚荣 校点,中华书局,2003年。

48.《法苑珠林校注》,〔唐〕释道世 撰,周叔迦、苏晋仁 校注,中华书局,2003年。

49.《全明词》,饶宗颐 初纂,张璋 总纂,中华书局,2004年。

50.《唐太宗全集校注》,吴云、冀宇 校注,天津古籍出版社,2004年。

51.《清诗纪事》,钱仲联 主编,凤凰出版社,2004年。

52.《李商隐诗歌集解》,刘学锴、余恕诚 著,中华书局,2021年。

53.《建安七子集》,俞绍初 辑校,中华书局,2005年。

54.《饮水词笺校》,〔清〕纳兰性德 撰,赵秀亭 冯统一 笺校,中华书局,2011年。

55.《词话丛编》,唐圭璋 编,中华书局,1986年。

56.《容斋随笔》,〔宋〕洪迈 撰,孔凡礼 点校,中华书局,2005年。

57.《全清散曲》,谢伯阳、凌景埏 编,齐鲁书社,2006年。

58.《敦煌变文选注》,项楚 著,中华书局,2006年。

59.《白居易诗集校注》,〔唐〕白居易 著,谢思炜 校注,中华书局,2017年。

60.《明诗综》,〔清〕朱彝尊 选编,中华书局,2007年。

61.《清真集校注》,〔宋〕周邦彦 著,孙虹 校注,薛瑞生 订补,中华书局,2007年。

62.《六十种曲》,〔明〕毛晋 编,中华书局,2007年。

63.《全唐文补遗.第9辑》,吴钢 主编,王志鹏 等点校,陕西省古籍整理办公室 编，三秦出版社，2007年。

64.《史记斠证》，王叔岷 撰，中华书局，2007年。

65.《温庭筠全集校注》，刘学锴 撰，中华书局，2007年。

66.《钟嵘诗品笺证稿》，王叔岷 著，中华书局，2007年。

67.《列朝诗集》，〔清〕钱谦益 撰集，许逸民、林淑敏 点校，中华书局，2007年。

68.《杨万里集笺注》，〔宋〕杨万里 撰，辛更儒 笺校，中华书局，2007年。

69.《苏轼词编年校注》，邹同庆、王宗堂著，中华书局，2007年。

70.《词苑丛谈》，〔清〕徐釚 撰，唐圭璋 校注，中华书局，2008年。

71.《杜牧集系年校注》，〔唐〕杜牧 撰，吴在庆 校注，中华书局，2008年。

72.《东观汉记校注》，〔汉〕刘珍 等撰，吴树平 校注，中华书局，2008年。

73.《云仙散录》，〔后唐〕冯贽 编，张力伟 点校，中华书局，2008年。

74.《朱淑真集注》，冀勤 辑校，中华书局，2008年。

75.《东周列国志》，〔明〕冯梦龙 原著，〔清〕蔡元放 改编，中华书局，2009年。

76.《警世通言》，〔明〕冯梦龙 编撰，中华书局，2009年。

77.《水浒传》，〔明〕施耐庵 著，人民文学出版社，1997年。

78.《姜白石词笺注》，〔宋〕姜夔 著，陈书良 笺注，中华书局，2009年。

79.《初潭集》，〔明〕李贽 著，中华书局，2009年。

80.《何逊集校注》，〔梁〕何逊 著，李伯齐 校注，中华书局，2010年。

81.《诗经译注》，周振甫 译注，中华书局，2010年。

82.《八代谈薮校笺》，〔隋〕阳玠 撰，黄大宏 校笺，中华书局，2010年。

83.《游仙窟校注》，〔唐〕张文成 撰，李时人、詹绪左 校注，中华书局，2010年。

84.《元稹集》，〔唐〕元稹 撰，冀勤 点校，中华书局，2010年。

85.《十国春秋》，〔清〕吴任臣 撰，徐敏霞、周莹点校，中华书局，2010年。

86.《明诗评选》，〔明〕王夫之 著，岳麓书社，2011年。

87.《元好问诗编年校注》，〔金〕元好问 著，狄宝心 校注，中华书局，2011年。

88.《纳兰词选》，〔清〕纳兰性德 著，严迪昌 选注，中华书局，2011年。

89.《齐鲁古典戏曲全集》，陈公水 主编，中华书局，2011年。

90.《苏轼文集编年笺注》，〔宋〕苏轼 著，李之亮 笺注，巴蜀书社，2011年。

91.《刘克庄集笺校》，〔宋〕刘克庄 著，辛更儒 校注，中华书局，2011年。

92.《唐人豪侠小说集》，汪聚应 辑校，中华书局，2011年。

93.《李长吉歌诗编年笺注》，〔唐〕李贺 著，吴企明 笺注，中华书局，2012年。

94.《元好问文编年校注》，〔金〕元好问 著，狄宝心 校注，中华书局，2012年。

95.《中华古今注》，〔五代〕马缟 撰，吴企明 点校，中华书局，2012年。

96.《六如居士集》,〔明〕唐寅 著, 应守岩 点校, 西泠印社出版社, 2012年。

97.《留青日札》,〔明〕田艺蘅 著, 朱碧莲 点校, 浙江古籍出版社, 2012年。

98.《七纬》,〔清〕赵在翰 辑, 钟肇鹏、萧文郁 点校, 中华书局, 2012年。

99.《明词话全编》, 邓子勉 编, 凤凰出版社, 2012年。

100.《全元诗》, 杨镰 主编, 中华书局, 2013年。

101.《唐宋人寓湘诗文集》, 黄仁生、罗建伦 点校, 岳麓书社, 2013年。

102.《九芝草堂诗存校注》,〔清〕朱依真 撰, 周永忠、梁扬 校注, 巴蜀书社, 2014年。

103.《李益诗集》,〔唐〕李益 著, 郝润华 整理, 中华书局, 2014年。

104.《梦窗词集校笺》,〔宋〕吴文英 撰, 孙虹、谭学纯 校笺, 中华书局, 2014年。

105.《新刻绣像批评金瓶梅》,〔清〕李渔 评点, 黄霖、张兵、顾越 点校, 浙江古籍出版社, 2014年。

106.《闲情偶寄》,〔清〕李渔 著, 江巨荣、卢寿荣 校注, 上海古籍出版社, 2000年。

107.《花间集校注》,〔后蜀〕赵崇祚 编, 杨景龙 校注, 中华书局, 2014年。

108.《才调集》,〔后蜀〕韦縠 编, 中华书局, 2014年。

109.《红楼梦》,〔清〕曹雪芹、高鹗 著, 人民文学出版社, 1996年。

110.《御览诗》,〔唐〕令狐楚 编, 中华书局, 2014年。

111.《玉台后集》,〔唐〕李康成 编, 中华书局, 2014年。

112.《清代闺阁诗集萃编》, 李雷 主编, 中华书局,

2015年。

113.《钱起集校注》,〔唐〕钱起 著,王定璋 校注,浙江古籍出版社,2015年。

114.《苹洲渔笛谱》,〔宋〕周密 著,杨瑞 点校,浙江古籍出版社,2015年。

115.《唐五代传奇集》,李剑国 辑校,中华书局,2015年。

116.《酉阳杂俎校笺》,〔唐〕段成式 撰,许逸民 校笺,中华书局,2015年。

117.《韩偓集系年校注》,〔唐〕韩偓 撰,吴在庆 校注,中华书局,2015年。

118.《李白全集编年笺注》,〔唐〕李白 撰,安旗、薛天纬、阎琦、房日晰 笺注,中华书局,2015年。

119.《随园诗话》,〔清〕袁枚 著,浙江古籍出版社,2016年。

120.《陆游全集校注》,〔宋〕陆游 著,钱仲联、马亚中 主编,浙江古籍出版社,2015年。

121.《玉台新咏》,〔南朝陈〕徐陵 编,〔清〕吴兆宜 注,〔清〕程琰 删补,尚成 校点,上海古籍出版社,2013年。

122.《复堂词录》,〔清〕谭献 纂,罗仲鼎、俞浣萍 整理,浙江古籍出版社,2016年。

123.《艮山杂志》,〔清〕翟灏 撰,顾莉丹 点校,浙江古籍出版社,2016年。

124.《史浩集》,〔宋〕史浩 撰,俞信芳 点校,浙江古籍出版社,2016年。

125.《曹植集校注》,〔三国魏〕曹植 著,赵幼文 校注,中华书局,2016年。

126.《张孝祥集编年校注》,〔宋〕张孝祥 著,辛更儒 校注,中华书局,2016年。

127.《西厢记》,〔元〕王实甫 著,张燕瑾 校注,人民文学出版社,1995年。

128.《宋代科举资料长编》,诸葛忆兵 编著,凤凰出版社,2017年。

129.《乔吉集》,〔元〕乔吉 著,李修生、李真瑜、侯光复 校注,三晋出版社,2017年。

130.《苏轼诗补》,〔清〕查慎行补注,王友胜 校点,凤凰出版社,2013年。

131.《铁崖咏史》,〔元〕杨维桢 著,浙江古籍出版社,2017年。

132.《岑参诗笺注》,〔唐〕岑参 撰,廖立 笺注,中华书局,2018年。

133.《晚晴簃诗汇》,徐世昌 编,闻石 点校,中华书局,2018年。

134.《北宋词谱》,田玉琪 编著,中华书局,2018年。

135.《宋代志怪传奇叙录》,李剑国 著,中华书局,2018年。

136.《毛诗传笺》,〔汉〕毛亨 传,〔汉〕郑玄 笺,〔唐〕陆德明 音义,孔祥军 点校,中华书局,2018年。

137.《经史百家杂钞》,〔清〕曾国藩 纂,孙雍长 标点,岳麓书社,1987年。

138.《刘禹锡全集编年校注》,〔唐〕刘禹锡 撰,陶敏、陶红雨校注,中华书局,2019年。

139.《全清词钞》,叶恭绰 编,中华书局,2019年。

140.《明代笔记日记绘画史料汇编》,张小庄、陈期凡 编著,上海书画出版社,2019年。

141.《全宋笔记》,上海师范大学古籍整理研究所 编,大象出版社,2020年。

142.《尧山堂外纪》,〔明〕蒋一葵 撰,吕景琳 点校,中华书局,2019年。

143.《贝琼集》,〔明〕贝琼 著,杨叶 点校,浙江古籍出版社,2019年。

144.《全元词》,杨镰 主编,中华书局,2019年。

145.《山中白云词笺证》,〔宋〕张炎 撰,孙虹、谭学纯 笺证,中华书局,2019年。

146.《宋诗纪事》,〔清〕厉鹗 撰,上海古籍出版社,2008年。

147.《范仲淹全集》,〔宋〕范仲淹 撰,李勇先、刘琳、王蓉贵 点校,中华书局,2020年。

148.《李清照集校注》,〔宋〕李清照 著,王仲闻 校注,中华书局,2020年。

149.《吴梅村诗集笺注》,〔清〕吴伟业 撰,〔清〕程穆衡 原笺,〔清〕杨学沆 补注,张耕 点校,中华书局,2020年。

150.《范成大集》,〔宋〕范成大 著,辛更儒 点校,中华书局,2020年。

151.《李梦阳集校笺》,〔明〕李梦阳 著,郝润华 校笺,中华书局,2019年。

152.《中国古代妇女化妆》,汪维玲、王定祥 著,陕西人民出版社,1991年。

153.《中国古代服饰史》,周锡保 著,中央编译出版社,2011年。

154.《石钟扬〈金瓶梅〉研究精选集》,石钟扬 著,台湾学生书局,2015年。

155.《妇女风俗史话》,黄华节、华君 著,商务印书馆,1933年。

156.《唐宋词鉴赏辞典:新一版》,上海辞书出版社文学鉴

赏辞典编纂中心 编，上海辞书出版社，2016年。

论文

1.Cho Kyo, The Search for Beautiful Women in China and Japan: Aesthetics and Power　美女とは何か？？日中美人の文化史, The ASIA-Pacific Journal, December 1, 2012。

2.朱淡文，"胃烟眉"诠释，《红楼梦学刊》，1992年第2期。

3.皮力，《随园女弟子卷》简析，《文物》，1995年第5期。

4.毛秀月，古代女性面妆与眉式的文化蕴涵——汉语词与女性文化论之一，《无锡教育学院学报》，1999年第2期。

5.徐亚宗，眉语，《公关世界》，1999年第5期。

6.王德明，眉是心灵的窗户——唐宋词中的眉及其传情功能，《中国韵文学刊》，2006年第2期。

7.孙欣婷，从呐喊到沉默——碧城仙馆女弟子的诗词与人生，《大舞台》，2012年第1期。

8.徐梅，眉宇间的山水——中国古代文学中女性眉妆蕴含的自然情结分析，《北方文学》，2012年第9期。

9.徐梅，一曲女性的哀歌——中国古诗词中女性妆眉行为悲剧性剖析，《语文建设》，2013年第8期。

10.庄中刚，古代文学中的"眉"意象探究，《长春大学学报》，2014年第5期。

11.周作青，古代文学中的眉意象内涵探究，《山东农业工程学院学报》，2014年第4期。

12.何漂飘、胡赛月，汉语"眉"的隐喻和转喻义解读，《现代语文（语言研究）》，2014年第8期。

13.吴琳，闺阁内部的文学空间——论清代康熙时期的女性诗歌,《中国石油大学学报(社会科学版)》,2014年第5期。

14.石玉娟,内言勇出于阃——由随园女弟子看清代女性创作主体身份的转变,《名作欣赏》,2015年第5期。

15.常丽梅,尤怜几重眉黛——论《花间集》中的"眉",《现代语文(学术综合版)》,2015年第12期。

16.丁丽、高蕴华,"眉"的隐喻认知特点——以汉语现当代文学语料为例,《海外英语》,2016年第21期。

17.张宁,唐宋词中说不尽的"眉"之新解,《青年文学家》,2017年第32期。

18.倪海权,"小山"指"山眉"补说,《名作欣赏》,2018年第6期。

19.周丽晨,"扫眉才子"奇"鸣鸾"——从《栖香阁词》看顾贞立形象,《濮阳职业技术学院学报》,2018年第5期。

20.万晴川,论《金瓶梅》中的命相叙事,《北方工业大学学报》,2021年第2期。

21.李彦湄,《花间集》中的"眉"意象及其文化意蕴,《文化学刊》,2022年第6期。

22.陈建用,唐墓壁画女性眉式嬗变探骊,《艺术家》,2023年第1期。

織女